大学生创新与创业基础

陈 建 编著

北京理工大学出版社
BEIJING INSTITUTE OF TECHNOLOGY PRESS

内容简介

本书是作者出版了多本与大学生创新创业相关的教材之后推出的最新研究成果。是依据教育部《普通本科学校创业教育教学基本要求（试行）》中的相关规定，以创新创业知识为基础、以锻炼学生创新创业能力为关键、以培养大学生的创新创业精神为核心理念进行编写的。书中引用了大量新颖实用的典型创业案例，结合了当前最新的创新创业与企业管理、市场营销等观念，对于大学生创新创业的指导从理念到方法再到实践，环环相扣，具有一定的参考与借鉴价值。

本书重视专业教育与创新创业教育的深度融合，在典型案例中融入时代性思政元素，有利于提高大学生创新创业的积极性。全书结构完整、布局合理、内容新颖，既可作为高等院校开展大学生创新创业教育的基础教材，也可供有志于创业的在校大学生、毕业生以及普通大众参考、学习。

版权专有　侵权必究

图书在版编目（CIP）数据

大学生创新与创业基础 / 陈建编著. —北京：北京理工大学出版社，2021.3
（2022.1重印）
ISBN 978-7-5682-9614-4

Ⅰ. ①大… Ⅱ. ①陈… Ⅲ. ①大学生-创业-高等学校-教材 Ⅳ. ①G647.38

中国版本图书馆 CIP 数据核字（2021）第 043186 号

出版发行 /	北京理工大学出版社有限责任公司
社　　址 /	北京市海淀区中关村南大街 5 号
邮　　编 /	100081
电　　话 /	（010）68914775（总编室）
	（010）82562903（教材售后服务热线）
	（010）68948351（其他图书服务热线）
网　　址 /	http：//www.bitpress.com.cn
经　　销 /	全国各地新华书店
印　　刷 /	涿州市新华印刷有限公司
开　　本 /	787 毫米×1092 毫米　1/16
印　　张 /	15.5
字　　数 /	364 千字
版　　次 /	2021 年 3 月第 1 版　2022 年 1 月第 2 次印刷
定　　价 /	45.00 元

责任编辑 /	江　立
文案编辑 /	赵　轩
责任校对 /	刘亚男
责任印制 /	李志强

图书出现印装质量问题，请拨打售后服务热线，本社负责调换

前　言

大学生创新与创业基础是高校开展创新创业教育的基础课程，也是对大学生开展创新创业教育的核心课程，主要目的是使大学生掌握开展创新与创业活动所需要的基本知识与理论，掌握创新与创业基本流程和基本方法，了解创新与创业法律法规与相关政策，激发学生创新创业意识，提高学生社会责任感、创新精神和创业能力。

本书主要由以下十个模块组成。

模块一：创新与创业教育基本概述，重点掌握创新与创业的基本内涵、分类及特征，了解创业政策、创新思维与企业家精神，正确认识并理性对待创新与创业。

模块二：创业者与创业团队，重点了解创业者应具备的基本素质，难点是组建和管理创业团队的基本方法，正确认识创业者、创业动机，纠正神化创业者的片面认识。

模块三：创业机会，重点掌握创意与创新思维的方法、创业机会来源及其识别要素，学会定性评价创业机会，正确选择适合自己的创业机会。

模块四：创业资源，重点掌握创业资源的内涵、种类、获取及创造性整合资源的途径，认识创业资金筹募渠道和风险，掌握创业资源管理的技巧和策略。

模块五：创业模式，重点正确认识商业模式的本质、种类，掌握商业模式创新开发，正确认识创新商业模式是创业必备的素质之一。

模块六：创业市场调研与营销，重点掌握创业市场营销的内涵、内容及方法，掌握创业市场营销策略的制定，正确认识市场细分、选择及定位。

模块七：创业财务分析，了解财务管理基本概念，正确认识创业财务控制，重点掌握创新创业融资。

模块八：撰写创业计划书，了解创业计划书的概念及作用，重点掌握创业计划的撰写。

模块九：创办新企业，重点掌握企业的法律形式、建立流程、新企业成立相关的法律问题和新企业风险管理，充分认识创办企业所必须关注的问题。

模块十：创业项目路演，了解创业项目路演的内涵及基本流程，重点掌握创业项目路演的内容及常见误区。

本书具有以下三项创新。

（1）教材内容的模块化。为了有效地做到因材施教和因时施教，本书内容采取模块化教学模式。每一模块都有特定的主题，内容相对独立和完整，每个模块有机统一于课程总目标。这种教材结构内容模块化的设计在实践中有利于教学安排的灵活性。

（2）教材内容的综合化。大学生创新与创业基础是综合多门学科知识组成的跨学科课程，是通识类课程的发展和延伸，其教学目标应融入大学生的全面素质教育中。它至少包括了学科课程、活动课程以及实践课程（商业模拟游戏）三方面的教学内容，因此我们相应地向大学生着重传授创新与创业知识，重点培养大学生创新与创业的意识和技能，侧重为大学生提供创业模拟演练，为实现这三类课程的彼此融合，坚持教材内容的综合性。

（3）教材内容组织的活动化。本书注重教学活动的设计，尽可能使学生在教学活动参与中实现"启发创业意识、体验创业过程、提升创业技能"的目的，真正实现"做中学，学中做"。

本书由福建商学院陈建教授编著，坚持以学生为本的原则，提升课程教学质量，全面构建创新与创业教育课程教学的综合立体系统，全面规划大学生创新与创业教育的流程，加强创新与创业教育的信息化，着力创新与创业教育的实践化，打造创新与创业教育的平台化。

本书在写作过程中参阅了大量的相关书籍，谨向这些书籍的作者表示最诚挚的谢意。由于作者理论水平和写作能力有限，书中疏漏和不尽如人意之处在所难免，恳请同行专家和读者批评指正。

福建商学院　陈建

2021 年 1 月 6 日

目 录

模块一 创新与创业教育基本概述

第一章 创新创业概述 ……………………………………………………… (3)
第一节 创新概述 ……………………………………………………… (4)
一、创新的内涵 ………………………………………………………… (4)
二、创新与创造的区别 ………………………………………………… (5)
三、创新的类型 ………………………………………………………… (6)
四、创新的方法 ………………………………………………………… (12)
第二节 创业概述 ……………………………………………………… (24)
一、创业的内涵 ………………………………………………………… (24)
二、创业的要素与类型 ………………………………………………… (24)
三、创业过程与阶段划分 ……………………………………………… (30)
第三节 创新与创业的关系 …………………………………………… (35)

模块二 创业者与创业团队

第二章 创新思维与企业家精神 …………………………………………… (41)
第一节 创新思维 ……………………………………………………… (42)
一、创新思维的概念 …………………………………………………… (42)
二、创新思维的常见类型 ……………………………………………… (42)
三、创新思维的作用 …………………………………………………… (46)
第二节 企业家精神 …………………………………………………… (47)
一、企业家与企业家精神的概念 ……………………………………… (47)
二、企业家精神的特征 ………………………………………………… (47)
三、企业家精神的培育 ………………………………………………… (49)

第三章　创新创业者与创新创业团队 ……………………………………………… (51)
第一节　创新创业者的素质与能力 …………………………………………… (52)
一、创业者的概念 …………………………………………………………… (52)
二、创业者的素质与能力 …………………………………………………… (52)
第二节　创新创业动机的内涵与驱动因素 …………………………………… (64)
一、创新创业动机的分类与含义 …………………………………………… (64)
二、创新创业的驱动因素 …………………………………………………… (65)
第三节　创新创业团队的组建 ………………………………………………… (66)
一、创业团队的概念 ………………………………………………………… (66)
二、组建创业团队的原则 …………………………………………………… (67)
第四节　创新创业团队的管理 ………………………………………………… (69)
一、选择 ……………………………………………………………………… (69)
二、沟通 ……………………………………………………………………… (70)
三、联络感情 ………………………………………………………………… (70)
四、个人发展 ………………………………………………………………… (70)
五、激励 ……………………………………………………………………… (71)

模块三　创业机会

第四章　创意与创业机会 ……………………………………………………… (75)
第一节　创意与创业机会的关联 ……………………………………………… (76)
一、机会概述 ………………………………………………………………… (76)
二、创业机会概述 …………………………………………………………… (77)
三、创意、创新与创业机会 ………………………………………………… (78)
第二节　创业机会的来源 ……………………………………………………… (80)
一、技术变革方面 …………………………………………………………… (80)
二、政府政策变化方面 ……………………………………………………… (80)
三、社会和人口因素的变化 ………………………………………………… (81)
四、市场需求条件 …………………………………………………………… (81)
第三节　创业机会的识别 ……………………………………………………… (82)
一、发现创业机会 …………………………………………………………… (82)
二、选择创业机会的原则 …………………………………………………… (83)
三、把握创业机会 …………………………………………………………… (84)
第四节　创业机会的评价 ……………………………………………………… (89)
一、定性方法 ………………………………………………………………… (89)
二、定量方法 ………………………………………………………………… (89)
三、阶段性决策方法 ………………………………………………………… (90)

第五节　创业机会的选择 ·· (91)
　　　　一、筛选出较好的创业机会 ·· (91)
　　　　二、筛选出利己的创业机会 ·· (91)

模块四　创业资源

第五章　创新创业资源 ·· (101)
　　第一节　创新创业资源的概念与种类 ···································· (102)
　　　　一、创业资源的概念 ·· (102)
　　　　二、创业资源的分类 ·· (102)
　　第二节　创新创业资源的获取 ·· (103)
　　　　一、影响创业资源获取的因素 ······································ (103)
　　　　二、获取创业资源的途径 ·· (104)
　　　　三、获取创业资源的技巧 ·· (105)
　　第三节　创新创业资源的整合 ·· (106)
　　　　一、资源扫描 ·· (106)
　　　　二、资源控制 ·· (106)
　　　　三、资源利用 ·· (106)
　　　　四、资源拓展 ·· (107)

模块五　创业模式

第六章　创新创业模式 ·· (111)
　　第一节　积累演进创业模式 ·· (112)
　　　　一、积累演进创业模式的内涵 ······································ (112)
　　　　二、积累演进创业模式的特点 ······································ (112)
　　第二节　依附式创业模式 ·· (113)
　　　　一、加盟创业 ·· (113)
　　　　二、"山寨"式创业 ··· (115)
　　第三节　网络创业模式 ·· (117)
　　　　一、大学生网络创业形成的原因 ···································· (117)
　　　　二、网络创业主要方式 ·· (117)
　　第四节　知识风险模式 ·· (119)
　　　　一、依靠知识、技术创新 ·· (120)
　　　　二、创造新的行业和市场 ·· (120)
　　　　三、短期内快速增长 ·· (120)
　　　　四、引领技术发展和市场需求的最前沿 ······························ (121)

五、快速变革 …………………………………………………………… (121)
　　六、基于创业投资的支持 ……………………………………………… (121)
　　七、通过控制知识产权获得竞争优势 ………………………………… (122)

第七章　商业模式创新 ……………………………………………………… (125)
　第一节　商业模式的基本概念与类型 …………………………………… (126)
　　一、商业模式的含义与形成 …………………………………………… (126)
　　二、商业模式的特征 …………………………………………………… (127)
　　三、商业模式的分类 …………………………………………………… (128)
　第二节　商业模式的开发与创新 ………………………………………… (130)
　　一、商业模式的构建 …………………………………………………… (130)
　　二、商业模式的创新 …………………………………………………… (131)
　　三、商业模式的设计方法 ……………………………………………… (132)

模块六　创业市场调研与营销

第八章　市场调研与营销 …………………………………………………… (137)
　第一节　市场营销的内涵 ………………………………………………… (138)
　　一、市场的概念 ………………………………………………………… (138)
　　二、市场营销的含义 …………………………………………………… (139)
　　三、市场营销的核心 …………………………………………………… (140)
　第二节　市场调研的内容和方法 ………………………………………… (142)
　　一、市场调研的含义 …………………………………………………… (142)
　　二、市场调研的内容 …………………………………………………… (143)
　　三、市场调研的设计 …………………………………………………… (144)
　　四、原始资料收集的市场调研方法 …………………………………… (145)
　第三节　市场细分、选择和定位 ………………………………………… (147)
　　一、市场细分 …………………………………………………………… (147)
　　二、目标市场选择 ……………………………………………………… (149)
　　三、市场定位 …………………………………………………………… (151)
　第四节　市场营销策略的确定 …………………………………………… (152)
　　一、构建营销渠道 ……………………………………………………… (152)
　　二、确定促销策略 ……………………………………………………… (154)
　　三、营销定价 …………………………………………………………… (158)

模块七　创业财务分析

第九章　财务预测与管理 …………………………………………………… (163)
　第一节　财务管理的基本概念 …………………………………………… (164)

一、资产 ……………………………………………………………………… (164)
　　二、负债 ……………………………………………………………………… (164)
　　三、所有者权益 ……………………………………………………………… (164)
　　四、收入 ……………………………………………………………………… (165)
　　五、费用 ……………………………………………………………………… (165)
　　六、利润 ……………………………………………………………………… (165)
　　七、会计恒等式 ……………………………………………………………… (165)
　　八、货币时间价值 …………………………………………………………… (165)
　　九、现金流量 ………………………………………………………………… (166)
　　十、流动负债 ………………………………………………………………… (166)
　第二节　财务预测 ……………………………………………………………… (166)
　　一、销售预测 ………………………………………………………………… (166)
　　二、成本预测 ………………………………………………………………… (167)
　　三、利润预测 ………………………………………………………………… (168)
　　四、资金需求量预测 ………………………………………………………… (168)
　第三节　财务控制 ……………………………………………………………… (169)
　　一、现金流量预算与控制 …………………………………………………… (169)
　　二、应收账款控制 …………………………………………………………… (170)
　　三、成本控制 ………………………………………………………………… (171)
　第四节　创新创业融资 ………………………………………………………… (171)
　　一、创业融资的内涵 ………………………………………………………… (171)
　　二、创业融资的途径 ………………………………………………………… (174)
　　三、大学生创业融资现状 …………………………………………………… (176)
　　四、创业融资策略 …………………………………………………………… (178)

模块八　撰写创业计划书

第十章　创业计划书 ……………………………………………………… (185)
　第一节　创业计划书概述 ……………………………………………………… (186)
　　一、创业计划书的概念 ……………………………………………………… (186)
　　二、创业计划书的作用 ……………………………………………………… (187)
　第二节　创业计划书的撰写 …………………………………………………… (189)
　　一、创业计划书的准备 ……………………………………………………… (189)
　　二、创业计划书的内容 ……………………………………………………… (191)
　　三、撰写创业计划书应遵循的原则及应规避的误区 …………………… (194)

模块九　创办新企业

第十一章　新企业创办与管理 (201)

第一节　创办新企业 (202)
一、企业注册流程 (202)
二、企业组织形式选择 (206)
三、企业选址策略 (208)
四、企业注册相关文件的编写 (213)

第二节　新企业的管理 (218)
一、新企业管理的特殊性 (218)
二、新企业成长的驱动因素 (219)
三、新企业成长管理的技巧和策略 (220)
四、新企业的风险控制和化解 (222)

模块十　创业项目路演

第十二章　创新创业项目路演 (227)

第一节　创新创业项目路演的内涵 (228)
一、创新创业项目路演的概念 (228)
二、创新创业项目路演的基本流程 (228)

第二节　创新创业项目路演的内容 (229)
一、创新创业项目路演的准备工作 (229)
二、创新创业项目路演要表达的核心内容 (231)

第三节　创新创业项目路演的常见误区 (232)

参考文献 (235)

模块一　创新与创业教育基本概述

▶ 第一章　创新创业概述

第一章

创新创业概述

要么创新,要么死亡。

——畅销书《追求卓越》作者托马斯·彼得斯

创新是企业持续壮大的唯一出路。

——"创新魔法师"李响

踩着前人的脚印前进,最佳结果也只能是"亚军"。

——李可染

学习目标

- 熟悉创新的内涵、类型及具体方法
- 熟悉创业的内涵、要素及过程
- 了解创新与创业的关系

互动游戏

美丽风景线

一、游戏目的

了解每个人的创新能力,敢于向"答案"挑战。

二、游戏程序

1. 发给学生如图1-1所示的图案的纸。
2. 请学生一笔连接图上所有的点,看谁连接出来的最有特色。

图1-1 一笔连线

第一节　创新概述

一、创新的内涵

创新是人类特有的认识能力和实践能力，是人类主观能动性的高级表现，是推动民族进步和社会发展的不竭动力。一个民族要想走在时代前列，就一刻也不能没有创新思维，一刻也不能停止各种创新活动。人类社会从低级到高级、从简单到复杂、从原始到现代的进化历程，就是一个不断创新的过程。各民族发展的速度有快有慢，发展的阶段有先有后，发展的水平有高有低，究其原因，创新能力的大小是一个主要因素。因此，正确地理解与把握创新的概念及本质，是有效提升创新能力的前提和关键。一般说来，可以从经济学、管理学和社会学三个角度解释创新。

（一）经济学角度的创新概念

什么是创新？简单来说就是利用已存在的自然资源或社会要素创造新的矛盾共同体的人类行为，或者可以认为是对旧有的一切所进行的替代、覆盖。

"创新"这一概念是美籍奥地利经济学家熊彼特首先系统定义的，他在其著作《经济发展理论》中提出，创新是指企业家对生产要素"进行新的组合"，从而获得超额利润的过程。熊彼特将其所指的创新组合概括为五种形式：①引入新的产品或提供产品的新质量；②采用新的生产方法、新的工艺过程；③开辟新的市场；④开发并利用新的原材料或半制成品形成新的供给来源；⑤采用新的组织方法。熊彼特创立创新理论的主要目的在于对经济增长和经济周期的内在机理提供一种全新的解释，利用创新理论分析资本主义经济运行呈现"繁荣—衰退—萧条—复苏"四阶段循环的原因，说明了不同程度的创新会引出长短不等的三种经济周期，并确认创新能够引发经济增长。熊彼特等人对创新的定义，突出之处是强调了经济要素的有效组合，即创新应是信息、人才、物质材料与企业家才能等要素的有机配合，最终形成独特的协同效用。

熊彼特所描绘的五种创新组合大致可归纳为三大类：一是技术创新，包括新产品的开发，老产品的改造，新生产方式的采用，新供给来源的获得，以及新原材料的利用；二是市场创新，包括扩大原有市场的份额及开拓新的市场；三是组织创新，包括变革原有组织形式及建立新的经营组织。之后，熊彼特的主要追随者从不同的角度与层次对创新理论进行了分解研究，并发展出两个独立的分支：一是技术创新理论，主要以技术创新和市场创新为研究对象；二是组织创新理论，主要以组织变革和组织形成研究对象。本书所介绍的创新思想是基于技术创新理论的分析和综合。

我国在20世纪80年代开展了技术创新方面的研究，傅家骥对技术创新的定义是：企业家抓住市场的潜在盈利机会，以获取商业利益为目标，重新组织生产条件和要素，建立起效能更强、效率更高和费用更低的生产经营方法，从而推出新的产品、新的生产（工艺）方法，开辟新的市场，获得新的原材料或半成品供给来源或建立企业新的组织，它是科技、组织、商业和金融等一系列活动的综合过程。

（二）管理学角度的创新概念

从企业管理的角度看，组织创新作为技术创新的平台，推动技术创新成为企业永续发展的根基，因此，技术创新能力的提升是企业核心竞争力提升的关键。技术创新的管理学解释强调了"过程"与"产出"（将设想做到市场），是指从新思想产生，到研究、发展、试制、生产制造直至首次商业化的全过程，是发明、发展和商业化的聚合。在这一复杂过程中，任何一个环节的短缺都不能形成最终的市场价值，如图1-2所示，任何一个环节的低效连接都会导致创新的滞后。

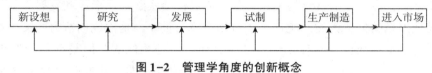

图1-2 管理学角度的创新概念

（三）社会学角度的创新概念

创新是指人们为了发展需要，运用已知的信息和条件，突破常规，发现或产生某种新颖、独特的有价值的新事物、新思想的活动。

创新的本质是突破，即突破旧的思维定式、旧的常规戒律。创新活动的核心是"新"，它或者是产品的结构、性能和外部特征的变革，或者是造型设计、内容的表现形式和手段的创造，或者是内容的丰富和完善。

社会创新是社会人对社会关系的创新性发展，其对于社会关系内在本质及范畴的发现及创新是对于人类自我解放的自觉实践的反映。只有人类自我自觉的自我解放行为才可能是真的社会创新，才可能形成整体的社会革命性创新。社会的革命性创新路径依赖的是生产力的解放，是劳动人民内在自我解放能力的提升，是劳动科技中劳动者素质及工具的整体进步，最终表现为所有劳动者的社会化总体生产力的提升与劳动者作为人的存在的发展。

二、创新与创造的区别

创新与创造密切相关，在某些情况下互相包容、互相替用，但二者又有区别。创造是指将两个以上概念或事物按一定方式联系起来，以达到某种目的行为或想出新的方法，创建新的理论，创出新的成绩和东西，是在自己创新的基础上来制造新事物。创造就是一种典型的人类自主和能动行为。因此，创造的一个最大特点是有意识地对世界进行探索性劳动的行为。因此，想出新方法、建立新理论都是创造的结果。

美国创造学家帕内斯指出："创造行为就是产生具有独特性和价值性成果的行为。"这种成果对一个人、一个群体、一个组织乃至整个社会都具有独特性、价值性。据此可以得出，创造的本质内涵是：主体为了达到一定的目的，遵循人的创造活动的规律，发挥创造的能力和人格特质，创造出新颖独特并具有社会或个人价值的产品活动。新颖独特是创造的本质性内涵，表明了创造的首创性、独特性。人人都有创造力，创造力是一种潜能。人的创造潜能表现在某一个领域，要求具备领域内或相关领域的知识和自身在这个领域的"先天"潜能得到开发、启动、激活。这需要主体在创新实践过程中把这种创造潜能开发出来，虽然在某一个领域没有"先天"条件，但是只要经过创新实践去培养、开发主体的创新思维，同样能够创造出某个领域内的新成果。

创造力可归结为三个方面：一是作为基础因素的知识，包括吸收知识的能力、记忆知识的能力和理解知识的能力；二是以创造性思维能力为核心的智能，智能是智力和多种能力的综合，既包括敏锐、独特的观察力，高度集中的注意力，高效持久的记忆力和灵活自如的操作力，也包括创造性思维能力，还包括掌握和运用创造原理、技巧和方法的能力等，这是构成创造力的重要部分；三是创造个性品质，包括意志、情操等方面的内容，这是在一个人生理素质的基础上，在一定的社会历史条件下，通过社会实践活动形成和发展起来的，是创造活动中所表现出来的创造素质。优良素质对创造极为重要，是构成创造力的又一重要部分。

而创新的基本特征也具有独创性，这一点和创造是相似的。但是创新的标志是技术进步，而创造的标志是专利和首创权。创新还具有价值性，即创新要符合社会意义和社会价值，同时还要具有实践性。创新是一个实践过程，在实践的基础上实现主体客体化和客体主体化的统一。此外，创新强调商业化的首次运用，创新过程是主体创新个性因素和创新社会因素的内外整合过程，创新成果是创新主体对创新能力各个构成要素有机整合的结果。

三、创新的类型

从本质上说，创新是一种变革，在创新过程中聚焦于技术方面的变革是永恒的主题，因此有必要了解创新的类型和相关特点。

（一）产品创新

产品创新是指提出一种能够满足顾客需要或解决顾客问题的新产品。产品创新可分为全新产品创新和改进产品创新。全新产品创新是指产品用途及原理有显著的变化。改进产品创新是指在技术原理没有重大变化的情况下，基于市场需要对现有产品进行功能上的扩展和技术上的改进。全新产品创新的动力机制既有技术推进型，也有需求拉引型。改进产品创新的动力机制一般是需求拉引型。例如，苹果公司推出的 iPhone 手机、海尔推出的环保双动力洗衣机（不用洗衣粉的洗衣机）、华为推出的拥有人工智能的 Mate10 智能手机等，都是产品创新的例子。

在产品创新的具体现实中主要有自主创新、合作创新两种方式。自主创新是指企业或个人通过自身的努力和探索产生技术突破，攻破技术难关，达到预期的目标。合作创新是指企业间或企业、科研机构、高等学院之间的联合创新行为。当今全球性的技术竞争不断加剧，企业技术创新活动中面对的技术问题越来越复杂，技术的综合性和集群性越来越强，即使是技术实力雄厚的大企业也会面临技术资源短缺的问题，单个企业依靠自身能力取得技术进展越来越困难。合作创新通过外部资源内部化，实现资源共享和优势互补，有助于攻克技术难关，缩短创新时间，增强企业的竞争力。企业可以根据自身的经济实力、技术实力选择适合的产品创新方式。

★ 案例讲坛

3M 公司的创新产品

3M 公司（明尼苏达矿务及制造业公司）是世界著名的产品多元化跨国企业，《财富》杂志每年评选的美国企业排行榜，其中有 10 年 3M 公司均名列前 10 名。但 3M 公司为世人瞩目并不仅仅因为它的规模，和 GE、IBM 等超级大公司相比，3M 不足 200 亿美元的销售额不会给人留下多深的印象，3M 公司最吸引人之处是它在创新方面的非凡成就。3M 公司以其为员工提供创新的环境而著称，视革新为其成长的方式，视新产品为生命。在过去的 100 多年间，3M 为至少 30 多个技术平台开发出 6 万多种高品质产品，涉及工业、化工、电子、医疗、文教办公等十几个领域。目前，3M 公司每年都有数以千计的新产品问世。据测算，在现代社会中，世界上有 50% 的人每天直接或间接地接触 3M 产品。3M 公司的目标是每年销售量的 30% 从前四年研制的产品中取得。3M 注重创新的精神已使其连续多年成为最受人尊敬的企业之一。

（以上信息根据网络资料整理而成）

（二）工艺创新

工艺创新包括新工艺、新设备及新的管理和组织方法，是指企业采取某种方式对新产品及新服务进行生产、传输，是对产品的加工过程、工艺路线以及设备所进行的创新。例如，新型洗衣机和抗癌新药的生产过程中生产工艺及生产设备的调整，银行数据信息处理系统的相关使用程序及处理程序的调整等。工艺创新和产品创新都是为了提高企业的社会经济效益，但二者途径不同，方式也不一样。产品创新侧重于活动的结果，而工艺创新侧重于活动的过程；产品创新的成果主要体现在物质形态的产品上，而工艺创新的成果既可以渗透于劳动者、劳动资料和劳动对象之中，也可以渗透在各种生产力要素的结合方式上；产品创新的生产者主要是为用户提供新产品，而工艺创新的生产者也是创新的使用者。

当然，产品创新和工艺创新的划分并不是绝对的，有时两者之间的边界并不明显。例如，一台新型的太阳能动力轿车既是产品创新的结果，也是工艺创新的结果。尤其值得注意的是，在服务领域，产品创新和工艺创新通常交织在一起。

在新的市场竞争中，企业面临着不断提高效率、质量和灵活性的要求。企业如果能够生产出别的企业生产不出的产品或者能够以一种更为经济有效的方式组织生产，同样能够建立竞争优势。研究表明，企业利用外部技术和快速进入新产品市场的巨大优势来源于企业对新产品和新服务进行生产和传输的能力，即企业进行工艺创新的能力。创新型企业就是在其所涉及的领域内持续不断地寻求新的突破，从而降低成本、提高质量、增强灵活性，最终将价格、质量和性能各方面都很突出的产品提供给市场。例如，日本在汽车、摩托车和家用电器等领域的成功很大程度上归功于其先进的制造能力，而其先进的制造能力来源于持续不断的工艺创新。

★ 案例讲坛

丰田公司的强大生产系统

丰田的强大在于其生产系统的强大。丰田倡导精细生产方式，其基本的思想就是彻底消除无用功。这种思想外化成为两大支柱体系："即时到位系统"和"智能自动化"。"即时到位系统"是指在以流水作业方式进行的汽车组装过程中让所有需要安装的部件在必要时候自动达到流水线上的结构。"智能自动化"则是让生产机械具有人的某些智慧，丰田采用了带有自动停止装置的机械，在人工生产线上一旦发现异常情况，操作者就可按停止按钮来停止生产。这个生产系统是丰田在1984年从美国引进的，其创造出的结果让人惊讶，它使工厂的生产效率比原来提高了2倍以上。

（以上信息根据网络资料整理而成）

（三）服务创新

服务创新就是使潜在用户感受到不同于从前的崭新内容。服务创新为用户提供以前没能实现的新颖服务，这种服务在以前由于技术等限制因素不能提供，现在因突破了限制而能提供。

服务创新是企业为了提高服务质量和创造新的市场价值而进行的服务要素变化，对服务系统进行有目的、有组织地改变的动态过程。服务创新的理论研究来源于技术创新，两者之间有着紧密的联系。但是由于服务业的独特性，使服务业的创新与制造业的技术创新有所区别，并有它独特的创新战略。

服务创新可以分为五种类型：服务产品创新、服务流程创新、服务管理创新、服务技术创新、服务模式创新。

1. 服务产品创新

服务产品创新是指服务内容或者服务产品的变革，创新的重点是产品的设计和生产能力。例如，一项自行车车座技术的组件可以添加灌有凝胶的材料从而增强减震效果，而并不需要对自行车的其余结构进行其他的改变。

2. 服务流程创新

服务流程创新是指服务产品生产过程的创新和交付流程的更新。包含生产过程创新与交付过程创新两方面。生产过程创新，即后台创新；交付过程创新，即前台创新。

3. 服务管理创新

服务管理创新是指服务组织形式或服务管理的新模式。例如，服务企业导入全面质量管理、海底捞火锅对员工独特的管理创新等。

4. 服务技术创新

服务技术创新是指支撑所提供服务的技术手段方面的创新。如支付宝推出的刷脸支付、华为Mate8智能手机的指纹识别服务、电影院推出的网上自助订票选座服务等。

5. 服务模式创新

服务模式创新是指服务企业所提供的服务在商业模式方面的创新。例如，有初创公司针对传统的洗车店洗车、去推拿店推拿而推出的上门洗车服务、上门推拿服务等。

以上五种服务创新都应以用户的服务体验为核心，如图1-3所示。

图1-3 服务创新五角星模型

(四) 商业模式创新

管理学大师彼得·德鲁克曾经说过："当今企业之间的竞争，不是产品之间的竞争，而是商业模式之间的竞争。"

商业模式创新是指对目前行业内通用的为顾客创造价值的方式提出挑战，力求满足顾客不断变化的要求，为顾客提供更多的价值，为企业开拓新的市场、吸引新的客户群。一个简单的例子是：传统的书店利用互联网来销售书籍，即开通网上书店。与传统书店相比，亚马逊和当当网就是一种商业模式创新。

那么，什么是商业模式呢？商业模式的定义有很多，但目前最为管理学界接受的是《厘清商业模式：这个概念的起源、现状和未来》一文中提出的定义："商业模式是一种包含了一系列要素及其关系的概念性工具，用以阐明某个特定实体的商业逻辑。它描述了公司所能为客户提供的价值以及公司的内部结构、合作伙伴网络和关系资本等用以实现（创造、营销和交付）这一价值并产生可持续、可营利性收入的要素。"

这个定义明确了商业模式的特征。商业模式展现的一个公司赖以创造和出售价值的关系和要素可以细分为九个要素，包括价值主张、消费者目标群体、分销渠道、客户关系、价值配置、核心能力、合作伙伴网络、成本结构、收入模型，衡量一个企业商业模式是否合格，我们就可以用这九个要素去衡量。

1. 价值主张（Value Proposition）

价值主张是公司通过其产品和服务所能向消费者提供的价值。价值主张确认了公司对消费者的实用意义。

2. 消费者目标群体（Target Customer Segments）

消费者目标群体指公司所瞄准的消费者群体。这些群体具有某些共性，使公司能够（针对这些共性）创造价值。定义消费者群体的过程也被称为市场细分（Market Segmentation）。

3. 分销渠道（Distribution Channels）

分销渠道指公司用来接触消费者的各种途径。它阐述了公司如何开拓市场，涉及公司的市场和分销策略。

4. 客户关系（Customer Relationships）

客户关系指公司与其消费者群体之间所建立的联系。我们所说的客户关系管理（Customer Relationship Management）即与此相关。

5. 价值配置（Value Configurations）

价值配置指资源和活动的配置。

6. 核心能力（Core Capabilities）

核心能力指公司执行其商业模式所需的能力和资格。

7. 合作伙伴网络（Partner Network）

合作伙伴网络指公司同其他公司之间为有效地提供价值并实现其商业化而形成的合作关系网络。这也描述了公司的商业联盟（Business Alliances）范围。

8. 成本结构（Cost Structure）

成本结构指所使用的工具和方法的货币描述。

9. 收入模型（Revenue Model）

收入模型指公司通过各种收入流（Revenue Flow）来创造财富的途径。

商业模式画布如图1-4所示。

图1-4　商业模式画布

商业模式创新是指企业价值创造提供基本逻辑的变化，即把新的商业模式引入社会的生产体系，并为客户和自身创造价值。通俗地说，商业模式创新就是指企业以新的有效方式赚钱。新引入的商业模式，既可能在构成要素方面不同于已有商业模式，也可能在要素间关系或者动力机制方面不同于已有商业模式。

★ 案例讲坛

支付宝的商业模式创新

支付宝最初是淘宝网为了解决网络交易安全问题而设立的以提供支付功能为主的公司，在国内首先采用第三方担保交易模式，提供安全、简单、快速的在线支付解决方案。支付宝用买家先打款到支付宝账户，由支付宝向卖家通知发货，买家收到商品并确认后指令支付宝将货款转付给卖家，至此完成网络交易。支付宝用创新的第三方担保支付模式有效解决了网上购物的信用问题，大大降低了网购交易风险，这就抓准了买家的痛点，是淘宝在早期能够迅速制胜的一大武器。

而从淘宝网分拆之后，支付宝作为独立支付平台，在电子商务支付领域展现出更广阔的图景。在先后与各大国有银行、VISA等达成战略合作协议之后，支付宝在整个互联网电子商务大发展的背景下，先后切入网游、机票等市场，用全额赔付制度树立起支付宝"安全、可靠"的形象。随后，通过进入水、电、煤、气、通信等公共事业性缴费市场，支付宝将自己的商业模式从电子商务的付款平台拓展为涉及生活各方面的缴费支付平台。之后，支付宝进一步进军信用卡还款、缴纳学费、罚款、行政类缴费甚至网络捐赠等多个领域，将商业模式从缴费平台进一步拓宽为整合生活资源的平台。

（以上信息根据网络资料整理而成）

讨论

在手机上安装支付宝APP，浏览其提供的服务，讨论在其商业模式中还有哪些空白或不足之处。

（五）渐进性创新

渐进性创新是指在原有的技术轨迹下，对产品或工艺流程等进行的程度较小的改进和提升。

一般认为，渐进性创新对现有产品的改变相对较小，能充分发挥已有技术的潜能，并经常能强化现有的成熟型公司的优势，特别是强化已有企业的组织能力，对公司的技术能力、规模等要求较低。

在腾讯，渐进性创新的案例数不胜数，维持快速迭代的渐进性创新是腾讯产品持续成功的重要因素之一。从第一个版本到现在，腾讯发布了数以百计个版本的QQ，这其中当然有大的重构和功能的革新，但更多的是遍布在小版本中的渐进性创新。

腾讯是最早执行快速迭代微创新的互联网企业之一，正是这种微创新能力使它击败了MSN、联众、盛大等众多的互联网巨头，获得强大的盈利能力。

从2011年1月推出到年底，微信在一年的时间里更新了11个版本，平均每个月更新一个版本。1.0版本仅有聊天功能，1.1版本增加了对手机通信录的读取功能，1.2版本打通了腾讯微博，1.3版本加入了多人会话功能，2.0版本加入了语音对讲功能。这个时候，腾讯完成了对竞争对手的模仿和追赶，开始创新之路。2016年9月，腾讯开启微信小程序内测，并于2017年1月正式上线；2017年12月28日，微信更新的6.6.1版本开放了小游戏功能，微信启动页面还重点推荐小游戏"跳一跳"，吸引了大量用户参与。

许多实证的研究显示，渐进性创新只能维持企业现有产品的竞争能力，当市场出现携突破性创新成果进行竞争的企业对手时，现有的成熟大型公司就可能丧失其市场领先地位。历史上，晶体管的出现几乎击溃了所有的电子管生产企业，而当时电子管生产企业正孜孜不倦地致力于渐进性创新。这说明，渐进性创新可以保持优势，但是很容易被突破性创新的旋涡吞噬。

（六）突破性创新

突破性创新是导致产品性能主要指标发生巨大跃迁，对市场规则、竞争态势、产业版图具有决定性影响，甚至导致产业重新洗牌的一类创新。

这类创新需要全新的概念与重大的技术突破，往往需要优秀的科学家或工程师花费大量的资金来实现，历时 8~10 年或更长的时间。这些创新常伴有一系列的产品创新与工艺创新以及企业组织创新，甚至导致产业结构的变革。很难用增加多少收入衡量什么是突破性创新，因为这还取决于公司的规模和耗费的成本。因此，突破性创新只能是所谓的"突破"，但如果给突破性创新下个定义，也只能用它自身来界定。如果通过流程改进，显著降低成本或显著提高产量，那么这样的流程改进也可以说是一种突破。

四、创新的方法

（一）奥斯本检核表法

1. 奥斯本检核表法的内涵和内容

奥斯本检核表法是美国创新技法和创新过程之父亚历克斯·奥斯本于 1941 年在其出版的世界上第一部创新学专著《创造性想象》中提出的。奥斯本检核表法又被称为分项检查法，是以提问的方式，根据创新或解决问题的需要，列出有关问题，形成检核表，然后逐个对问题进行核对讨论，从而发掘出解决问题的大量设想的一种方法。

奥斯本检核表法主要是引导主体在创新过程中对照九个方面的问题进行思考，即能否他用、能否借用、能否改变、能否扩大、能否缩小、能否代用、能否调整、能否颠倒、能否组合，以启迪思路，开拓思维想象的空间，促进人们产生新设想和新方案，如表 1-1 所示。这九个问题能够刺激我们进行多方面的联想，对既有的事物或发明进行改进和完善。

表 1-1 奥斯本检核表法

检核项目	含义	示例
能否他用	现有事物有无其他用途？保持不变能否扩大用途？稍加改变有无别的用途？	电吹风的功能是吹干头发。日本的一位妇女在冬天或雨天使用电吹风将婴儿尿布上的湿气吹干，她的丈夫由此产生联想，创新出了适合宾馆等单位使用的被褥烘干机。
能否借用	能否引用其他的创造新设想？能否从其他领域、产品、专案中引入新的元素、材料、造型、原理、工艺、思路？	医生在治疗肾结石患者的时候，借用现代的爆破技术，将炸药的分量用到只能炸碎肾脏里的结石而不影响肾脏本身，创新出了医学上的微爆破技术。

续表

检核项目	含义	示例
能否改变	现有的事物,如颜色、声音、味道、式样、花色、音响、品种、意义、制造方法等能否做某些改变?改变后效果如何?	一般漏斗的下端都是圆形的,用来向同样是圆形的瓶口里灌装液体,但是因瓶内空气的阻碍,液体不易流下。把漏斗的下端改成方形,插入瓶口时便留出间隙,让瓶内的空气在灌液时能顺利排出而使灌液流畅。
能否扩大	现有的事物是否能扩大使用范围?能否增加使用功能?能否增加零部件以延长使用寿命?能否增加长度、厚度、强度、频率、速度、数量、价值?	日本某牙膏厂在牙膏中加入特殊物质,当刷牙时间超过3分钟时,该物质使口内牙膏由白变黑,以此提醒人们已经达到必要的刷牙时间了。
能否缩小	现有事物能否体积变小、长度变短、重量变轻、厚度变薄以及拆分或省略某些部分(简单化)?能否浓缩化、省力化、方便化、短路化?	日本大阪西卡公司推出的超轻型老花眼镜只有4.5克重(相当于普通眼镜质量的1/5),度数可调,深受人们的喜爱,上市不到一年,就在世界50多个国家售出2000余万副,从而以"世界上最受老人欢迎的老花眼镜"载入《吉尼斯世界纪录大全》。
能否代用	现有事物能否用其他材料、组件、结构、设备、方法、符号、声音等替代?	用激光代替医生的手术刀治疗某些外科疾病,不但快捷、方便,而且患者几乎没有痛苦,也大大地减轻了医生的工作量。
能否调整	现有事物能否交换排列顺序、位置、时间、速度、计划、型号?内部组件可否交换?	过去的老式飞机,螺旋桨是装在头部的,后来有人把它安装在飞机的顶部,于是有了直升机,把它安装在飞机的尾部就有了现代喷气式飞机。
能否颠倒	现有事物能否从里外、上下、左右、前后、横竖、主次、正负、因果等相反的角度颠倒过来用?	英国科学家法拉第,把"电流能够产生磁场"的原理颠倒过来,实现了"磁能生电"的设想,为世界上第一台发电机的诞生奠定了基础;把对空发射的火箭颠倒过来,人们发明了探地火箭。
能否组合	能否进行原理组合、材料组合、部件组合、形状组合、功能组合、目的组合?	现在广泛使用的一种多功能小型木工机床,就是将平创机、凿眼机、开榫机、木工钻、木工车床组合在一起的,很受小型木工厂和木工们的欢迎。

★案例分享

奥斯本检核表法应用案例

能否他用

枪作为武器,在发展过程中已经出现了很多种类,如手枪、步枪、机枪、冲锋枪等。有人利用枪的发射原理,将之稍加改进而用于生活中,给人们带来了极大的方便。比如,加拿大研发的种树枪,把种子和土壤装进塑料子弹里,每天可植树2000棵,既提高了种植效率，也提高了成活率；用来给凶猛的动物注射药物的注射枪，减少了兽医的意外伤害；建筑上使用的射钉枪，可以高效、准确地向墙面和木板钉钉，等。

能否改变

洋娃娃是每个女孩童年必备的朋友，但随着女孩年龄的增长，其一般就会渐渐被忽略。中国香港设计了一种拟人化的椰菜娃娃。它不同于传统娃娃千篇一律的脸庞和造型，每个娃娃都各有特色，而且拥有一个电脑随机赋予的名字，臀部上印有"出生日期"（注意：不是生产日期或者出厂日期），有"出生证明"。更有意思的是，椰菜娃娃只能"认养"，不能买。一周岁时还会收到厂家寄发的生日卡。椰菜娃娃一经推出便大受欢迎。虽然价格不菲，但并没有阻挡人们的热情，排队"认养"椰菜娃娃一度成为中国香港人的时尚。

能否缩小

人们可能都有这样的经验：同样的东西，小巧精致的更容易让人心动，而且功能一样的情况下，微型的物品也的确更为方便。比如，越来越薄的笔记本电脑、蓝牙耳机、可以安装在手表或者戒指上的微型摄像头，还有折叠自行车等。法国曾经研制过一种小型摩托车，只有 25 千克重，时速却可达 80 千米。

能否调整

历史上著名的田忌赛马的故事就是重新调整了三匹马参加比赛的顺序，最后胜券稳操。现代有位策划师也借鉴了这种创新思路。北京一个文化馆扩建时涉及 100 户搬迁户，上级部门计划拨款 1 400 万元作为居民安置费。当时若在城区买一套住房需要 20 万元，这样就是 2 000 万元。那么差的 600 万元从哪儿来呢？他提出让大家到郊区去买房。每套只要 3 万~4 万元。但是住户不同意，原因是太远、不方便。他又提出给每家买一辆小面包车，大家欣然同意。事实上，每辆小面包车只需 4 万元，这样，每家加上房子只需要 8 万元。所有住户加起来一共只需 800 万元。他又进一步给大家提出了一个建议：把面包车集中起来成立一个出租车队，既能接送住户上下班，同时还能租车挣钱。就这样，思路的改变扭转了整个局面。

（以上信息根据网络资料整理而成）

2. 奥斯本检核表法的实施步骤

奥斯本创造的检核表法中涉及的九个问题，就好像有九个人从九个角度帮助你思考。这体现了检核表法的突出特点：多向思维，即用多条提示引导你去发散思考。你可以把九个思考点都试一试，也可以从中挑选一两条集中精力深度思考。奥斯本检核表法具体实施步骤如下。

（1）根据创新对象明确需要解决的问题。

（2）参照奥斯本检核表法列出的九个问题，运用丰富的想象力，强制性地逐个核对讨论，写出尽可能多的新设想。

（3）对提出的新设想进行筛选，将最有价值和创新性的设想筛选出来，根据实际需要，提出改进方案。

（二）头脑风暴法

1. 头脑风暴法的内涵

头脑风暴法（Brain Storming）又称智力激励法、BS 法，是由奥斯本于 1939 年首次提出、1953年正式发表的一种激发创造性思维的方法。头脑风暴法是通过小型会议的组织形式，让所有与会者在自由愉快、畅所欲言的气氛中，自由交换想法或点子，并以此激发其创意及灵感，使各种设想在相互碰撞中激起脑海的创造性"风暴"，从而产生解决问题的方法。它适合于解决那些比较简单、确定的问题，如研究产品名称、广告口号、销售方法和产品的多样化等，以及需要大量构思、创意的行业，如广告业。中国俗话所说的"三个臭皮匠，顶个诸葛亮"，其实与其有异曲同工之妙。

头脑风暴法利用基本心理机理改变了群体决策中容易形成的群体思维，最大限度地保证了个人思维的自由发挥，让与会者受到他人的热情感染，从而激起一系列联想反应，为创造性的发挥提供了条件。头脑风暴法的作用主要有四点：一是引起与会者的联想反应，刺激新观念的产生；二是激发人的热情，促进与会者突破旧观念的束缚，最大限度地发挥创新思维能力；三是促使与会者产生竞争意识，力求提出独到的见解；四是让与会者的自由欲望得到满足。

2. 头脑风暴法的分类

头脑风暴法一经提出便在世界各国引起强烈反响，后经创造学研究者的实践和发展，最终形成了一个相对完善的发明技法群：如三菱式智力激励法、默写式智力激励法、卡片式智力激励法等。

（1）三菱式智力激励法由日本三菱树脂公司在头脑风暴法的基础上改进而成，它的优点是修正了奥斯本智力激励法严禁批评的原则，有利于对设想进行评价和集中。

（2）默写式智力激励法是无参照扩散法的一种，由创造学家荷立创造，其特点是用书面阐述来激励智力。具体做法是：每次有6人同时参加会议，每人在5分钟之内用书面的形式提出3个设想，因此又被称为635法。会议开始时，由主持人宣布会议议题，允许与会者提出质疑并进行解释。然后给每人发3张卡片。第一个5分钟内，每人针对议题在卡片上填写3个设想，然后将卡片传给右邻的与会者。第二个5分钟内，每人从别人的3个设想中得到新的启发，再在卡片上填写3个新的设想，然后将设想的卡片再传给右邻的与会者。这样，卡片在半小时内可传递6次，一共可产生108个设想。635法可避免因许多人争相发言而使设想遗漏的弊病，其不足是相互激励的气氛没有公开发言方式热烈。

（3）卡片式智力激励法又称为卡片法，包括CBS法和NBS法两种。CBS法由日本创造开发研究所所长高桥诚改进而成，其特点是可以对每个人提出的设想进行质询和评价；NBS法是日本广播电台开发的一种智力激励法。

3. 头脑风暴法的实施流程

（1）准备阶段。这个阶段主要是为会议做好各个方面的充分装备，包括：确定会议主题；选好主持人和参与人员；确定会议时间、地点；设定评价设想；将会议通知和相关材料发给所有参与人员。这些工作准备妥善以后，找一个时间对与会者进行适当的训练，使其跳出常规的思维模式，适应自由思考、自由发言的方式。会前可进行柔化训练，即对缺乏创新锻炼者进行打破常规思考、转变思维角度的训练活动，以减少思维惯性，从单调、紧张的工作环境中解放出来，以饱满的创造热情投入到激励设想活动中去。

(2) 热身阶段。这个阶段的目的是创造一种自由、宽松、祥和的氛围，使大家放松，进入一种无拘无束的状态。主持人宣布开会后，先说明会议的规则，然后随便谈点有趣的话题或问题，让大家的思维处于轻松和活跃的状态。

(3) 导入阶段。主持人扼要地介绍有待解决的问题。介绍时须简洁、明确，不可过分周全，否则会限制人的思维，干扰创新的想象力。

(4) 畅谈阶段。畅谈是头脑风暴法的创意阶段。为了使大家畅所欲言，需要明确以下规则。第一，不要私下交谈，以免分散注意力。第二，不妨碍及评论他人发言，每人只谈自己的想法。第三，发表见解时要简单明了，一次发言只谈一种见解。主持人首先要向大家宣布这些规则，随后引导大家自由发言、自由想象、自由发挥，使彼此相互启发、相互补充，真正做到知无不言、言无不尽、畅所欲言，然后将会议发言记录进行整理。

(5) 整理阶段。会议过程中提出的问题多数都未经斟酌，加工后才能产生实质性的作用。

这一阶段首先是增加设想。会议结束后的一两天内，由专门人员对与会人员进行追踪，询问其会后新的设想，因为经过一段时间的沉淀，可能会有更有价值的设想产生，又或者可能将原来的设想进一步完善了。

其次是评价和发展。这是两个互相联系的方面，即根据一些既定的标准进行筛选判断和综合改善。标准应该根据具体问题拟定，可以包括设想的可行性、成本、可能产生的效果等。专家小组人员可以是提出设想的与会人员，但最好是问题的负责人，人数最好是5人。会上将大家的想法整理成若干方案，再根据标准，诸如可识别性、创新性、可实施性等进行筛选。经过反复比较和优中择优，最后确定1~3个最佳方案。这些最佳方案往往是多种创意的优势组合，是大家集体智慧综合作用的结果。

(三) 分析列举法

1. 分析列举法的含义

分析列举法是在美国内布拉斯加大学教授R.克劳福德创造的特性列举法的基础上形成的。克劳福德认为每一个事物都是从另外的事物中产生发展而来的。列举法并不在于一般性的列举，而在于从所列举出来的项目中挖掘出发明创造的主题和启发出创造性的设想。分析列举法是指运用发散性思维，将研究对象的本质内容（如特点、缺点、希望点）一一列举出来，尽可能地做到全面无遗，然后逐一对其进行分析研究，从中探求出各种创新方案。这种方法有利于人们克服对熟悉事物的思维惯性，重新审视并深入考察以获得事物的新属性，在原有的基础上提出改进意见和建议，从而进行创新。

2. 分析列举法的种类

根据研究对象不同，分析列举法可分为特性列举法、缺点列举法、希望点列举法、成对列举法和希望列举法，下面逐一介绍。

(1) 特性列举法。这是克劳福德教授发明的一种创造方法。按照他的观点，事物都是来源于其他事物的，因此，所谓创造也就是对旧有事物尤其是对其特性进行改造的结果。所以，特性列举法就是通过对需要改进的对象进行观察分析，列举出它的所有特性，并对特性分别予以研究，从而提出改进完善方案的方法。特性列举法犹如把一架机器分解成一个个零件，将每个零件的功能、特点、与整体的关系都列举出来排成表。把问题区分得越小，越容易得出创造性设想。例如，你想对自行车提出改进设想，最好是根据自行车的特性，把它分解成若干部分，对每一部分（如车身、车胎、辐条、轴承、钢圈、齿轮、刹车、把手等）分别予以研究，进而提出新设想，这样效果会比较好。

列举改进对象的词语主要用名词、形容词和动词。在实际做特性分析时，如果感到按名词、形容词、动词特性进行列举不易区分，而且影响创新思考，也可按数量特性、物理特性、化学特性、结构特性、形态特性、经济特性等进行列举。

名词特性（用名词来表达的特性）：整体、部分、材料、制造方法等。

形容词特性（用形容词来表达的特性）：形状、颜色、大小等。

动词特性（用动词来表达的特性）：效用、主要功能、辅助功能、附属功能及其在使用时新涉及的重要动作等。

数量特性：使用寿命、保质期、耗电量等。

物理特性：软、硬、导电、轻、重等。

化学特性：易氧化、耐酸度、耐碱度等。

结构特性：固定结构、可变可拆结构、混合结构等。

形态特性：色、香、味、形等。

经济特性：生产成本、销售价格、使用成本等。

特性列举法的具体操作步骤如下。

1）选择一个目标比较明确的分析对象，宜小不宜大。如果是一个比较大的分析对象，最好把它分成若干个小对象。

2）从名词特性、形容词特性和动词特性三个方面对对象的特性进行列举。如果觉得按名词、形容词、动词特性进行列举不好操作，就按数量特性、物理特性、化学特性、结构特性、形态特性、经济特性进行列举。分析对象的特性越详细越好，并且要尽量从各个角度提出问题。

3）分析各个特性，通过提问，激发出新的创造性设想和方案。分析各个特性时，可采用智力激励法来激发创意。在上述列举的特性下尽量尝试各种可替代的属性进行置换，以产生新的设想和方案。

4）提出新的方案并进行讨论、检核、评价，挑选出行之有效的设想来结合实际需要对对象进行改进。

（2）缺点列举法。任何一个产品都不可能是十全十美的，都或多或少会存在一些缺点。但是人都有习惯和惰性，对于习惯了的产品，往往不容易也不愿意去研究它的缺点。众所周知，任何发明和创造都是从发现问题开始的。而缺点列举法正是从发现问题，即发现产品的缺点入手，然后利用各种技术加以改变，从而创造出新的产品。缺点列举法就是直接从社会需要的功能、审美、经济等角度出发，对一个事物吹毛求疵，根据实际需要故意查找问题和缺点，并研究事物的缺点，然后进行有针对性的改进，进而创造出新的产品。缺点列举法通常围绕旧有事物的缺点进行改进和完善，并不改变事物的整体和本质，属于被动型创造技法。它同时可应用于旧产品的改进、不成熟产品的完善和企业的经营管理方面等，是一种非常重要且易于掌握的创新方法。

缺点列举法的具体操作步骤如下。

1）列举缺点阶段。通过会议、访谈、电话调查、问卷调查、对照比较等方式，广泛调查和征集意见，尽可能多地列举事物的缺点。

2）探讨改进方案阶段。对收集到的缺点进行归类和整理，并对每类缺点进行分析，在此基础上提出改进方案。

例如，对大家曾经穿过的各种雨衣进行缺点列举。从雨衣的材质来看，塑料材质的雨衣在零度以下容易变硬、变脆，易折损；胶布材质的雨衣比较耐用，但是闷热不透风。从雨衣的功能来看，雨衣的下摆一般都是与身体垂直的，雨水容易弄湿裤子和鞋子；遇到风雨较大的时候，脸容易被淋湿，且视线容易被挡住，不安全；骑车的时候穿雨衣也不方便。从雨衣的设计样式来看，雨衣的设计和颜色一般都比较单调，缺少个性。然后针对这些缺点一一提出改进方案。比如，采用能同时解决不耐用和闷热的新材质；下摆设计成百褶裙的样式以免弄湿裤腿和鞋子；在雨衣的帽子上增加防雨眼镜或者眼罩，保证使用者的视线不被挡住；像普通的衣服一样，设计出适合男、女、老、幼的不同样式，增加雨衣的装饰性和时尚性等。

（3）希望点列举法。希望点就是指创造性强且科学、可行的希望。希望点列举法是指通过列举希望新的事物具有的属性以寻找新的发明目标的一种创新方法。与缺点列举法的被动型创造不同，希望点列举法不受旧有事物的束缚，是从创造者的主观意愿出发不断地提出希望，进而探求解决和改善问题的对策。因此，希望点列举法常用于新产品的开发。

★案例分享

拉链领带

有很多人为了参加宴会、出席会议而打领带，但领带打了半天却依然不得要领。台湾商人陈建仲的儿子看到父亲打领带折腾半天时，顺口说了一句："领带为什么不装个拉链，省得麻烦？"这句话让陈建仲联想到领带若能一拉拉链就打好，肯定会有市场。因此，他将这种想法融入领带的设计，将拉链与领带结合，成功研制出拉链领带。拉链领带问世后受到了市场的肯定并占有一席之地。

（以上信息根据网络资料整理而成）

希望点列举法具体实施步骤如下。

1）通过会议、访谈、问卷等方式，激发和收集人们的希望。

2）对大家提出的各种希望进行整理和研究，形成各种希望点。

3）在各种希望点中选出目前可能实现的希望点进行研究，制订革新方案，创造新产品以满足人们的希望。

（4）成对列举法。成对列举法是指任意选择两个事项并结合起来成对列举其特性，或者在一定范围内列举事物的特性，然后成对进行组合，寻求其中的创新性设想，如表1-2所示。成对列举法较适用于人们想要进行创新活动，但又没有合适的题目时。成对列举法既有特性列举法全面、详细的特点，又吸取了强制联想易于破除框架产生奇想的优点，是一种不仅启发思想而且巧妙地使用了思维技巧的创新方法。

表1-2 成对列举法示例

一类事物	甲乙丙丁戊己……
另一类事物	A B C D E F……
可能的组合	甲A 甲B 乙C D 己E 甲……

成对列举法的实施步骤具体如下。

1）列举一定范围之内与主题相关的所有事项，尽量全面、详细。

2）不考虑组合可能产生的意义的条件下，随意选择其中的两项进行强制组合。

3）对所有产生的组合进行可行性分析和筛选。

4）选择几种可行性最高的组合研究其实施方案，结合人们的实际需求进行生产，创造出产品。

（5）综合列举法。综合列举法是在特性列举法、缺点列举法、希望点列举法及成对列举法的基础上，开展综合性的扩散列举的一种创新方法。

特性列举法、缺点列举法、希望点列举法和成对列举法都只偏重于从某一方面来开展创新思维，因而在一定程度上会给创新者带来束缚。从根本上讲，创新应该是没有任何限制的。综合列举法没有任何框框，创新者可以跳出上述列举法的束缚，以任意思路方向开展扩散思维，最大限度地把列举法应用得更全面、更活跃。

综合列举法是针对所确定的研究对象，从属性、缺点、希望点或其他任意创新思路出发，列举出尽可能多的思路方向，对每一思路方向运用充分的发散思维，最后进行分析筛选，寻找最佳的创新思路的创新方法。

综合列举法具体实施步骤如下。

1）明确所要研究的问题或对象。

2）应用属性列举法对研究对象进行分析，列出各项属性。

3）应用缺点列举法和希望点列举法对研究对象的属性进行逐项分析。

4）综合分析提出的创新方案。

（四）组合创新法

1. 组合创新法的内涵

创新通常可以分为两种，一种是突破性创新，另一种就是组合创新。日本创造学家菊池诚博说："我认为搞发明有两条路，第一条是全新的发现，第二条是把已知原理的事实进行组合。"爱因斯坦也说："我认为为了满足人类的需要而找出已知装置的新的组合的人就是发明家。"

组合创新法是指按照一定的技术原理，通过重组合并两个或者多个功能元素，开发出具有全新功能的新材料、新工艺、新产品的创新方法。这种创新方法不同于突破性创新中完全采用新技术、新原理的方法，是对已有发明的再开发利用。组合创新既利用了原有成熟的技术，又节省了时间和成本，同时也更容易被大众接受和推广。可见，组合创新法注重的是灵活性，需要的不是质的改变，而是通过不断组合，便可以以不变应万变，推陈出新，出奇制胜。

★ 案例分享

组合创新的应用

美国的阿波罗登月计划是20世纪最伟大的科学成就之一。但是阿波罗登月计划的负责人说，阿波罗宇宙飞船技术中没有一项是新的突破，都是现有技术的组合。

1979年的诺贝尔生理学或医学奖获得者豪斯菲尔德是一位没有上过大学的普通技术工，他之所以能够发明CT扫描仪，是因为他善于捕捉当时医学界对脑内疾病诊断手段的需求，通过将计算机技术和X射线照相技术巧妙组合，实现了医学界梦寐以求的发明创造。

（以上信息根据网络资料整理而成）

2. 组合创新法的类型

要想两物组合之后成为受人欢迎的新事物，在进行组合思考的时候，就不能拘泥于某一方面、局限于某一事物，从多方面、多层次、多种事物中寻找组合物。从近些年来的重大创新成果中我们可以发现，在技术创新的性质和方式中，原理突破型成果的比例开始明显降低，而组合型创新上升为主要方式。据统计，在现代技术开发中，组合型成果已占全部发明成果的百分之六七十。

组合创新法的种类很多，大致可归纳为以下七种类型。

（1）材料组合。材料组合是指把不同的材料进行组合，其目的是尽量避免各种材料本身的缺点，而通过优化组合实现其功能的最大化。例如，最初使用的电缆都是纯铜芯，虽然导电性能很好，但是铜本身质地比较软。后来经过改进，以铁作为内芯，开发出内铁外铜的组合材料。目前，远距离的电缆采用的都是这种材料，既充分发挥了铜的良好导电性能，又利用了铁质地硬、不易下垂的优点，同时还大大降低了成本。

（2）功能组合。功能组合是指把用途、功能各不相同的物品组合成一个同时具有多种用途和功能的新产品。例如，具有按摩功能的梳子就是组合了普通梳子和微型按摩器；按摩型洗脚盆也是在传统洗脚盆的基础上"嫁接"了按摩器的功能。

★ 案例分享

瑞士军刀

瑞士军刀是由埃森纳家族制造的。100多年前，瑞士军方迫切需要一种便于行军携带的多用途刀具，于是就向以制造刀具闻名的埃森纳家族订购。经过精心设计，选择优质材料，埃森纳家族终于制造出符合要求的高质量刀具。此种军刀小巧玲珑，方便实用，且不易磨损，功能齐全，每把刀上都镶有盾形十字，璀璨夺目，瑞士军方用后，大为称赞。瑞士军刀以其精良的工艺成为许多人不可缺少的工具，其中被称为"瑞士冠军"的款式最为难得。它由大刀、小刀、木塞拔、开罐器、螺丝刀、开瓶器、电线剥皮器、钻孔锥、剪刀、木锯、鱼鳞刮、凿子、放大镜、圆珠笔等31种工具组合而成，携带一把等于带了一个工具箱，但整体只有9厘米长、185克重，完美得令人难以置信。

（以上信息根据网络资料整理而成）

(3) 意义组合。意义组合是指通过组合赋予新物品以新的意义,目的并不在于改变其功能。例如,一个普通的葫芦随处可见,但是印上某景点的名字和标志就具有纪念价值;一件普通的T恤衫印上一个团体的名字和标志便具有了代表性。

(4) 原理组合。原理组合是指把具有相同原理的两种或多种物品组合成一种新产品。例如,传统的衣橱太浪费空间,而且衣服存放和拿取都不太方便,于是有人把不同的衣架组合在衣橱里,这样,不同种类的衣服可以分别存放,既方便,又节省空间。

(5) 成分组合。成分组合是指把成分不同的物品进行组合产生一种新产品。例如,当下非常流行的各种饮品茶、色彩缤纷的鸡尾酒等。

(6) 构造组合。构造组合是指把不同结构的物品进行组合,使其产生新功能。这种组合方式典型的代表是房车。它同时解决了外出交通和住宿两大问题,因此自诞生之日起便广受欢迎。

(7) 聚焦组合。聚焦组合是指以解决特定的问题为目标,广泛寻找与解决问题有关的信息,聚焦于问题,形成各种可能的组合,以实现解决问题的目标。

(五) 和田十二法

和田十二法又叫十二口诀法、和田创新十二法、聪明十二法,指人们在观察、认识一个事物时,考虑是否可以做出改变。和田十二法是我国创造学研究者许立言、张福奎和上海市和田路小学结合我国实际情况,在奥斯本检核表法和其他创新方法的基础上,经过提炼、总结、创新而提出的一种思维创新方法。它既是对奥斯本检核表法的一种继承,又是一种大胆的创新。这种方法主题突出、思路清晰、易懂易记,深受我国广大创新爱好者,尤其是青少年学生的欢迎。

和田十二法有"加、减、扩、缩、变、改、联、学、代、搬、反、定"12个动词,共12句话36个字,如表1-3所示。

表1-3 和田十二法的项目内容

序号	项目	含义
1	加一加	能不能在既有物品上面添加什么?加高、加厚?增加时间、次数?与其他物品进行组合会怎样?
2	减一减	能不能在既有物品上面减去什么?减低、减轻?减去时间、次数?能不能直接省略或者取消一部分?
3	扩一扩	把既有的物品扩展或放大会怎样呢?
4	缩一缩	把既有的物品压缩或缩小会怎样呢?
5	变一变	改变既有物品的形状、颜色、音响、味道、气味、次序会怎样呢?
6	改一改	既有物品有什么缺点或不足?使用是否不便?如何改进呢?
7	联一联	既有事物的结果与原因有何联系?对我们解决问题会产生什么帮助呢?把某些事物联系在一起会怎样呢?

续表

序号	项目	含义
8	学一学	通过模仿一些事物的结构和形状会产生什么构想？学习其技术、原理呢？
9	代一代	既有事物能不能用另一种事物去替代呢？替代后会产生什么结果呢？
10	搬一搬	将既有事物挪到其他位置会怎样？还能发挥效用吗？能产生其他新的效用吗？
11	反一反	把一件事物上下、前后、左右、内外、正反进行颠倒，会有什么改变吗？
12	定一定	要改进某个事物或者解决某个问题，或者防止危险发生，或者提高效率，需要做出什么规定吗？

★案例分享

和田十二法具体运用

加一加

南京一小学生发现，上图画课时，既要带调色盘，又要带装水用的瓶子，很不方便。她想，要是将调色盘和水杯"加一加"，变成一样东西就好了。于是，她提出了将可伸缩的旅行水杯和调色盘组合在一起的设想，并将调色盘的中间与水杯底部刻上螺纹。这样，可涮笔的调色盘便产生了。

减一减

中国台湾一少年见爸爸装门扣时要拧六颗螺丝钉，觉得很麻烦。他想减少螺丝钉数目，便提出了这样的设想：将锁扣的两边条弯曲卷角朝下，只要在中间拧上一颗螺钉便可固定，这样固定门扣只要两颗螺丝钉即可。

扩一扩

在烈日下，母亲抱着孩子还要打伞，实在不方便，能不能特制一种母亲专用的长舌太阳帽，长舌扩大到足够为母子二人遮阳使用呢？现在已经有人发明了这种长舌太阳帽，很受母亲们的欢迎。

缩一缩

石家庄市某中学的一个学生发现地球仪携带不方便，便想到如果地球仪不用时能把它压缩、变小，携带就方便了。他想，应用制作塑料球的办法制作地球仪就可以解决这个问题。用塑料薄膜制的地球仪，用的时候把气吹足，放在支架上，可以转动；不用的时候把气放掉，一下子就缩得很小，携带很方便。

变一变

河南省洛阳市某中学的一个学生看到圆口的漏斗灌水时常常憋住气泡，使得水流不畅。他想，若将漏斗下端口由圆变方，那么往瓶里灌水时就能流得很畅快，也用不着总提起漏斗了。

改一改

一般的水壶在倒水时，由于壶身倾斜，壶盖易掉，蒸气溢出易烫伤手，成都的一个中学生想了个办法。他将一块铝片铆在水壶柄后端，但又不太紧，使铝片另一端可前后摆动。灌水时，壶身前倾，壶柄后端的铝片也随着向前摆，从而顶住了壶盖，使它不能掀开。水灌完后，水壶平放，铝片随着后摆，壶盖又能方便地打开。

联一联

澳大利亚曾发生这样一件事，在收获季节里，有人发现一片甘蔗田里的甘蔗产量提高了50%。这是由于甘蔗栽种前一个月，有一些水泥洒落在这块田地里。科学家们分析后认为，是水泥中的硅酸钙改良了土壤的酸性，而导致甘蔗的增产。这种将结果与原因联系起来的分析方法经常能使我们发现一些新的现象与原理，从而引出发明。由于硅酸钙可以改良土壤的酸性，于是人们研制出了改良酸性土壤的"水泥肥料"。

学一学

江苏的一个小学生小华做了一个十分有趣的实验，让猫狗怕小鸡。这里十分巧妙地运用了学一学的方法。事情经过是这样的：村子里许多人都养了猫和狗，这些猫和狗总是想偷吃小鸡。小华的妈妈也买来了小鸡，但放在哪里都不放心。小华想：要是能让猫、狗自己自动不来就好了。一天，他上学时看到一群飞舞的蜜蜂。他想，人比蜜蜂大多了，可是人怕蜜蜂，因为怕蜂蜇。那么我们能不能学一学蜜蜂的办法，让猫狗怕小鸡呢？他做了别出心裁的试验：他右手抓起一只小鸡，让鸡头从手的虎口处伸出来，拇指与食指捏着一枚缝衣针，针尖在鸡的嘴尖处稍露出一点。然后，他抓来猫、狗，用藏在鸡嘴下的针尖去扎猫或狗的鼻子、嘴，每天扎十几次。连扎三四天后，他发现猫、狗见到小鸡就怕。

代一代

山西省阳泉市一个小学生发明的按扣开关正是运用了代一代的方法。他发现家中有许多用电池作电源的电器没有开关，使用时很不方便，于是想出一个"用按扣代替开关"的办法：他找来旧衣服和鞋上无用的按扣，将两片分别焊上两根电线头。按上按扣，电源就接通了；掰开按扣，电源又切断了。

搬一搬

上海市某中学的一个同学在参加夏令营时，感到带饭盆不方便，很想发明一种新式的便于携带的饭盆。他看到家中能伸缩的旅行茶杯，又想到了充气可变大、放气可缩小的塑料用品。他想按照这些物品制造的原理，设计一个旅行杯式的饭盆，或是充气饭盆。可是，他又觉得这些设想还不够新颖。一天，他偶然看到一个铁皮匣子，是由十字状铁皮将四壁向上围成的。他想：我也可以将五块薄板封在双层塑料布中，用时将相邻两角用揿钮揿上，五块板就围成了一个斗状饭盆。这样，一个新颖的折叠式旅行饭盆创造出来了。

反一反

为进口车生产配件的某厂，在广告中一反常规，不写优点而写明本厂产品比原装零件耐用率低30%，欲购者请三思。该厂坦诚道出产品短处，反而生意兴隆。

定一定

药水瓶印上刻度、贴上标签，注明每天服用几次、什么时间服用、服几格；城市十字路口的交通信号灯红灯停、绿灯行；学校里规定上课时学生发言必须先举手，得到教师允许才能起立发言。这些都是规定，有了这些规定，我们的行为才能准确而有序，我们应该运用定一定的方法发现一些有益的规定。

上海市昌邑小学科学小组用定一定的方法发明了读书姿势红绿灯，放在桌上离头部20~25厘米的地方，姿势正确显示绿灯，趴在桌子上显示红灯，斜坐显示半红半绿。有了这样的规定，就可以随时矫正读写姿势，保障身体健康，使体形健美、视力正常。

在使用和田十二法时，并不要求将其中的12个动词都使用，有时使用其中的1~2个就可以完成创新活动，取得理想的创新成果。

（以上信息根据网络资料整理而成）

第二节 创业概述

一、创业的内涵

创业，在《新华词典》里被定义为"开创事业"。创，篆文从刀，仓声，是形声字。业，篆文像古代乐器架子横木上的大板，上面刻有锯齿，以便悬挂钟、鼓等乐器。后引申为所从事的学业、事业、职业、行业、产业、工作等。由此可见，创业是创字当头，业为基础。这就意味着任何一项事业都是一个由无到有、由小到大、由简到繁、由旧到新的创造过程。

创业被学者们从不同的方面进行定义。

创业是新颖的、创新的、灵活的、有活力的、有创造性的以及能承担风险的过程。许多学者说，发现并把握机遇是创业的一个重要部分。

创业是包括创造价值、创建并经营一家新的营利性企业的过程，通过个人或群体投资组建公司，提供新产品或服务，以及有意识地创造价值的过程。

创业是创造不同的价值的过程，这种价值的创造需要投入必要的时间和付出一定的努力，承担相应的金融、心理和社会风险，并能在金钱和个人成就感方面得到回报。

国际管理科学学会对创业也有广义上的定义：对新企业、小型企业和家庭企业的创建和经营。

综合来说，创业是指某个人发现某种信息、资源、机会或掌握某种技术，利用或借用相应的平台或载体，将其发现的信息、资源、机会或掌握的技术以一定的方式转化、创造成更多的财富、价值，并实现某种追求或目标的过程。

从性质来看，创业可以是学业、事业、专业、产业等；从类别来看，包括各行各业、各种职业和岗位；从范围来看，有个人的小业，集体的中业，国家、社会的大业；从动机层次看，可以是自发创业、自主创业、自觉创业等；从过程来看，创业会经过起始阶段、中间阶段和成就阶段。

二、创业的要素与类型

（一）创业的要素

1. 创业者

创业者是创业过程中处于核心地位的个人或团队，是创业的主体，起关键作用，包括识别商业机会、创建企业组织、融资、开发新产品等。创业者的素质和能力是创业成功的第一要素。

2. 商业机会

商业机会是创业过程中的核心，创业者从发现和识别商业机会开始创业。

3. 技术

技术是一定产品或服务的重要基础，是企业的核心竞争力。

4. 资金

要想创业，除了具备创业家的素质和选择合适的项目外，还需要具有一定的资金，否则，创业只是空谈。

5. 人力资本

人力资本是创业的重要资源投入。创业成功的关键在于创业者的识人、用人、留人能力。

6. 组织

组织是协调创业活动的系统，是创业的载体，也是资源整合的平台。

7. 产品服务

产品服务是创业者为社会创造的价值，它既是创业者成功的必要条件，也是创业资源相互作用、相互配置，以创造产品和服务的动态过程。

（二）创业的类型

按照不同的标准，可将创业分成不同的类型。了解创业类型是为了在创业决策中进行比较，以选择最适合自己的创业类型。我们可以从动机、渠道、主体、项目、风险和周期六个不同的角度对创业进行分类。

1. 根据创业动机，可将创业分为机会型创业与就业型创业

（1）机会型创业。机会型创业的出发点并非谋生，而是抓住、利用市场机遇。它以新市场、大市场为目标，因此能创造出新的需要，或满足潜在的需求。机会型创业会带动新的产业发展，而不是加剧市场竞争。世界各国的创业活动以机会型创业为主，但中国的机会型创业数量较少。

（2）就业型创业。就业型创业的目的在于谋生，为了谋生而自觉地或被迫地走上创业之路。这类创业大多属于尾随型和模仿型，规模较小，项目多集中在服务业，并没有创造新需求，而是在现有的市场上寻找创业机会。由于创业动机仅仅是谋生，往往小富即安，极难做大做强。

就业型创业和机会型创业与主观选择相关，但并非完全由主观选择决定。创业者所处的环境及所具备的能力对于创业动机类型的选择有决定性作用。因此，创造良好的创业环境，通过教育和培训来提高人的创业能力，就会增加机会型创业的数量，促进经济发展和生活改善，减少企业之间的低水平竞争。

2. 按照新企业建立的渠道，可将创业分为自主型创业和企业内创业

（1）自主型创业。自主型创业是指创业者个人或团队白手起家进行创业。自主型创业充满挑战和刺激，个人的想象力、创造力可得到最大限度的发挥，不必再忍受人际关系等的制约；有一个新的舞台可供表现和实现自我；可多方面接触社会、各种类型的人和事，摆脱日复一日单调乏味的重复性劳动；可以在短时期内积累财富，奠定人生的物质基础，为攀登新的人生巅峰做准备。

然而，自主型创业的风险和难度也很大，创业者往往缺乏足够的资源、经验和支持。我们通过对许多案例进行分析发现，自主型创业失败的原因主要表现在以下两个方面：其一，创业者对自己所提供的产品或服务及进入的领域缺乏了解，准备不足，质量不稳，导致在竞争中失败；其二，创业者被突如其来的成功冲昏了头脑，变得过于自信，甚至刚愎自用，把偶然性当成了必然性，继而进行盲目的脱离实际的战略决策，使企业迅速扩张，导致管理失控，产品和服务质量下降，出现信用危机，使企业陷入破产的危险中。

自主型创业有许多种方式，大体上可以归纳为以下几种。

第一种，创新型创业。创新型创业是指创业者通过提供有创造性的产品或服务，填补市场需求的空白。

第二种，从属型创业。从属型创业大致有两种情况。一是创办小型企业，与大型企业进行协作，在企业整个价值链中做一个环节或者承揽大企业的外包业务。这种方式能降低交易成本，减少单打独斗的风险，提升市场竞争力，且有助于形成产业的整体竞争优势。二是加盟连锁、特许经营，利用品牌优势和成熟的经营管理模式，减少经营风险，如麦当劳、肯德基等。

第三种，模仿型创业。根据自身条件，选择一个合适的地点和进入壁垒低的行业，学别人开办企业。这类企业投入少，并无创新，在市场上拾遗补阙，但逐步积累也有机会跻身于强者行列，创立自己的品牌。

（2）企业内创业。企业内创业是进入成熟期的企业为了获得持续的增长和长久的竞争优势，为了倡导创新并使其研发成果商品化，通过授权和资源保障等方式进行企业内的第二次、第三次及至连续不断的创业。每一种产品都有生命周期，一个企业在不断变化的环境中，只有不断创新，不断将创新的成果推向市场，不断推出新的产品和服务，才能跳出产品生命周期的怪圈，不断延伸企业的生命周期。成熟企业的增长同样需要创业的理念、文化，需要企业内部的创业者利用和整合企业内部资源创业。

企业内创业是动态的，正是通过二次创业、三次创业乃至连续不断地创业，企业的生命周期才能不断地在循环中延伸。

★案例讲坛

海尔的内部创业

十多年来，海尔的内部流程再造，以及公司组织结构改革，从未停止。那么今天，海尔的组织结构转型具体在做什么工作呢？张瑞敏认为，要适应互联网时代就必须完成这一转型，分布式发展比中控式发展更能让海尔实现第二次高速成长。一切矩阵式结构的传统企业都应该看看海尔的转型逻辑。

李华刚在海尔工作了24年,现在他的职位有:日日顺乐佳贸易公司总经理、海尔电器CEO、巨商汇董事长。

2013年,李华刚决定不做中间商,试图通过一个互联网平台来管理经销商及小卖家。经过长达九个月的研发,2014年3月,巨商汇正式上线,但只针对海尔的经销商,同年12月才对社会其他品牌开放。

近年来,巨商汇每月都有十几亿元非海尔品牌业务成交额,计划全年达到200亿左右,而平台的总交易额则将达到800多亿元。

其B2B的生意管理平台做的是熟客生意。所有线上的经销商必须经过厂家的认证,且一个地区只能有一个,认证后方可进入品牌商的上线渠道管理体系,提交订单、付费、流通货品等。而且,巨商汇不会通过买卖双方的交易获得佣金,它的商业模式是免费为买卖双方提供技术平台,再以服务的方式收费,比如金融机构给经销商提供贷款,巨商汇向金融机构收费。

李华刚对《财经》记者说,因为巨商汇的存在,去年海尔渠道减少了2 000多名业务员、近2 000个产品型号。他总结,这就是互联网带来的效果——三减一加(减人、减产品、减流程、加服务)。

巨商汇已经成为海尔更具想象力的平台,"甚至可能成为一个并不比阿里巴巴小的生意(平台)"。2013年5月10日收盘,阿里巴巴市值为2 146亿美元,海尔电器和青岛海尔则分别为624亿港元和808亿人民币。

这个脱胎于海尔内部的创业企业,将在海尔集团的投资驱动平台下,逐渐发展成为一个有外部资源进来的创业性企业。当前,海尔集团持有巨商汇约90%的股份,巨商汇的员工则持有其余的约10%的股份。A轮资本进入后,员工持股将增加至20%以上。

目前在海尔,像巨商汇这样创立于海尔之内、发展于海尔之外的外部创业企业有200多个。

在互联网时代,分布式管理是企业获得快速成长的较好方式。海尔希望通过这种管理方式,完成企业的网络转型和再次高速成长。

2015年4月29日上午,海尔董事局主席、首席执行官张瑞敏先生接受《财经》记者采访时表示:"互联网+企业一定水乳交融,不能水油分离。"

这是一个不断自我革新的企业。2000年,参加完达沃斯论坛之后的张瑞敏在海尔内部刊上发表了一篇名为"新经济之我见"的文章,其主旨大概是,企业的发展离不开网络。海尔人对此并不理解,不过张瑞敏并未真的进行改造。2004年,海尔总收入顺利过千亿,并未出现张瑞敏担心的现象,但旋即张瑞敏便宣布"1 000天流程再造,这次动了真格的"。

海尔集团轮值总裁周云杰认为,如果没有2000年和2005年的铺垫,海尔今天的网络战略无法实施下去。

(资料来源:原创力文档网,2018年9月24日)

思考: 你如何看待海尔集团的内部创业?

3. 根据创业主体，可将创业分为大学生创业、失业者创业和兼职者创业

（1）大学生创业。大学生毕业后自主创业，可独立创业，也可合伙创业；可从事所学的专业，也可从事非所学的专业，这在今天已较普遍。有些大学生自主创业的目的并非以挣钱为主，而是不愿替人打工，受制于人，是干自己想干的事，实现自我人生价值。

独立创业是指创业者独立创办自己的企业。个人独立创业也成为一种很平常的现象。独创企业的特点在于产权是创业者个人独有的，相对独立，而且产权清晰，企业利润归创业者独有。企业由创业者自由掌控，创业者按自己的思路来经营和发展自己的企业，无须迎合其他持股者的利益要求，也可规避其他合作者对企业经营的干扰。但是，独创企业需要创业者面临独自承担风险、财务压力大和个人才能有限等问题。

合伙创业是指与他人共同创办企业。与独创企业相比，合伙创业有以下几个优势：一是共担风险；二是融资难得到缓解；三是有利于优势互补，形成一定的团队优势。合伙创业的不利因素：一是易产生利益冲突；二是如果出现中途退场者，对企业的经营有很大影响；三是企业内部管理交易费用较高；四是合伙人对企业发展目标可能有分歧。

（2）失业者创业。不少失业者通过自身努力，成了创业的佼佼者。这类创业大多选择投资少、回报快、风险低的行业。比如，北京等地的月嫂服务公司就是失业工人开创的，市场非常大，十分适合有生活经验的中年妇女。

（3）兼职者创业。如大学教授中有一部分就是兼职创业者，尤其是搞艺术专业的，自己建立公司，对外招揽生意。也有一些研究生、博士生在读书期间就参与导师名下各种项目。

4. 根据创业项目，创业大致可分为传统技能型、高新技术型和知识服务型

（1）传统技能型创业。选择传统技能项目创业将具有永恒的生命力，因为使用传统技术、工艺的创业项目，如独特的技艺或配方都会拥有市场优势。如酿酒业、饮料业、中药业、工艺美术品业、服装与食品加工业、修理业等与人们日常生活紧密相关的行业表现出了经久不衰的竞争力，许多现代技术都无法与之竞争。不仅中国如此，外国也如此，有不少传统的手工生产方式在发达国家传承至今。

（2）高新技术型创业。高新技术项目就是人们常说的知识经济项目、高科技项目，这些项目知识密集度高，带有前沿性、研究开发性质。1991年，原国家科学技术委员会（现为国家科技部）将中国高新技术分为十一类：微电子和电子信息技术、空间科学和航空技术、光电子和机电一体化技术、生命科学和生物工程技术、材料科学和新材料技术、能源科学和新能源技术、生态科学和环境保护技术、地球科学和海洋工程技术、医药科学和生物医学工程技术、精细化工等传统产业新工艺新技术、基本物质科学辐射技术。高新技术企业的标准有四条：一是知识密集、技术密集；二是大专学历人员占职工总数的30%以上，且研究开发人员占比10%；三是高新技术产品研究开发费用占总收入3%以上；四是技术性收入与高科技产品产值总和占企业总收入50%以上。

（3）知识服务型创业。当今社会，信息量越来越大，知识更新越来越快。为了满足人们节省精力、提高效率的需求，各类知识性咨询服务的机构会不断细化和增加，如律师事务

所、会计师事务所、管理咨询公司、广告公司等。知识服务型项目是一种投资少、见效快的创业选择。如有人创办剪报公司，专门为企业剪报，把每天主要媒体上与该企业有关的信息全部收集、复印、装订起来，有的年收入高达 100 万元，且市场十分稳定。

5. 根据创业风险，创业大致可分为依附型、尾随型、独创型和对抗型

（1）依附型创业。依附型创业可分为两种情况：一是依附于大企业或产业链而生存，在产业链中确定自己的角色，为大企业提供配套服务，如专门为某个或某类企业生产零配件，或生产、印刷包装材料；二是特许经营权的使用，如麦当劳、肯德基利用品牌效应和成熟的经营管理模式，减少经营风险。

（2）尾随型创业。尾随型创业即模仿他人创业，所开办的企业和经营项目均无新意，行业内已经有许多同类企业，新创企业尾随他人之后。尾随的第一个特点是短期内不求超过他人，只求能维持下去，随着学习的成熟，再逐步进入强者行列；第二个特点是在市场上拾遗补阙，不求独家承揽全部业务，只求在市场上分得一杯羹。

（3）独创型创业。独创型创业可表现在诸多方面，归结起来，集中在两个层面：一是填补市场需求内容的空白；二是填补市场需求形式的空白。前者是经营项目具有独创性，独此一家，别无分店。大到商品独创性，小到商品某种技术的独创性。如生产的洗衣粉比市场上卖的环保性好且去污力强，这就属于商品的某种技术的独创性。独创性也可以表现为一种服务，如搬家服务过去是没有的，改革开放后，搬家服务已形成市场，谁先成立搬家公司，谁的创业就具备独创性。当然，独创型创业有一定的风险，因为消费者对新事物有一个接受的过程。独创型创业也可以是旧内容新形式，比如，产品销售送货上门，经营的商品并无变化，但在服务方式上扩大了，从而更具竞争力。

（4）对抗型创业。对抗型创业是指进入其他企业已形成垄断地位的某个市场，与之对抗较量。这类创业必须在知己知彼、科学决策的前提下，快速把自己的优势发挥到淋漓尽致，把自己的劣势填平补齐，抓住市场机遇，乘势而上，避开市场风险，减少风险损失。希望集团就是对抗型创业的成功典型。20 世纪 90 年代初，面对外国饲料厂商进入中国市场、大量倾销合成饲料的情况，希望集团建立了西南最大的饲料研究所，一起步就定位于与外国饲料争市场。

6. 根据创业周期，可将创业分为初始创业、二次创业与连续创业

（1）初始创业。初始创业是一个从无到有的过程。创业者经过市场调查，分析自己的优势与劣势、外部环境的机遇与风险，权衡利弊，确定自己的创业类型，履行必要的法律手续，招聘员工，建立组织，设计管理模式，投入资本，营销产品或服务，不断扩大市场，由亏损到盈利的过程就是初始创业。同时，初始创业也是一个学习过程，创业者往往边干边学。在初始创业阶段企业的死亡率较高，风险来自多方面，有时甚至会出现停止是死、扛下去可能有生路的状况。总之，创业者要承受更大的心理压力和经济压力。所以，初始创业要尽量缩短学习过程，善用忠实之人，减少失误，坚持到底。

（2）二次创业。传统的观念认为，新建企业为创业，老企业只存在守业问题，不存在创业问题。在当代社会，特别是进入知识经济时代，业是守不住的，纵然是存在银行里的

钱,也可能贬值或遭受金融危机的影响。所以,创业是个动态的过程,伴随着企业全部的生命周期。企业的生命周期分为投入期、成长期、成熟期和衰退期四个阶段。创业者表现最明显的是在投入期和成熟期,没有投入期,就没有创业;如果成熟期不再次创业,企业就会死亡。成熟期再创业的,就是二次创业。它对企业的生存和发展有着举足轻重的作用。海尔在张瑞敏的率领下成功地进行了二次创业,形成海尔企业集团。

二次创业的目的是使企业不要进入衰退期,恒久地保持成长期和成熟期的良好状态,彰显出长久的竞争优势。靠什么呢?靠新技术、新产品和新服务。在企业成长期结束、成熟期开始时,就要进行二次创业,就要投入新产品(包括新技术和新服务)。老产品处于成熟期、新产品处于投入期,老产品进入衰退期、新产品进入成长期,这样才能保证企业生命不衰,青春常驻。

(3)连续创业。创业其实是沿着一条哲学法则运行的。创业有生命周期的四个阶段,这四个阶段是由生到死的阶段。如何使其不死?唯一的办法是嫁接生命,把企业生命由原来所系的产品(或服务、技术)嫁接到另一种新产品(或新服务、新技术)的生命中,但这也是有限的,就需要三次创业,三次嫁接。进入第三次创业的企业往往有了较大的实力和规模,抗风险能力比较强,而且经过三次创业的企业,不少走向了分权化、集团化,企业在市场上实现"东方不亮西方亮",达到"三生万物"的境界。

三、创业过程与阶段划分

(一)创业过程模型分析

创业过程一般有两个模型,分别为蒂蒙斯模型和威克姆模型。

1. 蒂蒙斯模型

蒂蒙斯创业过程模型如图 1-5 所示。该模型包括以下含义。

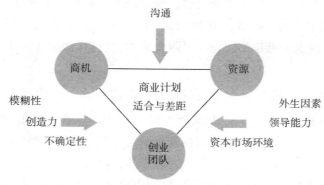

图 1-5 蒂蒙斯模型

(1)创业过程是由机会驱动、团队领导和资源保证组成的。创业过程始于机会,而不是钱、战略、网络、团队或商业计划。在一开始,真正的机会要比团队的才干和能力或适宜的资源重要。创业团队的作用就是利用创造力在模糊、不确定的环境中发现机会,并利用资本市场等外界力量组织资源,领导企业来实现机会的价值。在这个过程中,资源与机会是一个从适应到产生差距、再到适应的动态过程。商业计划的作用是提供沟通这三个要素的质量、相互之间匹配和平衡状态的语言和规则。

（2）创业过程依赖于机会、创业团队和资源这三个要素的匹配和平衡。处于模型底部的创业团队必须掌握这种匹配与平衡，并借此推动创业的过程。创业团队要做的工作包括分析企业中这种匹配和平衡的状态，如机会是否存在问题，企业正在失去什么机会；外部环境可能会发生什么有利或不利的事件，使这些事件有吸引力；我们应如何做，可以减少和消除哪些市场、技术、竞争、管理和金融风险；如何来抓住机会和回避风险，由谁负责，最大限度地完成这些任务至少需要多少资源；评价这是不是一个恰当的团队；等等。如果一个创业者能决定这些答案，做必要的改变和增加，解决如何弥补差距和改进匹配的问题，吸引有利于完成这些工作的关键人才，那么创业成功的可能性就大大增加。从本质上说，创业者的作用就是管理和重新确定风险与回报的平衡。

（3）创业过程是一开始就进行的、连续的、寻求平衡的行为组合。尽管这三个部分很难保持完全匹配，但只有持续地追求一种动态的平衡，企业才能保持持久的发展。当用平衡的观念来展望公司的未来时，创业者需要自问：下一个成功将遇到什么陷阱？目前的团队足够大吗？或者如果公司在下两年以 30% 的速度增长会遇到危机吗？资源充足吗？这些问题关系到企业的持续发展。没有保持平衡的现实例子随处可见，如大公司在一周内耗费太多的资源，错误地确定了某些发展机会等。

2. 威克姆模型

威克姆创业过程模型如图 1-6 所示。该模型的含义如下。

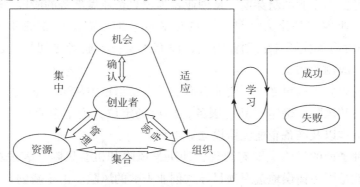

图 1-6　威克姆创业过程模型

（1）创业活动包括创业者、机会、组织和资源四个要素。创业者处于创业活动的中心。创业者在创业中的职能只能体现在与其他三个要素之间的关系上：发现和确认创业机会；管理创业资源；领导创业组织。

（2）创业任务的本质就是有效处理机会、资源和组织之间的关系。机会、资源和组织三者之间的关系为：资本、人力、技术等资源要集中用于机会的利用上，并且要注意资源的成本和风险；资源的集合形成组织，包括组织的资本结构、组织结构、程序和制度，以及组织文化；组织的资产、结构、程序和文化等形成一个有机的整体，来适应所开发的机会，为此，组织需要根据机会的变化不断调整。因此，创业活动包括以下三个方面：使组织适合于所开发的机会；集合资源以形成组织；将资源集中于追逐的机会。在这种关系中，创业者起着关键的作用。

（3）创业过程是一个不断学习的过程。创业型组织是一个学习型组织。这就是说，组织必须不仅对机会和挑战做出反应，而且还要根据这种反应的结构来调整和修正未来的反应，即组织的资产、结构、程序、文化等要随着组织的发展而不断改进，组织在不断地成功与失败中得到学习与锻炼，从而获得更大的成功，发展壮大。

如前所述，创业是一个经济范畴，是指为了创建新企业而进行的、以创造价值为目的、以创新方式将各种经济要素综合起来的一种有目的的经济活动。简言之，创业就是创建一个新企业的过程。像所有的有机体一样，企业也存在一个生命周期。换句话说，一个企业要经历从筹备到建立、起步、发展、成熟、衰退乃至灭亡的过程。尽管每个创业者都希望自己创建的企业基业长青，但更多的企业却在成长过程中夭折，能够称得上是"百年企业"或者"老字号"的企业更是凤毛麟角。所以，在创业的过程中要注重企业成长的内在规律，根据各成长阶段的特点实施行之有效的管理。

（二）新创企业成长阶段的划分

新创企业的成长阶段是指从筹备到成熟之前的各个时期，可以分为种子期、起步期、成长期和成熟期。各阶段不仅具有不同的特征，而且所承担的任务和可能存在的风险也各不相同。

1. 第一阶段——种子期

种子期也就是新创企业的萌芽期，是创业者为成立企业做准备的阶段。这一阶段的主要特征有：企业的事业内容是作为"种子"的创意或意向，尚未形成商业计划；产品（服务）、营销模式都没有确定下来；创业资金也没有落实；创业者之间虽然已经形成合作意向，但是并没有形成创业团队。

由于此时企业尚处于构想之中，创业者需要投入相当精力从事以下工作：验证其创意的商业可行性并评估其风险；确定产品（服务）的市场定位；确定企业组织管理模式并组建管理团队；筹集资本以及准备企业注册设立等事宜。

新创企业在种子期的风险主要有两种，即决策风险和机会风险，表现在对项目的选择上。决策风险也就是因为错误地选择项目导致创业失败的风险。由于新创企业在人力、物力和财力方面的资源匮乏、获取市场信息的渠道有限，一旦选择项目失败，就意味着创业努力付诸东流。而机会风险是指选择一种机会而丧失其他机会的风险。创业者一旦选择创业，就会失去其他的机会，如放弃原有的工作、失去在其他方面的发展机会等。由于种子期企业尚未成立，这一阶段在经济方面的风险相对较小。

2. 第二阶段——起步期

新创企业成长的第二阶段为起步期，以完成注册登记为开始标志。在这一时期，企业已经确定业务内容，并按照创业计划向市场提供产品和服务，但是业务量较小，市场对产品和企业的认知程度较低。该时期创业活动的特征为：企业已经注册成立；产品（服务）已经开发出来，处于试销阶段；商业计划已经完成，并开始进行融资；人员逐渐增多，创业团队的分工日益明确等。

与上述特点相对应，新创企业在起步期的创业活动主要围绕着以下方面进行：根据试销情况进一步完善产品（服务），确立市场营销管理模式；形成管理体系、扩充管理团队；撰写商业计划书，筹集起步资金等。

新创企业在起步期的风险与种子期相比会明显增加，甚至会危及企业的健康发展。这一时期的风险主要有：市场风险——因为需求量、价格等方面的原因导致企业的产品和服务得不到消费者的认可；管理风险——由于管理方面的原因导致效率低下、成本上升，从而使企业的产品和服务失去竞争力；财务风险——由于尚未形成规模，加上在产品的研制与开发、市场调研、广告、公共关系等方面投入较大，很难形成正现金流，如果不能进行有效的会计控制，势必会使企业的经营活动陷入困境。

3. 第三阶段——成长期

新创企业的成长期是指从完成起步到走向成熟的时期。成长期的特征主要表现在：产品进入市场并得到认可，生产和销售均呈现上升势头，产量提高导致生产成本下降，而市场对产品或服务的认可又能够促进销售，从而形成良性循环；管理逐渐系统化，随着企业规模的扩大和人员的增加，各个部门之间的分工越来越明确；企业的研究开发和技术创新能力不断增强，部分企业开始实施多元化战略；企业的产品和服务形成系列，并逐渐形成品牌；企业的声誉和品牌价值得到提升等。

该时期的创业活动主要涉及以下几项内容：根据市场开发情况，尽快确定相对成熟的市场营销模式；适应不断扩张的市场规模和生产规模的需要，进一步完善企业管理，并考虑企业系列产品的开发或进行新产品开发；根据企业的实际情况，及时调整企业的经营战略；募集营运资金等。

成长期的风险涉及很多方面，主要有冒进风险、技术风险、管理风险。冒进风险是指企业进入快速成长期之后，因为急于求成盲目地扩大生产规模导致资源分散，引起财务状况的恶化；技术风险则意味着由于技术的普及和竞争对手的模仿使得新创企业原有的技术优势逐渐丧失；而该时期的管理风险是指企业规模扩大后容易出现一些问题，如组织机构臃肿、人工成本上升、沟通渠道不畅、创新精神衰退等，也就是通常说的"大企业病"。如果不能克服这些弊端，企业就会走向衰退乃至灭亡。

4. 第四阶段——成熟期

在成熟期，企业的核心产品已经在市场上占有较大的份额，盈利剧增，技术风险、市场风险大大降低，管理风险增大。在这一阶段，企业往往会出现阻止创新的惰性和障碍。创业者需要从如何保持企业的竞争力和公司的战略角度出发进行多元化经营管理，这是创业者面临的主要问题。

新创企业从起步到成熟不是一蹴而就的，而是一个逐步发展的过程。一般来说，当企业经过起步阶段之后，随着产品市场占有率的上升，会有一个快速成长的过程；但是快速成长并不会一直持续下去，当正现金流出现的时候企业会进入稳步增长时期；当企业成长开始稳定之后，产品在市场上的影响逐步扩大，产品品牌优势形成，企业就开始走向成熟阶段。

(三) 创业过程

创业过程由机会发现、机会评价、机会开发以及创业结果组成。在创业过程中，个体创业者是核心要素；创业过程受到社会或环境因素的影响；创业可以在新创企业中发生，也可以在已创建的企业中发生。图1-7为创业过程的概念模型。

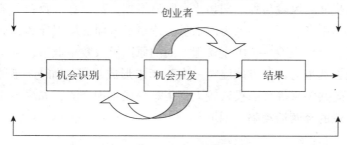

图1-7　创业过程的概念模型

1. 创业机会的识别

创业机会的识别是创业过程的起点。无论新创企业从事何种业务，机会的识别都起着举足轻重的作用。国家产业政策的调整、新技术的出现、人口和家庭结构的变化、人的物质精神的需求变化等都可能形成商业机会。作为创业者，应该具有敏感的嗅觉，能够及时准确地识别创业机会。

创业机会的识别可以分为两个层次：一方面，创业机会的把握离不开对宏观环境的分析；另一方面，创业机会的识别也需要对行业状况和已有资源进行分析。只有这样才能做到有的放矢，根据掌握的资源选择行业、确定项目和业务范围，这也是减少创业风险的需要。

2. 企业的创建

创业者在完成创业环境分析、发现创业机会、确定事业内容之后，就开始着手创建企业。企业的创建需要进行大量的准备工作，其中创业计划、创业融资和注册登记尤为关键。

一个别出心裁的创意、一个稍纵即逝的点子、一件意想不到的突发事件都有可能成为创业的契机，但创业的关键是看这些"创意""点子"和"事件"能否形成一个周密的创业计划。创业计划是对创建企业的基本思想的阐述以及相关事项的具体安排，通常以商业计划书的形式出现。

创业计划不仅是创业者对创业思想及具体事宜的归纳和整理，而且能够成为风险投资者选择项目的依据，直接影响新创企业的融资。尽管可供选择的融资渠道和融资方式很多，但是获得资金上的支持不是一件容易的事情，资金往往成为新创企业的"瓶颈"。因此，创业融资在企业的创建过程中至关重要。

当创业者完成创业计划并获得融资之后，就可以按照法定的程序进行注册登记。该部分包括确定企业的组织形式、设计企业名称系统、向工商行政管理机关提出企业登记注册申请、领取企业营业执照等。

3. 管理体系的形成

完成注册登记意味着新创企业在法律上得到认可，宣告企业法人的正式成立。通常，新创企业在创立之初受业务量、资金、场地、人员等客观条件的限制，不可能像大企业那样拥有系统的管理机构，各个部门的职能划分并不严格，创业者团队的分工也不明确。但是，随着业务量的上升和人员的增加，形成系统的管理体系就成为当务之急。管理体系的形成是企业成长的一个重要前提。尽管不同规模、不同行业的企业情况有所区别，但是管理体系应该包括会计控制、营销管理、人力资源管理和技术管理等内容。

（1）会计控制。由于新创企业规模小，资金实力薄弱，营运资金周转量低，所以加强内部会计控制对新创企业的成长至关重要。会计控制不仅要求创业者具备基本的会计知识，还要求财务会计人员具有良好的业务素质与职业道德，并在企业内部建立严格规范的会计制度。

（2）营销管理。新创企业的成长离不开市场对企业所提供产品或服务的认可。相对于老企业而言，新创企业在行业内属于后发者，因此能否在短期内通过营销管理在市场上占有一席之地直接关系到创业的成败。寻找目标市场、研制开发（新产品）、确定价格和销售渠道、整合销售手段等构成营销管理的主要内容。

（3）人力资源管理。在各类经营资源中，人是唯一具有能动性的资源，因此新创企业的成长离不开人力资源管理，重点在于如何维持和发展创业团队。如果创业团队能够团结一致、锐意进取，就能够为企业成长提供良好的人才保证；相反，如果创业团队缺乏凝聚力，势必会引起管理的混乱，使得团队成员各自为政、分道扬镳，严重者甚至反目成仇，最终导致企业分崩离析、走向破产的结局。

（4）技术管理。新创企业的一个重要特点在于技术创新，因此技术管理成为管理体系中不可缺少的环节。新创企业为了能够形成和维持核心竞争力，有必要强化技术管理。技术管理包括科研团队的形成、科研经费的取得、科学技术情报的获取等内容。

4. 新创企业的发展

新创企业在市场上的地位相对稳定后，可能会因为市场需求的变化或者竞争对手的超越，逐渐丧失在原有的技术、服务、管理等方面的优势，难有更大的市场突破。于是，寻求新的发展空间就成为企业发展的必由之路。

新创企业的扩张既包括开拓新的市场（包括地区市场、国内市场和国际市场），也包括业务的多元化；既包括企业规模的扩大，也包括管理水平的提升。新创企业扩张的方式也是多种多样的，既可以通过企业内创业来实现，也可以通过并购获得技术和资源、突破市场的壁垒。

企业之间的竞争可以分为许多层次，如价格、产品、技术、品牌、知识以及企业文化等。可以说，企业走向成熟的标志是能够形成一定的品牌，在品牌、知识和企业文化等方面形成竞争优势，而不是单纯依靠价格、产品和技术来赢得市场。

第三节　创新与创业的关系

全球经济一体化进程的加快及知识经济时代的到来，使得创新和创业成为当今时代的主旋律，成为实现一个国家经济发展的重要途径，并日益得到全世界的关注。

近几年以来，随着我国高等院校办学规模和招生人数的不断扩大，毕业生人数急剧增加，2007年高校毕业生的总数大约是495万，2018年达到了820万。据相关部门统计，每年我国高校毕业生人数占到当年新增就业岗位的一半以上，形成供过于求局面，从而也就导致了高等院校毕业生的就业形势日趋严峻，毕业生就业难成为各高校必须面对的问题。我国大学生创新与创业教育平均水平低于全球，创新思维缺乏，创业意识较差，开展大学生创新与创业教育，以创新教育促进学生全面发展和全面成才，并以创业促进大学生就业，是各个高校亟待解决的重大课题，也是各高校面临的重要转折机遇。

创新是以新思维、新发明和新描述为特征的一种概念化过程，起源于拉丁语，它原意有三种：第一，更新；第二，创造新的东西；第三，改变。创新是人类特有的认识能力和实践能力，是人类主观能动性的高级表现形式，是推动民族进步和社会发展的不竭动力。

通常意义上，创业是人类社会生活中一项最能体现人的主体性的社会实践活动。它是一种劳动方式，是一种需要创业者组织，运用服务、技术、器物作业的思考、推理、判断的行为。

虽然创业与创新是两个不同的概念，但是两者之间却存在着本质上的契合、内涵上的相互包容和实践过程中的互动发展。第一次提出创新概念的奥地利经济学家熊彼特认为，创新是生产要素和生产条件的一种从未有过的新组合，这种新组合能够使原来的成本曲线不断更新，由此会产生超额利润或潜在的超额利润。创新活动的这些本质内涵，体现着它与创业活动性质上的一致性和关联性。

创新是创业的基础，而创业推动着创新。从总体上说，一方面，科学技术、思想观念的创新，促进人们物质生产和生活方式的变革，引发新的生产、生活方式，进而为整个社会不断地提供新的消费需求，这是创业活动之所以源源不断的根本动因；另一方面，创业在本质上是人们的一种创新性实践活动。无论是何种性质、类型的创业活动，它们都有一个共同的特征，那就是创业是主体的一种能动的、开创性的实践活动，是一种高度的自主行为。在创业实践的过程中，主体的主观能动性将会得到充分的发挥，正是这种主体能动性充分体现了创业的创新性特征。

创新是创业的本质与源泉。熊彼特曾提出，"创业包括创新和未曾尝试过的技术"。创业者只有在创业的过程中具有持续不断的创新思维和创新意识，才可能产生新的富有创意的想法和方案，才可能不断寻求新的模式、新的思路，最终获得创业的成功。

创新的价值在于创业。从一定程度上讲，创新的价值就在于将潜在的知识、技术和市场机会转变为现实生产力，实现社会财富的增长，造福于人类社会。而实现这种转化的根本途径就是创业。创业者可能不是创新者或发明家，但必须具有能发现潜在的商机和敢于冒险的精神；创新者也并不一定是创业者或是企业家，但是创新的成果则是经由创业者推向市场，使潜在的价值市场化的，也只有这样，创新成果也才能转化为现实生产力。这也侧面体现了创新与创业的相互关联。

创业推动并深化创新。创业可以推动新发明、新产品或新服务的不断涌现，创造出新的市场需求，从而进一步推动和深化各方面的创新，因而也就提高了企业或整个国家的创新能力，推动经济的增长。

由于创新与创业的密切关系，我国高等院校的创业与创新教育应该相互渗透融合，弘扬创新创业精神，健全创新创业机制，完善创新与创业的环境，加强产学研结合，加强创新与创业的交叉渗透和集成融合，并且不断地在实践中结合，从而推动社会的可持续发展。

课后延伸

1. 新经济的产生与发展、经济发展方式的转变，给创业者带来哪些新的机会和挑战？

2. 调查了解所在学校师生有哪些消费需求，分析这些需求是否存在较好的创业机会，有多大把握实现创业目标。

3. 有两个著名的跨国公司：一个是苹果计算机公司，其创始人史蒂夫·乔布斯18岁成功组装了第一台计算机；另一个是桑德斯上校在65岁时创办的肯德基公司。两个人年龄差距较大，但他们创业都成功了。请在网上查阅他们的资料，回答下面的问题：创业为什么没有年龄限制？他们创业成功的关键要素是什么？如何认识创业机会？每人交一份书面作业，选出班级若干名代表在全班发言。

4. 列出大学毕业后你的人生发展目标，分为三个阶段：第一阶段，在30岁前你要实现的目标；第二阶段，在50岁前你要实现的目标；第三阶段，在70岁前你要实现的目标。

5. 采访你的亲属、朋友、同学或心中的创业偶像，听听他们的创业过程和经验教训，写出对创业的认识与建议。

模块二 创业者与创业团队

▶ 第二章　创新思维与企业家精神
▶ 第三章　创新创业者与创新创业团队

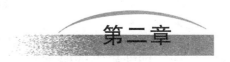

第二章

创新思维与企业家精神

想出新办法的人在他的办法成功以前,人家总说他是异想天开。

——马克·吐温(小说家、演说家)

学习目标

- 熟悉创新思维的概念与作用
- 掌握常见的创新思维类型
- 了解企业精神的概念及特征
- 掌握企业家精神的培育方法

互动游戏

摆数字

一、游戏目的

明白创新性答案不一定很复杂,鼓励学生大胆地进行创新性构想。

二、游戏方法

请学生将4、6、8三个数字按规律放在以下数字的适当位置(左或右)。

               1 7   2 3 5

三、游戏准备

图画纸一张、铅笔、橡皮。

四、注意事项

鼓励学生随意畅想,但要提示学生寻找数字的规律性。

游戏答案:147　23568　(只有直线的在左边;有弯角的在右边;数字按从小到大排列)

第一节 创新思维

一、创新思维的概念

简而言之，创新思维是指对事物间的联系进行前所未有的思考，从而创造出新事物的思维方法，是一切具有崭新内容的思维形式的总和。

科学家们的新发现，科技人员的技术革新和发明，社会改革家的新设想、新计划，普通劳动者的创造性活动，艺术家的创作，甚至学生通过独立思考解决难题的活动都是创新思维的具体体现。总之，凡是能想出新点子、创造出新事物、发现新思路的思维都属于创新思维。

★案例讲坛

画骆驼

一位画师为了考察四个学生，要求每个学生在一张相同大小的白纸上用最少的笔墨表现出最多的骆驼。第一位学生想，把骆驼画得越小，数目就越多，于是便用很细的笔在纸上密密麻麻地画满了一只只骆驼；第二个学生想，每只骆驼只需画一个脑袋便可表示，于是他在同样大小的纸上画满了骆驼的脑袋；第三个学生则又把骆驼的脑袋缩小为一个外形相似的小点，这样画出的骆驼自然比前面两位多出不少；第四位学生则与前三者完全不同，他先画了一只骆驼在山谷口往外走，然后又画了一只从山谷口只露出一个脑袋和半截脖子的骆驼。结果第四位学生的画获得了好评。

（以上信息根据网络资料整理而成）

思考：从思维的角度来说，第四位学生是如何运用创新思维的？

在这个例子中，前三位学生尽管动了不少脑子，但由于他们运用的思路都是传统的，因此只画出了有限的骆驼；第四位学生运用了丰富的想象力，在一张纸上画出了无数的骆驼，他所运用的这种思维就是创新思维。

二、创新思维的常见类型

（一）发散思维

发散思维是大脑在思维时呈现的一种扩散状态的思维模式。它表现为思维视野广阔，思维呈现出多维发散状，也叫辐射思维、扩散思维、求异思维、多向思维等。发散思维是一种非逻辑思维、跳跃式思维，是指人们在进行创新活动或解决问题的思考过程中，从一个已有的问题或信息出发，无拘无束地将思路由思维原点向四面八方展开，充分发挥想象力，经不同途径以不同的视角去探索，重组眼前的和记忆中的信息，产生新信息，从而获得众多的解题设想、方案和办法，使问题得到圆满解决的思维过程。不少心理学家认为，发散思维是创新思维最主要的类型，也是测定一个人创新能力的主要标志之一。

★ 案例讲坛

突破传统的发散思维

老师问同学:"树上有10只鸟,开枪打死1只,还剩几只?"

这是一个传统的脑筋急转弯题目,不够聪明的人会老老实实地回答"还剩9只",聪明的人会回答"1只不剩",但是有个孩子却是这样反应的。

他反问:"是无声手枪吗?"

"不是。"

"枪声有多大?"

"80分贝至100分贝。"

"那就是会震得耳朵疼?"

"是。"

"在这个城市里打鸟犯不犯法?"

"不犯。"

"您确定那只鸟真的被打死啦?"

"确定。"老师已经不耐烦了,"拜托,你告诉我还剩几只就行了,OK?"

"OK,树上的鸟里有没有聋了的?"

"没有。"

"有没有关在笼子里的?"

"没有。"

"边上还有没有其他的树,树上还有没有其他的鸟?"

"没有。"

"有没有残疾的鸟或饿得飞不动的鸟?"

"没有。"

"算不算怀孕鸟肚子里的小鸟?"

"不算。"

"打鸟的人眼睛有没有花?保证是10只?"

"没有花,就10只。"

老师已经满头大汗,但那个孩子还在继续问:"有没有傻得不怕死的?"

"都怕死。"

"会不会一枪打死两只?"

"不会。"

"所有的鸟都可以自由活动吗?有没有鸟巢?里边有没有不会飞的小鸟?"

"没有鸟巢,所有的鸟都可以自由活动。"

"如果您的回答没有骗人,"学生满怀信心地说,"打死的鸟要是挂在树上没掉下来,那么就剩1只,如果掉下来,就1只不剩。"

(以上信息根据网络资料改编)

(二) 收敛思维

收敛思维又称聚敛思维、集中思维、求同思维、复合思维，也是创新思维的一种形式。它与发散思维不同，发散思维是为了解决某个问题，从已有问题出发，思考的方法、途径越多越好，总是追求更多的办法；而收敛思维也是为了解决某一问题，但在解决问题时它和发散思维相反，思维主体总是尽可能地利用众多的现象、线索、信息、方法和途径，把众多的信息和解题的可能性逐步引导到条理化的逻辑链中去，向着问题的一个方向思考，根据已有的经验、知识或发散思维中针对问题的最好办法去得出最好的结论和解决问题的方法，即从已知信息中产生逻辑结论，从现成资料中寻求唯一正确或可行性答案，思维方向总是从四面八方指向思维目标。

(三) 想象思维

奥斯本曾经说过："想象力可能成为解决其他任何问题的钥匙"。富兰克林认为："想象在解决创新问题的过程中起着主导的作用"。事实和设想本身都是死东西，是想象赋予了他们生命。有了精确的观测和实验作依据，想象便成为科学理论的设计师。科学家只有具备想象能力，才能理解肉眼观察不到的事物是如何发生和怎样作用的，从而构想出解释性的假说。狄德罗说："想象是一种特质，没有了它，一个人既不可能成为诗人，也不可能成为科学家，也不会成为会思考的人、有理想的人、真正的人。"

(四) 联想思维

联想思维就是通过思路的连接把看似毫不相干的事件（或事项）联系起来，从而达到新成果的思维过程。一般而言，我们把联想思维看成是创新思维的重要组成部分，联想思维的成果就是创造性的发现或发明。

★ 案例讲坛

巧移"钟王"

北京大钟寺的大钟，有 43 500 千克重，号称钟王。这是明朝皇帝朱棣为了防止民众造反，派军师姚广孝收集老百姓的各种兵器后铸就的。不知是什么原因，这口大钟沉到了西直门外万寿寺前面的长河（就是动物园和北京展览馆后面的那条河）的河底。一百多年后的一天，一个打鱼的老汉发现了河底的这口大钟。清朝皇帝得知此事后，下令将这口钟打捞上来，并挪动到觉生寺（即现在的大钟寺），然后再修建一个大楼来悬挂这口大钟。从河底把大钟打捞上岸虽非易事，但经过一番努力，也总算克服了困难。但要把这大钟搬到五六里（1 里＝500 米）以外的觉生寺去，谁也想不出一个可行的办法来。钟是夏天捞出来的，到秋天还没有人想出主意。

有一天，参与此事的一个工头和几个工匠在工棚里喝酒。工棚内只有一块长长的石条当桌子用，大伙就围坐在石桌旁。这时天正下雨，从棚顶上漏下来的雨水滴了不少在石桌上。坐在石桌这一头的一个工匠，叫坐在另一头的一个工匠再给他倒一盅酒。酒倒好后，由于手上有水，在传递时没留神把酒盅给弄翻了，引得大伙连声抱怨："太可惜了！"这时，一个工匠很不耐烦地说："何必用手传呢！石桌子上有水，是滑的，轻轻一推不就推过去了。"

坐在旁边的一个平时很少说话的工匠沉思了片刻，然后将石桌子一拍，大叫起来："有啦！有啦！挪动大钟有办法啦！"他的办法是：从万寿寺到觉生寺，挖一条浅河，放进一、二尺深的水，等河里的水结冰后，不要费多大力气便能将大钟从冰上推着走。后来就是采用这个方法将大钟搬到了觉生寺。

这个工匠思考这个问题运用了联想创新思维方法。大钟虽然比酒盅不知要重多少倍，可它们都能在光滑平面上不用多大的力量就能推走。在这一点上，它们遵循着共通的物理规律，有相同的力学基本原理。因此，二者是有相似之处的，可运用联想来解决问题。

（以上信息根据维普网信息改编）

（五）逆向思维

逆向思维也叫求异思维，它是对司空见惯的似乎已成定论的事物或观点反过来思考的一种思维方式。敢于"反其道而思之"，让思维向对立面的方向发展，从问题的相反面深入地进行探索，树立新思想，创立新形象。人们习惯于沿着事物发展的正方向去思考问题并寻求解决办法。其实，对于某些问题，尤其是一些特殊问题，从结论往回推，倒过来思考，从求解回到已知条件，反过去想或许会使问题简单化。

★案例讲坛

圆珠笔漏油问题的解决

圆珠笔是匈牙利人拜罗在1938年发明的，但一直有漏油的缺点，因而未得到广泛应用。为了解决这个问题，人们开始按照常规的思维方式进行思考，即从圆珠笔漏油的原因入手来寻求解决问题的办法。漏油的主要原因是笔珠受磨损而蹦出，油墨就随之流出，因此，人们首先想到的解决方法就是增强圆珠笔笔珠的耐磨性。于是按照这个思路，人们在增强圆珠笔笔珠耐磨性的研究上投入了大量的精力，甚至有人想用耐磨性极强的宝石和不锈钢做笔珠。经过反复试验，这种思路又引发了新的问题，由于笔芯头部内侧与笔珠接触的部分被磨损，仍然可以使笔珠蹦出，也能导致油墨流出，漏油的问题还是没有解决。正当人们对漏油问题一筹莫展之时，日本发明家中田藤三郎打破了常规思维，运用逆向思维解决了圆珠笔漏油问题。他认为不管使用什么材料做笔珠，圆珠笔都会在写到20 000多字时开始漏油，那么，解决问题的关键便不是考虑选取什么材料做笔珠，而是控制圆珠笔的油墨量，如果所装的油墨量在漏油前已经用完，不就可以解决漏油的问题了吗？于是他改变了圆珠笔的油墨量，使所装的油墨量只能写15 000字左右，漏油的问题迎刃而解。

（以上信息根据网络资料整理而成）

（六）组合思维

组合思维又称连接思维或合向思维，是指把多项貌似不相关的事物通过想象加以连接，从而使之变成彼此不可分割的新整体的一种思维方式。

（七）右脑思维

科学研究表明，人的创新思维能力和右脑功能有着密切的关系。而只有大脑左右半脑功能得到平衡发展，两半脑的活动互相配合，人的创新能力才能得到提高。开发右脑潜能，是培养学生创新思维的一个有效途径。然而,目前的教育方法过多地注重对左脑思维(即抽象思维、语言能力)的研究,而轻视对右脑思维(即非语言思维、形象思维)的研究,这不能不说是一个误区。

(八)集体思维

集体思维也称群体思维,它是社会思维的形式之一,也是创造性思维的一种重要途径、现代创造设计法之一。我们一听到群体思维往往会认为是传统意义理解上的那种病态思维——盲目从众。其实汇聚集体智慧,思维相互碰撞产生的结果远远高于个人智慧,即所谓"三个臭皮匠,顶个诸葛亮"。

三、创新思维的作用

首先,创新思维可以不断地增加人类知识的总量,不断推进人类认识世界的水平。创新思维因其对象的潜在特征,表明它是向着未知或不完全未知的领域进军,不断扩大着人们的认知范围,不断地把未被认识的事物变为可以认识和已经认识的事物。科学上每一次的发现和创造,都为人类由必然王国进入自由王国不断地创造着条件。

其次,创新思维可以不断地提高人类的认知能力。创新思维的特征已表明,创新思维是一种高超的艺术,创新思维活动及过程中的内在的东西是无法模仿的。这内在的东西即创造性思维能力。这种能力的获得依赖于人们对历史和现状的深刻了解,依赖于敏锐的观察能力和分析问题能力,依赖于平时知识的积累和知识面的拓展。而每一次运用创新思维的过程就是一次锻炼思维能力的过程,因为要想获得对未知世界的认识,人们就要不断地探索前人没有采用过的思维方法、思考角度去进行思维,就要独创性地寻求没有先例的办法和途径去正确、有效地观察问题、分析问题和解决问题,从而极大地提高人类认识未知事物的能力。因此,认识能力的提高离不开创新思维。

再次,创新思维可以为实践开辟新的局面。创新思维的独创性与风险性特征赋予了其敢于探索和创新的精神。在这种精神的支配下,人们不满于现状,不满于已有的知识和经验,总是力图探索客观世界中还未被认识的本质和规律,并以此为指导,进行开拓性的实践,开辟出人类实践活动的新领域。相反,若没有创新思维,人类在已有的知识和经验上坐享其成,那么,人类的实践活动只能留在原有的水平上,实践活动的领域也非常狭小。

最后,创新思维是将来人类的主要活动方式和内容。历史上曾经发生过的工业革命没有完全把人从体力劳动中解放出来,而目前世界范围内的新技术革命带来生产的变革,全面的自动化把人从机械劳动和机器中解放出来,从事着控制信息、编制程序的脑力劳动,而人工智能技术的推广和应用使人所从事的一些简单的、具有一定逻辑规则的思维活动可以交给人工智能去完成,从而又部分地把人从简单脑力劳动中解放出来。这样,人将有充分的精力把自己的知识、智力用于创新思维活动,把人类的文明推向一个新的高度。

第二节 企业家精神

一、企业家与企业家精神的概念

"企业家"这一概念由法国经济学家理查德·坎蒂隆在1800年首次提出：企业家使经济资源的效率由低转高；企业家精神则是企业家特殊技能（包括精神和技巧）的集合，或者说，企业家精神指企业家组织建立和经营管理企业的综合才能的表述方式，是一种重要而特殊的无形生产要素。例如，索尼公司创始人盛田昭夫和井深大，他们创造的最伟大的产品不是收录机，也不是栅条彩色显像管，而是索尼公司和它所代表的一切；华特·迪士尼最伟大的创造不是《木偶奇遇记》，也不是《白雪公主》，甚至不是迪士尼乐园，而是华特·迪士尼公司及其使观众快乐的超凡能力；萨姆·沃尔顿最伟大的创造不是"持之以恒的天天平价"，而是沃尔玛公司——一个能够以最出色的方式把零售要领变成行动的组织。19世纪，人们将企业家具有的某些特征归纳为企业家精神，在英文术语使用上，企业家（Entrepreneur）和企业家精神（Entrepreneurship）常常互换。

长期以来，对企业家的概念通常是从商业、管理及个人特征等方面进行总结的。进入20世纪后，企业家概念的抽象——企业家精神的定义就已扩展到了行为学、心理学和社会学分析的领域。而在当今西方发达国家，企业家转到政府或社会组织工作非常普遍，也不断提出和实施用企业家精神来改造政府服务工作和社会管理工作。

二、企业家精神的特征

彼得·德鲁克承继并发扬了熊彼特的观点。他提出企业家精神中最主要的内容是创新，进而把企业家的领导能力与管理等同起来，认为"企业管理的核心内容，是企业家在经济上的冒险行为，企业就是企业家工作的组织"。

世界著名的管理咨询公司埃森哲曾在26个国家和地区与几十万名企业家交谈，其中79%的企业领导认为，企业家精神对于企业的成功非常重要。正是企业家精神造就了第二次世界大战后日本经济的奇迹。那么，到底什么是真正的企业家精神呢？

1. 企业家首先应有工匠精神

工匠精神落在企业家层面，可以认为是企业家精神。第一，创新是企业家精神的内核。企业家通过从产品创新到技术创新、市场创新、组织形式创新等全面创新，从创新中寻找新的商业机会，在获得创新红利之后继续投入，促进创新，形成良性循环。第二，敬业是企业家精神的动力。有了敬业精神，企业家才会有将全身心投入企业中的不竭动力，才能够把创新当作自己的使命，才能使产品、企业拥有竞争力。第三，执着是企业家精神的底色。在经济处于低谷时，其他人也许选择退出，唯有企业家不会退出。

2. 创新是企业家精神的灵魂

熊彼特关于企业家是从事"创造性破坏"的创新者观点，突显了企业家精神的实质和特征。一个企业最大的隐患,就是创新精神的消亡。一个企业,要么增值,要么就是在人力资源上报废。创新必须成为企业家的本能,但创新不是"天才的闪烁",而是企业家艰苦工作的结果。创新是企业家活动的典型特征,从产品创新到技术创新、市场创新、组织形式创新等。创新精神的实质是"做不同的事,而不是将已经做过的事做得更好一些"。所以,具有创新精神的企业家更像一名充满激情的艺术家。

3. 冒险是企业家精神的天性

坎蒂隆和奈特两位经济学家,将企业家精神与风险或不确定性联系在一起。没有甘冒风险和承担风险的魄力,就不可能成为企业家。企业创新风险是二进制的,要么成功,要么失败,只能对冲不能交易,企业家没有别的第三条道路。在美国3M公司有一个很有价值的口号——"为了发现王子,你必须和无数个青蛙接吻"。"接吻青蛙"常常意味着冒险与失败,但是"如果你不想犯错误,那么什么也别干"。例如,1939年在美国旧金山成立的惠普、1946年在日本东京成立的索尼、1984年分别在中国北京和青岛成立的联想和海尔等企业,虽然这些企业的创始人的生长环境、成长背景和创业机缘各不相同,但他们无一例外都是在条件极不成熟和外部环境极不明晰的情况下敢为人先,第一个跳出来"吃螃蟹"的人。

4. 合作是企业家精神的精华

正如艾伯特·赫希曼所言:"企业家在重大决策中实行集体行为而非个人行为。"尽管伟大的企业家表面上常常是一个人的表演,但真正的企业家其实是擅长合作的,而且这种合作精神需要扩展到企业的每个员工。企业家既不可能也没有必要成为一个超人,但企业家应努力成为蜘蛛人,要有非常强的"结网"能力和意识。西门子是一个例证,这家公司秉承让员工成为"企业内部的企业家"的理念,开发员工的潜质。在这个过程中,经理人充当教练角色,让员工进行合作,并为其合理的目标定位实施引导,同时给予足够的施展空间,并及时予以鼓励。西门子公司因此获得令人羡慕的产品创新记录和成长记录。

5. 敬业是企业家精神的动力

马克斯·韦伯在《新教伦理与资本主义精神》中写道:"这种需要人们不停地工作的事业,成为他们生活中不可或缺的组成部分。事实上,这是唯一可能的动机。但与此同时,从个人幸福的观点来看,它表述了这类生活是如此的不合理:在生活中,一个人为了他的事业才生存,而不是为了他的生存才经营事业。"货币只是成功的标志之一,对事业的忠诚和责任才是企业家的顶峰体验和不竭动力。

6. 学习是企业家精神的关键

荀子曰:"学不可以已。"彼得·圣吉在其名著《第五项修炼》中说:"真正的学习,涉及人之所以为人此一意义的核心。"学习与智商相辅相成,以系统思考的角度来看,从企业家到整个企业必须是持续学习、全员学习、团队学习和终生学习。日本企业的学习精神尤为可贵,它们向爱德华兹·戴明学习质量和品牌管理,向约琴夫·朱兰学习组织生产,向彼得·德鲁克学习市场营销及管理。同样,美国企业也在虚心学习,企业流程再造和扁平化组织正是学习日本的团队精神结出的硕果。

7. 执着是企业家精神的本色

英特尔总裁葛洛夫有句名言:"只有偏执狂才能生存"。这意味着在遵循摩尔定律的信息时代,只有坚持不懈、持续不断地创新,以夸父追日般的执着,咬定青山不放松,才可能稳操胜券。在发生经济危机时,资本家可以用脚投票,变卖股票退出企业,劳动者亦可以退出企业,然而企业家却是唯一不能退出企业的人。正所谓"锲而舍之,朽木不折;锲而不舍,金石可镂"。20世纪80年代,诺基亚人涉足移动通信,但90年代初芬兰出现严重经济危机,诺基亚未能幸免遭到重创,公司股票市值缩水了50%。在此生死存亡关头,公司非但没有退却,反而毅然决定变卖其他产业,集中公司全部的资源专攻移动通信,最后诺基亚成功了,成为当时手机市场的"霸主"。

8. 诚信是企业家精神的基石

诚信是企业家的立身之本。企业家在修炼领导艺术的所有原则中,诚信是绝对不能摒弃的。市场经济是法制经济,更是信用经济、诚信经济。没有诚信的商业社会,将充满极大的道德风险,显著抬高交易成本,造成社会资源的巨大浪费。其实,凡勃伦在其名著《企业论》中早就指出:"有远见的企业家非常重视包括诚信在内的商誉。"诺贝尔经济学奖得主弗利曼更是明确指出:"企业家只有一个责任,就是在符合游戏规则的情况下,运用生产资源从事利润的活动。亦即须从事公开和自由的竞争,不能有欺瞒和诈欺。"

9. 做一个服务者也是一个企业家应有的精神

我们每个人都是服务者。长松咨询的贾长松曾说过:"头顶着天,脸贴着地。"这就告诉我们每一位企业家,要服务好你的每一个客户。"如果你不好好服务你的客户,别人会愿意代劳。"

三、企业家精神的培育

培育企业家精神,创业者要从自我做起,要把创业准备、创业实施的过程当作培养自己企业家精神的过程。在企业家精神内涵的介绍中,我们强调了创新的核心价值,培育企业家精神,也要从创新入手。

1. 道德价值上的创新

创业者既要吸取、参考前人和他人的成果,更要把这些成果当作创新的基础。不经过缜密、深入、用心甚至是痛苦的思考和行动,就不可能取得创新创业的成功。创业者切勿抱有侥幸、走捷径的心理,而是要脚踏实地地付出艰苦的努力。这是创新精神在道德上的要求,也是真正的创新创业者、企业家的人格力量。

2. 实业运营上的创新

运营是一个系统工程,它包括了产品和服务的策略、选型、定型,商业模式的策略、设计、确立,市场营销的策略、计划、执行,企业发展战略的规划和实施,等等。在运营中,每一步都包含着创新。创新创业者要在运营中创新,在创新中运营,把创新本身当作追求的目标，并落实到具体的运营当中。在实业运营上，企业家精神就是不断思新、求新、创新。

3. 创新能力上的追求

创新能力并不是凭空而来的，而是创新创业者各方面能力的汇总。企业家不同于一般管理者的精神，而在于始终不满足、始终孜孜不倦地提升自我。提升创新能力要把功夫下在创新之外，努力吸收哲学、经济、历史、自然科学、产业技术等各方面的营养，并把它内化为自己的知识、能力系统，成为创新的动力和基础。企业家精神，就是学习、创新的精神。

4. 前向思维上的创新

人无远虑，必有近忧。前向思维是创新创业者在对变化着的政策、产业、技术、市场等的深入认知的基础上做出的前瞻性判断。创新要走在需求的前面，而且不仅要走在市场需求的前面，更要走在项目、企业自身发展的前面。只有这样，才能在瞬息万变的市场上立足、发展。企业家精神，就在于把这样的前向思维做到极致。

课后延伸

尝试在校园摆地摊，可以卖文具、生活用品，修理自行车等。这种方式既不需要多少本钱，又能从中学到东西。你不仅要把摆出来的东西全卖出去，还要从中赚钱。这将考验你的耐心，如果连这个都无法坚持，最好不要轻易涉足创业。

创新创业者与创新创业团队

> 团队领导人的首要任务是设立愿景，使愿景体现在生活作息中，并激发团队去实现它。
> ——杰克·韦尔奇（前通用电气CEO，被誉为"全球第一CEO"）

学习目标

- 了解创新创业者的概念
- 掌握创新创业者应具备的素质与能力
- 熟悉创新创业动机的内涵及驱动因素
- 掌握创新创业团队的概念及组建原则
- 掌握创新创业团队的管理方法

互动游戏

固若金汤

一、游戏目的

通过游戏使学生了解团队成员相互支持的重要性。

二、游戏程序

1. 概念与活动说明。通过游戏的过程使学生理解传统文化向团队文化转变的方向，从等级文化向平等文化迈进、从分裂状态转变为结合状态、从独立状态转变为互为依靠状态等。

2. 带领学生到预定场地。

3. 视学生人数情况、场地情况将学生分为10~20人一组。

4. 以小组为单位，小组成员手拉手形成一个转动的圆圈，同时所有成员身体后仰，并静止1~3分钟。

5. 小组成员报数，各自记住自己的号码，奇数成员身体后仰，偶数成员身体前倾，并静止几分钟。

6. 小组成员前后站立形成一个圆圈，后面的队员将手搭在前面成员的肩上，连成一个整体，在老师发出指令后所有成员起步走，越走越紧密，接近一个圆为止。

7. 老师发出新的指令，奇数成员将右腿稍迈向前方的形式下蹲，偶数成员坐在奇数成员的大腿上，并保持数分钟。坚持到最后者为胜方。

8. 学生针对活动的过程谈谈感触，进行心得分享。

9. 思考：团队的先进文化有哪些？作为团队成员要有哪些团队协作的精神？

三、游戏准备

了解场地情况，想象活动中有可能出现的关于团队文化的特殊事件。

四、注意事项

注意学生的安全。

第一节　创新创业者的素质与能力

一、创业者的概念

创业者就是创造性地将商业机会转变为经济实体，并扮演经济实体中组织、管理、控制、协调等关键角色的个人。

二、创业者的素质与能力

创业者要具备以下一些独特技能和素质，这有助于创业者成功创业。

（一）创业知识

创业知识是开展各种创业活动的基础。一个人的知识越多，知识面越广，结构越合理，创造力也就越大。创业知识主要包括职业知识、经营管理知识和综合性知识等。大学生自主创业，不论干哪一行，都要具备一定的创业知识。没有丰富的商业知识和经营之道，就难以把握商机，甚至开展不了业务。试想，一个人不懂食品卫生知识，怎么能办起小饭店？不懂交通法规和营运知识，怎么能开好出租车、搞个体运输？不懂商品成本、利润、批发、零售等基本知识，怎么能干好经营销售业务？不懂工商税务知识，怎么能办齐各种手续，进而实现合法经营、依法纳税？不懂历史和旅游知识，怎么能干好导游？所以说，准备必要的创业知识，是成功创业的第一课。通常，作为一个创业者，除应掌握必要的职业知识外，还应具备很多经营管理知识和综合性知识。

1. 企业开业知识

企业开业的知识包括有关私营及合伙企业、有限责任公司的法律法规，怎样申请开业登记，怎样进行验资，哪些行业不允许私营，哪些行业的经营须办理前置审批手续，怎样办理税务登记，纳税申报有哪些规定和程序，如何领购和使用发票，银行开户程序和有关结算有哪些规定，成为一般纳税人有哪些条件，应该缴哪些税费及如何缴纳，怎样获得税收减征免征待遇，怎样进行账务票证管理，国家对偷漏税等违法行为有哪些制裁措施，增值税率及计征方法，工商管理部门怎样进行经济检查，行业管理部门如何进行行业管理和检查，等等。

2. 营销知识

营销知识包括市场预测与市场调查知识，消费心理、特点和特征知识，产品知识，定价知识和策略，销售渠道和销售方式知识，营销管理知识，互联网知识，等等。

3. 货物知识

货物知识包括批发、零售知识，货物种类、质量和有关计量知识，货物运输知识，货物保管储存知识，真假货物识别知识，等等。

4. 资金及财务知识

资金及财务知识包括货币金融知识、信用及资金筹措知识、资金核算及记账知识、证券和信托及投资知识、财务会计基本知识、外汇知识等。

5. 服务行业知识

服务行业知识包括服务行业管理的法律法规，相关专业服务行业的行业规则、业务知识，等等。

6. 法律知识

法律知识包括《中华人民共和国公司法》《中华人民共和国合同法》《中华人民共和国消费者权益保护法》《中华人民共和国反不正当竞争法》《中华人民共和国产品质量法》《中华人民共和国劳动法》《直销管理条例》《禁止传销条例》等常用法律知识

7. 劳动用工及社会保障知识

劳动用工及社会保障知识主要包括劳动合同制度中有关签订、终止、解除劳动合同的规定，以及工伤保险、住院医疗、养老补贴等国家强制性综合保险制度等知识。

8. 公共关系知识

公共关系知识主要包括日常公共关系知识，如热情服务、礼貌待客、员工的日常形象礼仪等；专业性公共关系知识，如广告策划、专题活动、危机事件的处理、新闻策划等。

9. 演讲与口才知识

交流、沟通、谈判是创业者的基本功。作为创业者，拥有过人的口才知识与演讲本领，才能达到自己所希望的目的。

10. 人文知识

创业者应有意识地学习文学、历史、哲学、艺术等人文科学课程，做到涉猎广泛、知识渊博，这不仅对提高创业者的分析判断力有非常重要的意义，而且能获得更多的商业机会。中国优秀企业家、江苏红星家具集团董事长车建新履行"行万里路、读万卷书"的格言，每年行20万里路、读70本书，听60位专家教授讲课，用20年时间，从小木匠成了"家具大王"。只有初中学历的鲁冠球，每天都挤出时间来学习，撰写了大量的理论文章，已有60

多篇论文在《求是》《人民日报》《光明日报》《经济日报》等报纸杂志上发表，被誉为出口成章的"农民理论家"，先后被浙江大学聘为MBA导师、被香港理工大学授予荣誉博士，还担任中国乡镇企业协会会长。太平洋建设集团董事长严介和认为，合格的职业经理人应当知识丰富，只有精通工商管理、政治学、法学、经济学、哲学和社会学等知识，才能成为合格的企业家。有成就、有前途的创业者，一定是努力求索，不断改善知识结构、提高经营能力的人。

创业知识是形成创业能力、增强创业素质的基础，是大学生自主创业，实现人生价值的资本。大学生创业是在知识经济背景下的科技和知识创业，因此需要足够的知识储备和完善的知识结构作支撑。当然，这并不是要求创业者完全具备这些知识后才能去创业，但创业者本人要有不断完善知识结构的自觉性和实际行动。那么，大学生学习创业知识有哪些途径呢？信息时代，大学生只要做个有心人，就能在平时的学习和创业实践中学到所需的创业知识。

从某种角度看，大学生获取创业知识的途径就像学习机动车驾驶，不同阶段有不同的要求，更像是乘坐不同类型的飞机机舱，各有各的"享受"。

首先，"经济舱"。如今，不少大学都开设了创业指导课，教授创业管理、创业心理等内容，帮助大学生打好创业的基础。大学图书馆也提供创业指导方面的书籍，大学生可通过阅读增加对创业的认识。通过这种途径获得创业知识，无疑是最经济、最方便的。

其次，"商务舱"。创业是目前媒体报道的热门领域，无论是传统媒体，还是网络媒体，每天都提供大量的创业知识和信息。一般来说，经济类、人才类媒体是首要选择，比较出名的有《创业家》《第一财经》等杂志，以及"全国大学生创业服务网""阿里巴巴"等专业网站。此外，各地创业中心、大学生科技园、留学生创业园等机构的网站，也蕴藏着丰富的创业知识。通过这种途径获得的创业知识，往往针对性较强。

再次，"头等舱"。商业活动无处不在，大学生平时可多与有创业经验的亲朋好友交流，甚至还可通过电子邮箱和电话拜访自己崇拜的商界人士，或向一些专业机构咨询。这些"过来人"的经验之谈往往比书本内容对大学生的帮助更大。通过这种途径能获得最直接的创业技巧与经验，将使大学生在创业过程中受益无穷。

最后，"驾驶舱"。参加大学生创业计划书大赛、大学生社团等创业实践活动，是大学生学习创业知识、积累创业经验的最好途径。此外，大学生还可通过创业见习、职业见习、兼职打工、求职体验、市场调查、组建企业等活动来接触社会，了解市场，并磨炼自己的心志，提高自己的创业综合素质。通过这类途径获得的知识往往是最实用、印象最深刻的。

总之，创业知识广泛存在于大学生的学习、生活中，只要善于学习，总能找到施展才华的途径。"善于学习和总结"永远是成功者的座右铭。

（二）创业能力

创业能力是指创业者的专长和经验，如市场调查、技术专长、企业管理、用人理财、公关促销、业务开拓、风险规避等能力。有调查显示：2005年，中国的全员创业活动指数为13.7%，即每100位年龄在18~64岁的成年人中，有13.7人参与创业活动，在全球35个创业观察成员国中排名第五,排在美国的前面。中国的创业属于创业意愿强、创业机会多、创业精神强,但创业能力弱的状况。创业意愿强和创业机会多表现在期望在3年内创业的比重要高于美国、澳大利亚等国,排在第一位;创业精神强表现在中国的创业活动不惧失败,排在最前面;创业能力弱表现在过去12个月内关闭企业的比重高,排在对比国家的第一位,具备创办企业的技能和经验的比重排在倒数第二位。创业是一种复杂的劳动,需要创业者具有较高的智商和情商,不断提高自己的创业能力。创业能力可以分为职业能力、经营管理能力和综合能力。

1. 职业能力是创业的前提能力

职业能力是指企业中与经营方向密切相关的主要岗位或岗位群所要求的能力。创业者在创办自己的第一个企业时,应该从自己熟悉的行业中选择项目。当然,创业者也可借助他人特别是雇员的知识技能来办好自己的企业,但在创办自己的第一个企业时,如果能从自己熟知的领域入手,就能避免许多外行领导内行的尴尬局面,大大提高创业的成功率。通过创业实践活动,创业者可提高以下职业能力:创办企业中主要职业岗位必备的专业技术能力;接受和理解与所办企业经营方向有关的新技术、新知识的能力;把相关知识、法律和法规运用于本企业实际的能力。这三种能力对于接受以职业资格为导向的高职院校学生来说,具有一定的优势。

2. 经营管理能力是创业的基础能力

创业者通过创业实践可提高以下经营管理能力。

(1)信息搜集和处理能力。搜集信息、加工信息、运用信息的能力是创业者不可缺少的能力。创业者不但应具备从一般媒体中搜集信息的能力,随着科技的进步和网络技术的普及,还应该具备从网络中获取信息的能力。

(2)把握机会的能力。发现机会、识别机会、把握机会、利用机会、创造机会,是成功创业者的主要特征。

(3)判断决策能力。通过市场调查,进行消费需求分析、市场定位分析、自我实力分析、竞争对手分析等,再根据自己的财力、社交圈、业务范围,依据"最适合自己的市场机会是最好的市场机会"的原则,进行正确决策,实现自己的创业目标。

(4)创新创造能力。从别人的企业中得到启发,通过联想、迁移和创造,使自己的企业在产品、服务、管理、营销手段等方面别具特色、与众不同,并通过这种特色使自己的企业在同业市场中占有理想的份额。

(5)申办企业能力。创办一个企业,需要做好哪些物质准备、需要提供哪些证明材料、到哪些部门办哪些手续等,均为创业者应具备的能力。

(6)确定企业布局的能力。选择企业地理位置,安排企业内部布局,考虑企业性质等,都是创业过程中不可回避的问题。

(7)发现和使用人才的能力。一个成功的创业者要会用人,他不但要能对雇员进行选择、使用和优化组合,而且能运用群体目标建立群体规范和价值观,形成群体的内聚力。

(8)创业融资、理财能力。这不仅包括创业实践中的资金筹措、分配、使用、流动、增值等能力，还包括采购能力、推销能力等。

（9）指挥控制和协调能力。成功的创业者，要对规划、决策、实施、管理、评估、反馈所组成的企业管理的全过程具有控制和运筹能力。

（10）商业策划能力。创业者通过策划完整的创业计划书，解释创业项目"是什么（What）""为什么（Why）"和"怎么样（How）"，对管理企业、宣传企业、吸引投资都具有十分重要的作用。

3. 综合能力是创业的核心能力

综合能力是指创业过程中所需要的行为能力，与情商的内涵有许多共同之处，是创业成功的主要保证，是创业的核心能力。创业者通过创业实践活动，可提高以下综合能力。

（1）交际沟通能力。创业者不但要与消费者、本企业雇员打交道，还要与供货商、金融和保险机构、本行业同仁打交道，更要与各种管理部门打交道，因此，创业实践活动可提高人际交往能力。

（2）谈判能力。一个成功的企业，必然有繁忙的商务谈判，谈判内容可能涉及供、产、销和售后服务等多种环节，创业者必须善于抓住谈判对手的心理和实质需求，运用"双赢原则"，即自己和对方都能在谈判中取胜的原则，使自己的企业获利。

（3）公关能力。在激烈的市场竞争中，在公众中树立良好的企业形象是创业成功的主要条件。创业者应善于借助各种新闻媒体和渠道宣传自己的企业，提高企业知名度。

（4）合作能力。创业者不但要与自己的合作者、雇员合作，也要与各种和企业发展有关的机构合作，还要与同行的竞争者合作。创业者要善于站在对方的角度，理解对方，体谅对方，要善于与他人合作共事。

（5）自我约束能力。创业者要善于根据本行业的行为规范来判断、控制和评价自己和别人的行为，要善于根据自己的创业目标，约束和控制自己与目标相悖的行为和冲动。

（6）适应变化和承受挫折能力。一个企业要想在竞争激烈、变化多端的市场中立足并发展，创业者就必须具有适应变化、利用变化、驾驭变化的能力；在经营过程中，有赔有赚、有成有败，创业者还必须具有承受失败和挫折的能力，具有能忍受局部、暂时的损失，而获取全局、长期收益的战略胸怀。大多数创业能力可以通过后天培养而习得，创业者可以通过创业教育培养和提高创业能力。

（三）创业心理

创业心理品质，是指创业者在创业实践过程中对心理和行为起调节作用的个性心理特征，它包括创业动机、创业兴趣、创业情感、创业意志、创业人格，主要体现在人的能动性、独立性、敢为性、坚韧性、自控性、适应性、合作性、义务感、道德感等方面，是创业者心理因素的综合反映。创业者心理因素分为两大系统：一是认知心理机能系统，它反映着智力水平的高低，又称为智力因素（智商，IQ）；二是非认知心理机能系统，它表示认识、控制和调节自身情感的能力，又称为非智力因素（情商，EQ）。人类创新、创造、创业活动的实践与心理学的实验证明，智商是个体成功的基础，然而决定个体成功的关键则在情商。情商不是靠背书、考试能获得的，必须通过大量的实践活动才能获得。

大学生开展创业实践活动，要加强以下五个方面的心理修炼：一是有乐观向上的创业心态、良好的行为方式、严谨务实的工作作风、诚实守信的行为准则；二是有顽强的意志、坚定的信念、浓厚的兴趣、持久的热情；三是有强烈的社会责任感、敢争天下强的意识、敢为天下先的勇气、勇于创新的精神；四是有锲而不舍的毅力，百折不挠的斗志，面对挫折与失败能泰然处之、镇定自若，在困难甚至危机面前临危不惧，善于控制自己的情绪；五是有正直大气、慷慨无私的胸襟，善于与他人团结合作共事，严于律己、乐于奉献。纵观创业史上创造奇迹之人，大都经受了以上心理品质的长期修炼，才成就了自己的伟业。

下面我们从强欲望、独立性、求异性、合作性、坚韧性和道德感六个方面来进一步观察和思考。

1. 强欲望

在这里，"欲"是指一种生活目标，是一种人生理想。欲望是推动创业成功的"火车头"。创业者的欲望与普通人欲望的不同之处在于，创业者的欲望往往超出他们的现实，而又需要打破眼前的樊笼才能够实现。由于这类人具有强烈的成就动机和追求卓越的愿望，所以，他们的欲望往往伴随着行动力和牺牲精神，这不是普通人能够做得到的。若干年前就流传一句话，说"三个上门推销商中，必定有一个是浙江人"。浙商吃苦精神强，敢于离土又离乡，经常一个人背着包出去创业。"用尽千方百计，吃尽千辛万苦，说尽千言万语，踏遍千山万水，换来千金万银"，这既是对浙商刻苦勤奋的写照，也折射了浙商强烈的创业欲望。

创业者的欲望是不安分的，是高于现实的，需要踮起脚才能够得着，有时甚至需要跳起来才能够得着。上海文峰国际集团，老板姓陈名浩。1995年，20岁刚出头的陈浩带着20万元来到上海，从个小小的美容店做起，现在已经在上海拥有了30多家大型美容院、一家生物制药厂、一家化妆品厂和一所美容美发职业培训学校，并在全国建立了300多家连锁加盟店，个人资产过亿元。陈浩说："一个人的梦想有多大，他的事业就会有多大。"所谓梦想，不过是欲望的别名。可以想象，欲望对一个人的推动作用有多大。一个走出大学校门不到10年的年轻人能挣多少钱？陈天桥给出的答案是——150亿。2003年新财富500富人榜上，32岁的上海盛大网络有限责任公司董事长陈天桥位居榜首。当人们讨教他成功的秘密时，他是这样回答的："要勇气，要眼光，要学识，但到最后我认为欲望是非常重要的。在中国不要说比陈天桥，包括比柳传志、张瑞敏先生要聪明的人、有智慧的人大有人在。中国藏龙卧虎，但是很多人的价值观可能并不需要执着地达到一个理想，他可能安于其乐融融的三口之家，每天家人能够在一起，每天能够打打牌，每天能够和朋友一块喝茶，这是一种价值观的不同，但是我相信要成为一个真正的企业家，应该要有一种病态的执着。"

2. 独立性

著名的心理学家马斯洛认为："有创造性的人是属于自我实现的人。"一个能够实现自我的人具有极强的独立性，他会时时思考"我是谁？我能做什么？我的价值是什么？怎样去实现我的价值？"他敢于展现自我，实现自己的想法。和具有独立性相对的是具有依附性，这些人没有主宰自己命运的勇气，也缺乏自控能力，一切都依靠别人，依靠别人去做决策，依附别人，听天由命。

从本质上讲，人一出生就具有独立性和依赖性的双重个性。人一生下来，离开了温暖的母体，就需要自己去呼吸、去运动；但另一方面，刚出生的婴儿又极其脆弱，极端依赖他人即自己的父母来呵护、喂养。创业成功的人是那些善于摆脱依赖性、努力实现自我独立性的人。比如中国改革开放之初，大多数人具有极强的依赖性，因为在当时的计划经济体制下，人不能拥有太多自己的个性，尤其是独立性，人是单位的人，命运也几乎被单位注定。改革开放突破了僵化的框架，使每一个人的聪明才智都能发挥出来。但改革开放伊始，人们还都依附于原先的生存方式，只有一些胆大的人敢于抛弃依附性，丢掉"铁饭碗"开始创业。

3. 求异性

在本质上，企业经营的产品或服务都是为了满足人们的需要。世界上存在的每个人都是不同的，他们对生活的需求更是千差万别。创业者一定要善于独辟蹊径，无论是在产品生产上还是包装设计上，甚至营销方式等方面都应该从求异的角度出发，有所创新。在中国传统文化中，存在着求同存异的思想，这在解决企业思想分歧、处理人际关系方面，甚至在新产品开发方面有着重要作用。比如在公司对某一问题确定决策前，组织专家学者或者公司不同部门、不同阶层的员工坐在一起，就同一问题进行激烈的讨论，以求思想的碰撞产生智慧的火花，这种头脑风暴法就是求同存异的最好例证。但是，任何一种方法都有其应用范围，在本公司与其他公司竞争时，一定要避免老生常谈，不要走求同的路子，而应着力求异。求异来源于人们不断增长的需要，是人不知足本性的反映。创业者具有极强的求异追求，是其积极进取、蓬勃向上的生命力的源泉。世界上万物都在变化，尤其在商界，事物变化的速度越来越快。人们的个性是喜新厌旧的，不会因为一个产品质量好就长期使用，人们会因为新产品的出现而放弃旧产品。创业者在创业伊始要紧紧把握人们喜新厌旧的心理，在消除人们疑虑的同时大力宣传产品的时代感，使之能迅速满足人们求新的感觉。在公司发展到一定规模时，创业者千万不要裹足不前、故步自封；而是要大力求异，推出新产品。在公司经营管理方面，应当允许更多的人提出大胆新奇的想法，鼓励员工充分发挥各自的个性，不要把公司办成一个千人一面、死气沉沉的集体，而要让公司成为一个百花竞放、各展风姿的大花园。

4. 合作性

一撇一捺搭在一起组成个"人"字，"人"字的结构就是相互支撑。简单的笔画反映了一个深刻的道理：人离不开人，与人合作是人立足社会的前提。离开社会，个人就不能存在和发展，人的社会性需要只有通过人际关系才能获得满足。随着人类社会的发展，个人对社会的依赖越来越强，如果离开社会，不与他人交往与合作，人们的各种能力就像种子离开了土壤、阳光和水分一样，永远不能开花结果。因此，无论在什么样的社会，个人都离不开集体，人与人都需要协作，任何人的才能都只有在一定的群体和社会中才能充分显示出来。"一个好汉三个帮，一个篱笆三个桩"，在知识激增、分工细密的21世纪，更需要团结和协作精神。在这个时代里，解决认识世界和改造世界过程中所遇到的日趋复杂的种种问题，仅仅依靠个人的努力是远远不够的，必须依靠群众的智慧和力量。人们只有相互帮助，相互促进，才能在各种活动中取得最佳效益。协作所产生的合力远远大于个体力量的简单之和，也就是"1+1>2"的道理。在现代竞争社会中,个人如果没有处理社会关系的能力,不能与人融洽地协作,终将寸步难行,一事无成;群体内部如果不能很好地合作,甚至"窝里斗",也必定会屡遭败绩。

★ 案例讲坛

现实与虚拟的合作

2006年5月10日上午,巴黎,世界上历史最悠久的管理学院——欧洲管理学院的一间多功能厅里,包括家乐福创始人在内的法国160家大企业的200多位董事长、CEO和高管及中国驻法公使曲星,一起聆听了两位中国商业新秀的创新智慧,他们是杭州天畅网络公司董事长郭羽和杭州绿盛集团有限公司总裁林东。欧洲管理学院给他们的邀请书上这样写道:"是美国人发明了互联网,而将互联网与现实进行完美结合的却是中国人。"这是世界上首个"R&V(现实+虚拟)"的商业模式,郭羽和林东创造性地把现实产品(如绿盛集团的牛肉干)嵌入到虚拟世界(如天畅科技的全3D网络游戏《大唐风云》)之中。

如果说过去在电影里引入宝马是一种产品安插的广告方式,那么,郭羽和林东的合作不仅超越了产品安插这种单向的传播方式,而且打通了现实与虚拟的传媒,这种合作产生的作用是1+1=11。2005年12月12日,携带全新模式而推出的网络食品"绿盛QQ能量枣",第一个月的出货量约为2 700万元,而2004年同期,绿盛新推出的一款同类新品一个月的出货量仅在300万元左右。更令林东惊喜的是,此举迅速提升了绿盛的品牌效应,2006年1月完成了2005年1/3的营业额,达到1.2亿元,预计全年营业额将翻番,达到7亿元。而郭羽和他的天畅科技则声名大振,公司开发的《大唐风云》剑未出鞘,网站注册的游戏会员就已经超过10万人。郭羽不仅吸引了全球著名风险投资商的关注,更引起了吉利汽车、博客中国、龙门古镇等的兴趣。很多人可能纳闷,一款以唐朝为背景的游戏,汽车怎么能进入呢?一心想搭乘网游东风的汽车商却想出了主意:把印有该车品牌标志的汽车零件,变成网络游戏人物的武器。

(以上信息根据网络资料整理而成)

5. 坚韧性

著名发明家爱迪生说:"我的成功乃是从一路失败中取得的。"爱迪生发明电灯丝的时候,尝试了将近一千次,但每次都是以失败告终,许多人都劝爱迪生放弃,因为失败了那么多次,这件事肯定是无法成功的。爱迪生却不这样看问题,他说:"每一次失败都向我证明了这样去做是不对的,但总会有一次能发现正确的方法。"创业者所走的路肯定也会充满失败,特别是在公司初创阶段,创业者做错事是在所难免的。重要的是不要因为自己做错事而否认自己的能力,也不要因为别人的嘲笑而放弃自己的想法,在面临一次又一次失败的打击时,一定要靠坚韧的精神去克服,凭顽强的毅力去承受,更为重要的是在重重打击之下,绝不丧失前进的信心和勇气,要在自己失败的经历中仔细分析、总结经验教训,找到成功的方法,再一次奋勇而起。要知道,每个成功的企业,都是在创业者的领导下,经历了一次次的失败后建立起来的。

万向集团创始人鲁冠球曾是打铁匠;横店集团创始人徐文荣出身农民;正泰集团董事长

南存辉是修鞋匠;德力西集团有限公司董事局主席胡成中出身裁缝;人民电器集团有限公司董事长郑元豹做过工人;奥康集团董事长王振滔是木匠……但以他们为代表的浙江民营经济,一诞生就面向市场,像草根一样,风吹不断,雨淋不淹,人踩不烂,"趴着"发展,"一有土壤就发芽,一有阳光就灿烂"。因此,不少经济学家把浙商现象比作"草根"经济、老百姓经济,而这些从草根中崛起的创富精英,凭借的正是坚韧不拔的毅力,愿"做别人不愿做的事"、敢"做别人不敢做的事"、能"做别人做不了的事"。他们默默无闻地从小生意做起,先在区域市场站稳脚跟,进而提高在全国乃至世界的市场占有率。如温州的纽扣市场,有几万个品种,销售量可以占全国市场的75%以上,占世界的40%以上,而一个小小纽扣的利润,几厘钱不到。

6. 道德感

经济学不能只讲"看得见的手",讲金钱,讲交易,讲价值规律;还要讲"看不见的手",讲诚实,讲信誉,讲道德。道德,是信誉的思想基础。鲁冠球,这位一手创办了万向王国的传奇人物,以亲身经历证明企业经营者要以"德"立身。办企业,与其说是一种职业,还不如说是一种追求。在经济一体化日益加剧的今天,企业不仅要把产品变成商品,还要把人力资源、管理、文化等生产要素转化为商品,这样,企业生产的就不仅仅是产品,更是一种品牌、一种道德信念、一种无形资产。诚实是做人之本,守信是立事之根。人无信不立,企业无信不长。诚实守信,对自己,是一种心灵的净化,是对自己人格的尊重;对他人,是一种交往的道德,是一种气魄和自信;对企业发展,则是一种精神,是无形资产,更是管理价值的有效提升。浙商中的元老级人物——杭州正大青春宝集团董事长冯根生,最看重的就是诚信。冯根生当了30多年的国企老总,他说:"我的规则,一是戒欺,二是诚信,三是不以次充好,四是不以假乱真,五是童叟无欺,真不二价。"在正大集团所属杭州胡庆余堂至今仍挂着130年前胡雪岩定的堂规"戒欺"。胡庆余堂有两句店训,一句叫作"真不二价,价二不真",另一句是"修合无人晓,诚心有天知"。冯根生认为:"天就是老百姓,就是消费者。对消费者,绝对不能欺骗。这在古时叫行规,在现在叫企业文化。"他认为,不管时代如何变迁,类似"戒欺"这样的堂规店训都有其永恒的价值。市场经济的发展,给了人们多样化的选择机会和广泛的发展空间。发财致富、有所成就,是许多青年学生的理想和追求。但也有的人在创业过程中急于求成,投机取巧,不择手段,损人利己。尽管这样的情况是极少数,但对青年创业的负面影响不可低估。因此,青年学生要坚决摒弃这些不良观念,牢固树立勤劳创业、智慧创业、诚信创业等创业道德观念。

(四)身体素质

身体素质是指身体健康、体力充沛、精力旺盛、思路敏捷。现代企业的创业与经营是艰苦而复杂的,创业者工作繁忙、时间长、压力大,如果身体不好,必然力不从心,难以承受创业重任。

★案例讲坛

擦鞋"擦"出个大老板

罗福欢1995年毕业于四川师范大学,毕业后,父母把他安排进了自己所在的国有企业工作。两年后，罗福欢带着一股闯劲儿跳槽到了一家信息咨询公司，每个月有1 000多块钱，最多的时候还拿到3 000多块，这样的工资水平，当时已足够他过上让人羡慕的白领生活。尽管在工作方面罗福欢很受上司的器重，但他的内心并不满足，一直想寻求自己创业的机会。

有一天，罗福欢在街上闲逛，看到一个擦鞋的老太太。当时是冬天，寒风凛冽，出于同情心，罗福欢把自己的鞋给老太太擦。擦的过程中，就跟老太太聊上了，问她生意怎么样、辛不辛苦。老太太说生意好的时候，一天就能挣七八十块，罗福欢合计了一下，一个月下来都能赶上当白领的收入了。这一次的擦鞋经历，深深刺激了罗福欢。他当时就想，一个老太太每月靠擦鞋就能有这么多的收入，他作为大学生，而且又年轻，做这个的话，兴许能闯出一番事业来。接着他又进行了认真观察和全面的市场分析，发现了擦鞋市场的广阔前景。有了这个想法后，罗福欢利用下班时间在家练习擦鞋。他经常去街边找人擦鞋，暗暗观察别人是怎么擦的。经过一段时间的观察和练习，罗福欢渐渐掌握了擦鞋的要领。为了检验自己的擦鞋学习成果，罗福欢又想了一个"妙计"。有一天，他特意把自己右脚的皮鞋擦好，然后在路上找了个擦鞋匠给他擦左脚，还说如果他能把左脚的鞋擦得比右脚的鞋还亮，就给他双倍的钱。结果，擦鞋匠越擦反而越不如罗福欢的那只鞋光亮。于是他做出了一个重大决定，辞职当擦鞋匠。他的这一决定，不仅让家人大为恼火，连女朋友也断然与他分了手。但这都没有动摇他从事这一职业的决心。罗福欢花了一个多月的时间，对成都市的擦鞋市场做了一次专业调查：他走遍了成都的每一个大型商场，了解高档鞋的品牌和高档鞋占的比例；在街边掐表，10分钟以内走过多少双脚，其中穿在脚上的高档鞋的比例占多少。紧接着罗福欢根据自己的想法和调查结果，写成了一份中英文对照的详细的合作计划书，并附上了可行性报告，开始找一些茶楼和酒店谈合作。当时，一方面是虚荣心作怪，一方面是急于求成，他决定选择一些高档场所作为工作场所。因为那里出入的都是比较有钱的人，他觉得在那种地方进行皮鞋护理收入既高又有面子。但得到的答复却是"对不起，我们不需要"。3个月里，成都的大茶楼、酒店，罗福欢几乎跑了个遍，但没有一家愿意与他合作。因为没有了固定收入，罗福欢的生活过得穷困潦倒。此时，罗福欢开始对自己遇到的挫折和困难进行反思，终于意识到：创业没有一步登天的事情，还是得一步一步来，于是他决定去街边摆摊当擦鞋匠！为了使自己的擦鞋事业体现出知识含量，也为了使自己有别于传统意义的擦鞋匠，他特地制作了一块宣传板，写上"星级擦鞋：美好生活从脚上开始！"并将接受自己服务的消费者定位于中高收入者。摆摊的位置罗福欢也是经过琢磨的。成都市的太升南路，当时是通信一条街，人流量大，罗福欢觉得这里最有市场前景。经过考察，他正式决定在这条街摆摊了。虽然是街边摆摊，但罗福欢的鞋摊跟传统的擦鞋摊有天壤之别。首先，是鞋摊的行头。相对于其他鞋摊来说，他的是"五星级"的了。当时别的鞋摊一般都只备黑色、无色、棕色3种鞋油，而他准备有来自不同品牌和5个国家的15种不同鞋油，在工具和硬件方面他也准备得特别漂亮，哪怕是一双替换的拖鞋，都是买60多块钱的，甚至有顾客在擦完鞋之后，要买他的拖鞋。除此之外，罗福欢还买了很多的塑料袋，如果有的客人考虑脚气等卫生问题，不愿意跟别人共享一双拖鞋，就可以套上塑料袋再穿上替换拖鞋。为了突出自己擦鞋的与众不同，罗福欢还专门制作了一个价目表，在上面写着：擦鞋3元、5元、10元、30

元到50元。这样的价格简直就是天价。而罗福欢觉得，既然是创业，就不能走别人的老路子，只有创新才能行得通。罗福欢最难忘的是第一个光顾自己生意的一对小两口。老公被妻子劝下来擦鞋，但一看价格牌就愣住了。罗福欢当时觉得这是一个很好的机会，不能让他的第一个顾客被价格吓跑了。他立刻说：“先生，您别看了，今天是我第一天摆摊，您是我的第一个顾客，我先给您擦了，你觉得值多少钱，就看着给多少。”半个小时后，顾客非常满意，给了罗福欢10元钱，并说："别找了，10元钱，值！"第一天，罗福欢挣了80多元钱。第一个月，罗福欢赚了4 000多元……成都一家报社的记者来采访罗福欢。为了感受罗福欢的星级擦鞋服务，他特地扮成了一个难缠的顾客前来消费，结果让他无可挑剔。他给罗福欢提了许多建设性的建议，并很快将罗福欢的故事报道了出来。罗福欢和他的星级擦鞋店的新闻见报以后，他的生意更好了，有的消费者甚至驾车几个小时从四川广元、南充等地将自己的名贵鞋送来请他保养。罗福欢白天忙过之后，晚上还得学习和查阅鞋类品牌以及与鞋相关的保养、维护、生产等多方面的知识。那段时间，他先后发明了火燎法、浸泡法等多种独门擦鞋绝技。一天，一位穿着考究的顾客来到他的擦鞋店，对他说："你认识我脚上这双鞋子吗？如果你能说出来，就请你给我服务。"罗福欢只瞄了那双鞋子一眼，就对那位顾客说："这双鞋子叫铁狮东尼，意大利生产的世界名牌，大约15 000元钱一双。用来生产鞋子的原料牛皮很讲究。要得到一张好牛皮，对牛的饲养也很讲究。牛一般只能圈养，不能被蚊虫叮咬，所喂草料也极为讲究，这样，牛皮的毛孔才整齐，而这样一头牛的皮也只能用来制作一双这样的精品鞋。这么贵的鞋，当然在保养和维护的时候也是颇有讲究的……""你不仅是一个擦鞋匠，也是一个真正的爱鞋者，更是一个鞋类鉴赏、维护专家。"接受服务后，他按照国外护理此鞋的费用交给罗福欢。原来，这位先生是销售高档意大利进口皮鞋的经销商，为了找到合适的维护和保养合作伙伴特意上门来考察。经过多次交流，他选定了罗福欢作为合作人选。2003年，29岁的罗福欢，在成都开设了第一个高档擦鞋专业店，并申请注册了"罗记"擦鞋商标。据了解，这也是我国第一个擦鞋匠向国家申请注册商标，他因此成为中国品牌建设十大杰出企业家之一。2004年1月1日，罗福欢梦想成真，他投资5万元，成立了四川第一家大学生星级擦鞋连锁店。就这样，从街边的擦鞋摊起步，到在全国拥有80多家"罗记"擦鞋加盟店，罗福欢用10年的时间演绎了一名大学毕业生创业的传奇故事。如今，事业开始走上坦途的罗福欢并没有停滞不前，他又有了新的理想。他说他不仅要将自己的擦鞋店做成知名品牌，而且还要努力将其推向世界；同时要拓展事业，从擦鞋起步，以脚上美容为起点，拓宽服务领域，向制造业发展。罗福欢说，虽然他的那些目标看似遥远，但事在人为，一靠勤劳，二靠智慧，他对实现自己的远大理想充满信心！

（资料来源：《环球人物》2006年08期）

★测　　试

创业者素质的评估

下面列出的10个问题，可简单测评个人的创业素质。

问题1：你能独立开展一项工作吗？

A. 我能够在没有他人帮助的情况下开展新工作

B. 一旦有人督促我，我就能开展新工作

C. 我比较懒散，不到万不得已我不会开展新工作

问题2：你对他人的感觉如何？

A. 我只能和一个人相处

B. 我不需要别人

C. 别人让我恼火

问题3：你能领导他人吗？

A. 我一旦开始从事某项工作，就总能够让大多数人跟随我

B. 如果有人告诉我应该做什么，我就能够下命令

C. 我会让别人处理事情，如果喜欢的话我也会参与

问题4：你能承担责任吗？

A. 我能负责任，而且看事物很透彻

B. 必要时我会接受，但更愿意让别人来负责

C. 如果周围有人愿意负责，我会让他（她）来负责

问题5：你善于组织和安排工作吗？

A. 我喜欢在开始做事前制订计划

B. 如果事情不是过于令人迷惑，我就能做得很好，否则我会放弃

C. 每当我做好计划时，总会有一些事情来扰乱计划，所以我干脆随机应变

问题6：你工作努力吗？

A. 只要有必要，我就会一直工作

B. 我只能努力一会儿，时间长了就不行了

C. 我不认为努力工作能解决一切问题

问题7：你擅长决策吗？

A. 我能够决策，而且那些决策通常能带来很好的结果

B. 如果时间充裕，我会进行决策，但我讨厌仓促决策

C. 我不喜欢决策

问题8：别人能信赖你的话吗？

A. 能，我不说言不由衷的话

B. 我试着和别人坦诚相待，但有时候我会选择最易理解的话来说

C. 有什么好困扰的？别人又不知道其中的差别

问题9：你做事有毅力吗？

A. 一旦我下定决心，就没有任何事能拦得住我

B. 我总是善始善终

C. 如果事情出了岔子，我通常会放弃

问题10：你的健康状况如何？

A. 非常好

B. 很好

C. 不错，但没有以前好

[问题解读] 读完题目后，选择与自身相符合的答案。将你所选择的 A 选项的个数乘以 3，B 选项的个数乘以 2，C 选项的个数乘以 1，将三项结果分数加总，最高得分为 30 分。一位成功企业家的得分至少应为 25 分，如果得分低于 25 分，则应考虑寻找一位合伙人，放弃独立创业的想法。

创业素质并非人人具备，哪些人不适合创业呢？社会心理学家认为，下列人员不适合开展创业活动。①缺少职业意识的人。仅满足于机械地完成自己分内的工作，缺少进取心、主动性。②优越感过强的人。自恃才高，我行我素，难以与集体融合。③唯上是从，对上级只会说"是"的人。④偷懒的人。⑤片面和傲慢的人。只注意别人的缺点，看不到别人的优点；总喜欢贬低别人，抬高自己，人格方面存在很大的缺陷。⑥僵化死板的人。做事缺少灵活性，对任何事都只凭经验教条来处理，不肯灵活应对，习惯于将惯例当成金科玉律。⑦感情用事的人。以感情代替原则，想如何干就如何干，不能用理智自控。⑧"多嘴多舌"与固执己见的人。⑨胆小怕事、毫无主见的人。⑩患得患失却又容易自满自足的人。稍有收获便欣喜若狂，稍受挫折就一蹶不振，情绪大起大落，极不平衡。

第二节 创新创业动机的内涵与驱动因素

一、创新创业动机的分类与含义

不同学识、技能、背景的创业者的创业动机存在明显的差异。学识技能低的创业者以生存型创业为主导，更趋向于维持生计和获得好一点的财富回报；学识技能高的创业者更多的是机会型创业，更趋向于为了开创事业，把创业当作一项具有挑战性的工作来对待。

创业动机归纳起来有以下几种类型。

（1）获取财富回报。无论何种形式的商业创业，其共同的出发点之一是获取财富回报。事实上，也正是对财富回报的追求，才鼓励一代代创业者冒险去挖掘商业机会，带动社会经济向上发展。

（2）追求自由的需要。很多人个性喜欢自主，不喜欢受别人约束和管理，追求时间的自由、财务的自由，因此选择了创业。

（3）自我价值实现的需要。一些拥有自主知识产权、客户资源或新创意的人，为了追求自我理想和价值的实现，他们不惜付出大量的时间和精力，甚至选择离开原有企业，开始自己的创业生涯。

（4）受社会使命驱使。单靠利伯维尔场体系和政府，始终都有一些社会问题和没有满足的社会需要，一些创业者受社会利益驱动，能够用新办法去解决主要问题，而且坚持不懈地追求自身愿景，满足社会需要，或者解决社会问题。

创业到底是为什么？我们为什么要创业？

第一为金钱。创业有一个敏感的东西，就是财富，很少有人旗帜鲜明地说自己创业是为了钱、创造财富,但是创业其实就是追求财富,虽是老生常谈,但怎么看待财富才是非常重要的。李嘉诚说过一句话:"创业,财富只是一个成绩单,你做好你的作业。"创业就是做好你的事,而财富只是一个成绩单。但是哪一个人做作业不是为了成绩单呢?

第二为自我实现。自我实现是创业者最高境界的人生奋斗,你可以在一个企业里面做一辈子高管,也可以在任何一个机构里面追求你的兴趣爱好。在某种意义上,科研、写作本身就是一个创业,把某种东西从无到有做起来。

马斯洛的最高层面需求是自我实现,什么是自我实现?你想做的事做成了。在财富中死去是可耻的,必须让这个钱对社会有用,这叫自我实现。通过创业,将一个小小的梦想一步一步地实现,而且有人跟着你一起做,毫无疑问这是人生的最高境界。创业者最可怕的是设立一个不可能的目标,然后去追求。在创业当中要设立一个力所能及的目标,在做的时候要脚踏实地。

第三为自由。这是创业最伟大的东西。所谓创业,就是一个人创造企业,无论是一个人、两个人还是一万人、两万人的时候,你的世界里面你是最高的权威,你不听从于任何人,你做你的事,按照自己的意愿,按照团队的利益,按照社会的价值追求一种东西,这可以说是创业的最高境界,也是这个时代创业的一个重要的探索价值。

二、创新创业的驱动因素

创业者选择创业的动机受诸多直接和间接因素的影响。研究表明,创立企业的追求以及持续经营企业的意愿都和企业家的动机有着直接的关系。具体的目标、态度和背景都是决定企业家最终满足感的重要因素。图3-1阐述了企业家激励过程中的关键因素。决定进行创业是几个因素共同作用的结果,包括创业者的个性特点、个人背景、相关的商业环境、个人目标和可行的商业创意。

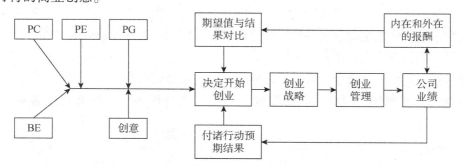

图3-1 创业激励模型

PC—个性特征;PE—个人背景;PC—个人目标;BE—商业环境。

在创业过程中,创业者会将创业的实际结果和先进的创业预期进行对比。未来是否持续创业行为的基础正是这些对比的结果。当结果达到或超越期望时,创业行为便会得到积极强化,创业者会持续受到激励,坚持创业。这里的创业既指在现有企业的创业行为,也可指重新创办新的企业,这受制于现有的创业目标。当结果未能达到期望时,企业家的激励水平降低,并且会相应地影响其继续创业的决定。当然,这些感知还会影响随后的战略制定和公司的管理。

第三节　创新创业团队的组建

一、创业团队的概念

任何一个伟大的事业都不是一个人能做成的，而是需要找到志同道合的人组成团队才能实现。

团队是指为了一个共同目标而在一起工作的一些人组成的协助单位。创业团队是指在创业初期（包括企业成立前和成立早期），由一群才能互补、责任共担、愿为共同的创业目标而奋斗的人所组成的特殊群体。

一般而言，创业团队由目标、人员、团队成员的角色分配和创业计划四大要素组成。通常，小微企业规模不大，其创业团队主要由下列人员组成：业主或经理，即创业者本人；股东或合伙人；员工；企业顾问。

（一）业主或经理

在大多数小微企业中，业主就是经理，也是团队的领导者。只有业主（经理）可以行使以下职责：开发创意、制定目标和行动计划；组织和调动团队成员实施行动计划；确保计划的执行，使企业达到预期的目标。

在计划开办新企业和制订企业计划时，创业者要考虑自己的经营能力，要明确哪些工作可以由自己去做；哪些工作是自己既没能力也没时间去做，而应想办法让别人去做的。如果需要一个经理分担部分工作，就要考虑其应具备的能力和经历。

（二）股东或合伙人

如果创业团队成员共同出资创办企业，即企业不止一个业主，那么，这些团队成员将以合伙人或股东的身份共享收益、共担风险。他们将共同决定彼此如何分工合作。也许一个负责销售，另一个负责采购，还有一个负责管理。

要管理好一家合伙制企业，合伙人之间的交流一定要透明和诚恳。合伙人之间意见不一致往往会导致企业倒闭，因此，有必要准备一份书面合作协议，明文规定各自的责任和义务。

（三）员工

如果创业团队成员全部投入企业工作，那么，创业团队成员首先是企业的员工。如果创业者本人没有时间或能力把全部工作承担下来，就需要雇人。小企业可能只需要雇1~2个临时工就可以了，大企业则需要雇用很多的全职员工。

（四）企业顾问

各种咨询意见对创业团队都有意义，因为任何一个创业者不可能是所有企业事务方面的专家。创业者一定要认准那些对自己有过帮助而且将来还可能扶持你的行业专家，包括专业协会会员、会计师、银行信贷员、律师和政府部门官员等，邀请或聘请他们成为企业的咨询顾问。

对于创业者来说，寻找创业合作伙伴、组建创业团队是非常重要的。创业者在选择创业合作伙伴时，必须从多方面考虑自己的真正需要，充分考虑创业的环境和自己的切身利益。一个理想的创业合作伙伴不仅是一个能为企业提供资金、技术、安全感和其他方面帮助的人，更重要的是他应该是一个能让创业者信任、尊敬并能与之同甘共苦的人，是一个能与创业者的才能、性格等方面形成互补的人。

二、组建创业团队的原则

如何组建创业团队并无明确的标准答案，理论研究的结论和创业实践的结果常常自相矛盾，真可谓"一半是科学，一半是艺术"。这是由于创业团队的成员往往是个性各异，能力、知识、经历、志趣、背景差异很大的个体，激励并发挥每个成员的聪明才智需要领导艺术。而根据团队成员组成的不同特征，在特定创业环境中采取恰当的管理措施，维护团队的稳定和绩效则体现为科学性。创业团队的组建需遵循以下原则。

（一）诚实守信

重承诺、守信用，是对创业团队最起码的道德要求，也是最基本的要求。创业合作伙伴将全面介入企业的经营管理，了解新创企业内部的所有情况，如果道德有问题，企业的资金、人员、关系等都可能遭受不必要的损失。此外，从经济学的角度来看，个人信用往往建立在一定的财产基础上，有财产便能承担责任，因此，作为资本匮乏的创业者寻找经济实力比较强的创业合作伙伴是可行的。

（二）志同道合

创业团队一定要有碰撞后形成的一致的创业思路，成员要有共同的目标愿景，认同团队将要努力的目标和方向，同时还要有自己的行动纲领和行为准则。创业者在组建创业团队时一定要和创业合作伙伴事先沟通，了解对方的创业目的和动机。企业新创时期是非常脆弱的，需要创业者之间紧密团结，形成坚强的堡垒才能抵御外界的压力，否则等企业经营到一定阶段时，可能由于创业合作伙伴的意见不统一而导致企业停滞不前，甚至导致企业解体，创业失败。

★案例讲坛

两位史蒂夫分道扬镳

史蒂夫·乔布斯与史蒂夫·沃兹尼亚克曾是老友，在 1976 年共同创立了苹果公司。在创办公司的过程中，乔布斯与沃兹尼亚克堪称黄金组合，一个负责市场，一个负责技术，公司迎合了个人电脑兴起的第一波浪潮，很快就风生水起。

乔布斯和沃兹尼亚克是这样一对"兄弟"，其中一人毕生致力于管理公司，用各种手段激起消费者的欲望，创造盈利的神话；而另一人则言谈幽默，爱好技术，对一些小玩意儿感兴趣，在世界上挖掘趣闻，并乐在其中。

沃兹尼亚克是技术达人，在苹果公司发展初期，他在公司里的作用很重要，在 20 世纪

70年代中期创造出苹果一号和苹果二号,苹果二号风靡普及后,成为1970—1980年销量最佳的个人电脑,苹果公司早期产品的专利权属于共同创办人沃兹尼亚克。罗伯特·克林利曾在他的著作《偶然帝国》一书中说:"沃兹称得上是苹果公司首席雇员。因为从技术的角度来看,沃兹尼亚克就是苹果电脑。"但没过多久,两位共同创始人的矛盾就公开化了。

乔布斯创业早期常被批评为脾气坏、顽固、倔强、喜怒无常,有着近乎摇滚明星的坏脾气,让自己的雇员不能不时刻分心提防,是一个小心眼的微观管理者。乔布斯的任性及这种以自我为中心的工作作风得罪了太多的人,让他迅速走向危机。1985年,苹果董事会最终投票做出了一个艰难的决定:剥夺了乔布斯在苹果公司的一切公职。

就在这一年,沃兹尼亚克也离开了苹果。两位史蒂夫共同成就了一家伟大的公司。但是,这两个伟大的人物终究未能一直携手到最后。

(三) 取长补短

理想的合作者要求双方在能力、性格、资本上有较好的互补性。每个人都有自己的优势也有自己的不足,这是创业者要选择创业合作伙伴的重要原因。实现优势互补,合伙的各方都能真实感受到对方对于新创企业发展的重要作用,才会更加珍惜彼此的合作机会,再加上集体智慧的力量,创业成功的概率就要大得多。例如,微软的创始人盖茨和艾伦,就在创业过程中起到优势互补的作用,使两个人的优点都发挥到了极致。

(四) 分工协作

创业团队必须有性格完全不同的人,最完美的组合是内外分明。例如:负责设计、生产的人(主内)和负责销售的人(主外)配合。创业者一般是比较偏向主外的人,他们往往不容易找到主内的合适人选,主要原因是不知道该找什么样的人来合伙。理想的人选是聪明又野心不大的人。如果主外的创业者选择既聪明又有活力的合作伙伴,那么这两位积极进取的创业者必定会争取控制权,会发生冲突和争执。在控制权的归属上,最合适的是主外的人拥有控制权。

(五) 权责明晰

创业团队成员要以法律文本的形式确定一个清晰的利润分配方案,要把最基本的责、权、利界定清楚,尤其是股权、期权和分红权,此外还包括增资、扩股、融资、撤资、人事安排、解散等与团队成员利益紧密相关的事宜。其中,核心的条款是股权配置或投资比例问题。它不仅关系到各创业合作伙伴以后在企业中的地位、作用,还关系到创业合作伙伴的利益分配等实质性问题。因此,合作创业一定要做到账目清楚、手续齐全,签订好合作协议,把各方应尽的职责和应享的权益仔细确定下来。总之,宁可"先小人后君子",也不要日后闹得"兄弟"反目成仇。对于所有账目的进出情况、合作实体的经营状况和损益情况,要定期在合作人之间进行公开,合作人之间的利益分配要严格按照合作协议中的规定办理;合作人私人使用合作实体财物的,要及时入账并在利益分配中予以扣除;等等。

此外,还值得一提的是,知心朋友并不等同于合适的创业合作伙伴。由于对社会事物的接触具有局限性,大学生创业者对创业合作者的选择往往会感情用事,比较容易单纯地把身边亲密的朋友等同于最理想的创业合作伙伴。当友情面对金钱的困惑、公司经营的压力时,不是都经受得住考验的。默契的合作者有可能在长期的合作中成为知心朋友，但知心朋友并不一定都能成为最好的创业合作伙伴，因此在选择合作伙伴时，千万不能感情用事。

★ 案例讲坛

本田宗一郎和藤泽武夫的故事

本田宗一郎的名字与他的企业一样享誉全球，然而其搭档藤泽武夫却鲜为人知。1949年，进入本田公司的藤泽是本田宗一郎的亲密合作伙伴。本田宗一郎的继任者曾经说过，如果没有藤泽的加盟，本田公司也许支撑不了十年。本田公司的实际经营者是藤泽，而本田则是总工程师。正是因为藤泽的出色管理，才使得本田宗一郎能够全身心地投入技术研究和开发。许多人甚至说，如果本田没有遇到藤泽，可能到最后也只是滨松市的一家中小企业的老板。

本田创业之初并非一帆风顺。首先面临的一个问题就是缺乏资金和销售网点。藤泽决定给日本全国各地的自行车店写信，宣传该产品。据说当时为了写这些信，藤泽经常通宵达旦。终于功夫不负有心人，在很短的时间内，本田赢得了5 500家自行车店的加盟，形成了遍布日本的销售网点。藤泽与本田的配合可以称得上是企业史上的珠联璧合。例如，本田个性很强，而且在技术问题上从不妥协，经常训斥技术人员，有时甚至动手，类似这样的"善后"工作最后都由藤泽来处理。

（以上信息根据网络资料改编）

在其他知名企业中也能够看到相似的组合，如索尼公司的创始人井深大与盛田昭夫。因为一个人的精力和能力毕竟有限，在创业时期能否整合人才方面的资源显得尤为重要。

总之，创业者在选择与自己共事的合作伙伴和组建创业团队时，要倾向于选择那些背景、教育和经历都与自己更加相似的合作创业者。团队成员在价值观上的相似有利于志同道合，而在能力构成方面最好是优势互补。由于团队中广泛的知识、技术和经验对新企业有利，因此，在互补性而不是相似性的基础上选择合作创业者通常是一种更有利的策略。

第四节　创新创业团队的管理

创业团队对于创业成功具有重要的意义，但并非所有的团队都能获得成功，团队的管理也非常重要。由于创业团队本身的动态性特征，团队管理就是贯穿于创业团队整个生命周期的工作。创业团队管理的重点是在维持团队稳定的前提下发挥团队多样性优势。

团队管理是门艺术，要针对具体的情况来灵活进行，但是也有一些普遍性的原则可以利用。

一、选择

创建团队的第一步就是选择团队成员。这里要解决两个关键问题：该聘用什么样的人？怎样聘用？第一个问题根据企业的具体需求来决定，遵循的原则在上面组建团队的内容里已经提到，此处不再赘述。考察人员的智力、经验和人际交往能力，不仅要考察其表现出来的能力，还要考察其潜在能力。具体考察策略可以通过正式招聘程序来进行专业评估，同时通过非正式渠道进行了解。第二个问题可以通过多种渠道来解决，如招聘、猎头公司等。招聘程序尽量做到严格、正规，有一套完整的招聘流程。最终的目的是找到与业务需求相匹配的合适人选。

二、沟通

沟通是有效管理团队的重要内容之一。没有沟通，团队就无法运转。沟通有以下几方面的作用。

（1）沟通使信息保持畅通，实现信息共享，避免因为信息缺失而出现错误的决策与行为。

（2）沟通可以化解矛盾，增强团队成员彼此之间的信任。在长期合作共事的过程中，成员之间难免会有矛盾，缺少沟通可能导致相互猜疑、相互埋怨，矛盾会随着时间的推移越来越大，最后可能导致团队的分裂。

（3）沟通可以有效解决认知性冲突，提高团队决策的质量，促进决策方案的执行。在企业经营管理过程中，团队成员对有关问题会形成不一致的意见、观点和看法，这种论事不论人的分歧称为认知性冲突。优秀的团队并不回避不同的意见，而是进行充分的沟通和交流，鼓励创造性的思维，提高团队决策质量，这也有助于推动团队成员对决策方案的理解和执行，提高组织绩效。

三、联络感情

没有人喜欢在冷漠、生硬、敌对的团队中工作。联络团队感情可以保持团队士气和热情，控制情感性冲突，从而提高团队绩效。具体应做到以下几点。

（1）尊重每个人，相互了解并体谅他人的难处。

（2）抽时间共处，这可以通过组织团队活动来实现。通过组织活动来联络团队感情一定要注意适度，太多的联络活动可能会让人们疲于应付，也让团队不堪重负。组织联络活动还要讲究策略，尽可能地让更多的人积极参与，获得大家的满意和认可，这样才能起到提高团队绩效的作用。

（3）要有丰厚的回报，包括物质的和精神的。

四、个人发展

构建一支优秀、稳定团队的关键因素之一是给个人提供广阔的发展空间。因此，在团队管理方面，最重要的一项职责就是要保证团队每一名成员得到发展。这样才能使成员获得较高的工作满意度，激发工作热情，创造更多的价值。个人的发展，不仅仅依靠经验的积累，还要借助目标设定、绩效评估及反馈程序等来实现。通过这三个程序，可以激发员工潜力，使其清醒认识自己的优点和不足，从而改善、提高自己，获得更大的发展空间。

五、激励

激励是团队管理中极为重要的内容，直接关系到创业企业的生死存亡。如何对创业团队进行有效激励，现在还没有固定的程序可以套用，但可以通过授权、工作设计、薪酬机制等诸多手段来实现。薪酬是实现有效激励最主要的手段，毕竟收益是创业成功的重要表征。在设计薪酬制度时，应考虑差异原则、绩效原则、灵活原则，最终目的是通过合理的报酬让团队成员产生一种公平感，激发和促进团队成员的积极性，实现对创业团队的有效激励。

课后延伸

1. 结合你的创业构想，组建你的创业团队。
2. 说明你团队的类型、优势和特点。

模块三　创业机会

▶ 第四章　创意与创业机会

第四章

创意与创业机会

你的时间有限,因此不要为别人而活。不要被教条所限,不要活在别人的观念里。不要让别人的意见左右自己内心的声音。最重要的是,勇敢地去追随自己的心灵和直觉,只有自己的心灵和直觉才知道你自己的真实想法,其他一切都是次要的。

——史蒂夫·乔布斯

学习目标

- 了解创意、机会、创业机会的概念及三者之间的关联
- 熟悉创业机会的类型及来源
- 掌握识别创业机会的方法和技巧
- 掌握评价创业机会的方法
- 掌握选择创业机会的方法和技巧

互动游戏

比比抓手

一、游戏目的

使学生正确认识自己的实力以及机会的评价、选择等。

二、游戏准备

准备编号的乒乓球若干只（用适当的方法在乒乓球上进行编号），并用塑料袋装好。

三、游戏程序

(1) 学生分成数量相等的若干小组。

(2) 教师请学生估计一只手能抓起多少只乒乓球,对学生的回答做好统计:最少的只数是多少,最多的只数是多少,回答每一个数字的人数又是多少。

(3) 教师让学生试着抓乒乓球（只能用一只手,不能用另一只手帮忙）,看他们能抓多

少个。

(4) 其他学生观察与他们先前的估计数字是否有出入。

四、游戏规则

(1) 不同编号的乒乓球代表不同的分值。

(2) 每个人只能抓一次，时间为10秒钟。

五、评分标准

A. 小组成员估计抓数与实际抓数的差值的绝对值的和越小越好。

B. 小组成员每个人抓数的分值和越大越好。

六、互动讨论

(1) 游戏中出现了什么样的情况？为什么？

(2) 给我们有何创业方面的启示？

七、游戏点评

(1) 学生在抓乒乓球前，一般都不能准确估计自己究竟能抓起多少只乒乓球，并且多数人低估了，如同我们往往不能准确估计自己的实力，面对机会往往会高估抓住机会的难度，而不去尝试，所以错过了很多机会。

(2) 每个球都有编号，不同的编号代表了不同的分值，学生在抓乒乓球时，有没有考虑要抓住分值大的乒乓球呢？同样地，不同的机会，其价值大小是不同的，人们面对众多的机会，是否能看清哪些机会的价值较大，并抓住他们呢？

(3) 现实中人们遇到的机会有很多，抓住了机会，就一定能挖掘利用这个机会的价值吗？事实上不见得。因为无论是个人还是企业，其能力总是有限的，所以不可能利用好每一个机会。人们只有在自身实力与掌握机会的难度两者间做出权衡，充分发挥自身的实力，做好自己力所能及的事情。

第一节　创意与创业机会的关联

一、机会概述

（一）机会的含义

一般来讲，机会是指某种事物在发展变化时，由其他事物的发生或者变化形成改变该事物的形态和事物发展方向的某种可能性。这种可能性通过人主观上的努力和参与而产生或促成，也要通过人为的努力最后变为现实。机会这种可能性的出现，往往由多种因素促成。不仅如此，在机会出现之前，经常还要人为创造条件来促成其形成。没有人为的参与和推动，事物就会朝着某个确定的方向发展，那将是事物发展的某种趋势，而不能称为机会。

机会本身的含义是指行事的际遇和时机，所以有着非常严格的时效性和条件性。错过了机会形成与存在的时间，各种组合条件中的某一个或几个发生了变化，机会就将失去，这也是"机不可失，时不再来"的道理。

（二）市场机会

市场机会是指市场上存在的尚未满足或尚未完全满足的需求。在这种概念下，迄今为止，国内外的经济理论界已经对其进行了相当深入的研究，并把这种因需求而存在的机会划分为环境与企业、潜在与现实、行业与边缘、当前与未来、全局与局部等多种类型，在如何寻找、识别和评价市场机会方面也给出了一些相应的办法。

二、创业机会概述

（一）创业机会的概念与特征

创业机会是指在市场经济条件下，社会经济活动过程中形成和产生的有利于企业经营成功的因素，是一种带有偶然性并能被创业者认识和利用的契机。创业机会具有以下特征。

1. 普遍性

凡是有市场、有经营的地方，客观上就存在着创业机会。创业机会普遍存在于各种经营活动过程之中。

2. 偶然性

对一个企业来说，创业机会的发现和捕捉带有很大的不确定性，任何创业机会的产生都有意外因素。

3. 消逝性

创业机会存在于一定的时空范围之内，随着产生创业机会的客观条件的变化，创业机会就会相应地消逝。

（二）创业机会的分类

1. 按创业机会的来源分

按创业机会的来源，创业机会可分为问题型机会、趋势型机会和组合型机会。

（1）问题型机会，是指由现实中存在的未被解决的问题所产生的创业机会。问题型机会在人们的日常生活和企业实践中大量存在。例如，顾客的抱怨、大量的退货、无法买到称心如意的商品、服务质量差等。在这些问题的解决中，会存在价值或大或小的创业机会，需要用心发掘。

★ 案例讲坛

小林的菜摊

河南一个林姓小伙子，夫妻两人到北京三里屯卖菜。卖菜是件苦差事，每天凌晨要到蔬菜批发市场进货。一天，因为某种原因进货时间稍晚了点，品相较好的菜都被别人买走了，他只得买了点个头较小的、品相不好的蔬菜。

当然，那天的生意不怎么好。然而，他却惊奇地发现，购买他的蔬菜的人却意外地比平时多，而且顾客大多是外国人。他了解，原来这些外国人知道，那些品相较好的菜是用了植物生长调节剂，那些个头较小的才是蔬菜的原貌。于是，他开始转变卖菜方式，把外国人作为目标顾客，专门批发个头较小的蔬菜，积累了一批外国顾客。

有些外国人到菜场购买蔬菜不方便，就建议他到老外集中区开一家蔬菜店。小伙子当然愿意，但却没有资金，这些外国人又自发资助他，他终于开始了自己的创业之路。现在，小林已经直接从国外进口蔬菜销售，并且开起了连锁店。

创业点评：北京有多少菜摊在卖菜？像小林遇到的问题又有多少人遇到过？但是，只有小林从中发现了机会，创业成功。同样的事情，有人看作困难、问题，有人看作机会。

（2）趋势型机会，是指在变化中看到未来的发展方向，预测到将来的潜力和机会。这种机会一般容易产生在时代变迁或重要领域改革的时期。在这种环境下，各种新的变革不断出现。能够及早地发现并把握这种机会的人，就有可能成为未来趋势的先行者和领导。

（3）组合型机会，是指将现有的两项以上的技术、产品、服务等因素组合起来，实现新的用途和价值而获得的创业机会。这种机会好比"嫁接"，对已经存在的多种因素进行重新组合，往往能产生与过去功能大不相同或效果倍增的结果。

2. 按目的—手段关系的明确程度分

按目的—手段关系的明确程度，创业机会分为识别型机会（目的—手段关系明确）、发现型机会（目的—手段关系有一方不明确）和创造型机会（目的—手段均不明确）三种。

（1）识别型机会，是指市场中的目的—手段关系十分明确时，创业者可通过目的—手段关系的连接来辨识机会。例如，当商品供求之间出现矛盾或冲突，不能有效地满足需求时，就会出现大量的创业机会。常见的问题型机会大多属于此类型。

（2）发现型机会，是指目的或手段任意一方的状况未知，待创业者去发掘机会。例如，一项技术被开发出来，但尚未有具体的商业化产品出现，因此，需要通过不断尝试去挖掘市场机会。

（3）创造型机会，是指目的和手段皆不明确，因此创业者要比他人更具先见之明，才能创造出有价值的市场机会。在目的和手段都不明确的情况下，创业者想要建立起连接关系的难度非常高。但这种机会通常可以创造出新的目的—手段关系，这将为创业者带来巨大的利润。

在商业实践中，以上三种类型的创业机会可能同时存在。一般来说，识别型机会多半处于供求尚未均衡的市场，创新程度较低，并不需要太繁杂的辨别过程，拥有较多的资源就可以较快进入市场获利。而把握创造型机会就非常困难，它依赖于新的目的—手段关系，而往往创业者拥有的专业技术、信息、资源规模等都相当有限，更需要创业者的创造性资源整合能力与敏锐的洞察力，同时还必须承担巨大的风险。发现型机会最为常见，也是目前大多数创业研究的对象。

三、创意、创新与创业机会

从广义上讲，任何时候社会都存在创业机会。但对个人来讲，由于所处的环境、个人具备的条件不同，创业机会也就不同。机会对每一个人都是均等的，关键是如何识别、抓住和把握机会。

(一) 创意的产生是机会识别的源头

在创意产生之前,机会的存在与否意义并不大。创意是具有一定创造性的想法或概念,其是否具有商业价值具有不确定性。

★案例讲坛

迪士尼的卡通创意

当年,年轻的美术设计师迪士尼因为经济拮据,与太太租住在一间破陋的屋子里。无论白天黑夜,都有成群结队的老鼠在房间里上蹿下跳,疲于奔命的迪士尼夫妇也常借着老鼠的滑稽动作慰藉心情。

一天,因付不起房租,他们被房东赶了出去。穷困潦倒的年轻夫妇只好来到公园,太阳西沉,夜幕即将降临,迪士尼夫妇几乎感到穷途末路。这时,从迪士尼的行李包里忽然伸出一个小脑袋,原来,那是他平时最喜欢逗弄的一只老鼠,想不到这只小老鼠跟着他们一起离开了公寓。迪士尼望着老鼠那滑稽的面孔,脑海里忽然冒出一个前所未有的创意,他惊喜地叫了起来:"世界上像我们这样的穷人一定不少,我们也得有自己的快乐,让可爱的老鼠去逗我们开心吧。"

第二天,迪士尼便开始了别出心裁的创作。不久,一个活泼可爱的"米老鼠"(Mickey Mouse)卡通形象来到人间,一家公司老板慧眼识珠,特邀迪士尼合作制作米老鼠卡通连环画和电影。迪士尼由此开始了自己的创业生涯。

(以上信息根据网络资料改编)

创意不一定就是创业机会,从某种意义上说,机会是创意的一个"子集"。创意仅仅是一个创业工具,要将创意转化为良好的市场机会是一项非常艰巨的工作。因为新颖、独特的创意如果没有市场需求,也不会有市场。也就是说,一个好的创意未必就是一个好的市场机会。尽管大多数情况下,机会源于创意,机会可以满足创意的诸多特征,如来源广泛、具有较强的创新性、未来的发展带有很大的不确定性等,但是,机会拥有大多数创意所不具备的一个重要特征,即能满足顾客的某些需求、具有市场价值。这就是创意和机会之间最重要的差别,这一特征使有价值的商业机会从众多创意中脱颖而出,成为创业者关注的焦点。因此,从众多创意中寻找值得关注的机会,是创业者选择创业道路、实施创业战略的第一步。

中关村一家经销商与北京大学的学生合作开发了能够在黑暗中发出荧光的键盘,这样,在黑暗中,计算机的使用者不用开灯就可以敲打键盘。这个创意很好,但显然这样的键盘成本一定比普通键盘高,而经常使用计算机的用户绝大多数可以基本实现盲打,因而市场需求不会很好,这个产品也始终未能获得成功。

因此,在把创造能力和创新精神转化为创业机会的过程中,发现好的创意只是第一步。创业者还要具备甄别机会的能力,也就是说要学会分析创意是否具备对用户的价值与对创业者的价值。

创业机会是具有商业价值的创意,表现为特定的组合关系。看到机会,产生创意并发展成清晰的商业概念意味着创业者识别机会,至于发展出的商业概念是否值得投入资源开发,是否能成为有价值的创业机会，还需要认真论证。

商业机会是指存在于某种特定的经营环境条件下，企业可以通过一定的商业活动发现、分析、选择、利用，为企业创造利润和价值的市场需求。

创业机会属于商业机会的范畴，是一种特殊的商业机会。根据价值创造流程的目的—手段关系，商业机会代表着目的—手段的任何局部或全盘变化，而创业机会则是对目的—手段关系的全盘甚至是颠覆性的改变。创业机会和商业机会之间存在紧密联系，创业机会能够带来超额经济利润，是孕育一般商业机会的源泉，而一般商业机会则注重改善现有的利润水平。

（二）创新与创业机会

1. 创新是创业的动力和源泉

创新是创业的动力和源泉，是创业的本质。创业通过创新扩展商业视野、获取商机、整合独特资源、推进企业成长。创新能力是最重要的创业资本，创业者在创业过程中需要具有持续旺盛的创新精神、创新意识，需要独特、活跃、科学的思维方式，这样才可能产生富有创意的想法和方案，才可能不断寻求新的思路、新的方法、新的模式、新的出路，最终获得创业成功。

2. 创新的价值常常体现于创业

创新的价值就在于将潜在的知识、技术和市场机会转化为现实生产力，实现社会财富增长，造福人类社会。通过创业实现创新成果的商品化和产业化，将创新的价值转化为具体、现实的社会财富。创业者必须有能发现潜在商业机会并敢于冒险的特质，科技创新成果也必须经由创业者推向市场，使其潜在的价值市场化，使创新成果转化为现实生产力。

第二节 创业机会的来源

一、技术变革方面

（1）新技术替代旧技术，如数码摄影、数字手机。

（2）实现新功能、创造新产品的新技术出现，如互联网。

（3）新技术带来的新问题：新技术有利有弊，如何消除弊端，并使之商业化？例如，互联网上有不良信息传播，所以出现了网络信息过滤软件等；手机、电脑有辐射伤害，所以市场出现了防辐射衣服等相关产品。

二、政府政策变化方面

（1）对某些行业进入限制条件的放宽、监管政策的放松，如民用航空、资源开采、民办教育、保险、金融等。

（2）政策导向的变化，如价格双轨制、国有企业改制、节能减排、计划生育（育儿培训）、住房制度改革、资格证书制度（培训市场）等。

三、社会和人口因素的变化

（1）妇女解放：家政、洗衣、美容、健身。
（2）寿命延长：养老中心、老年人用品市场。
（3）饮食文化：素食产品产业、有机动植物培育产业、健康养生产品等。
（4）社会发展的新要求：高端产品、留学热、私人订制等。

四、市场需求条件

（1）市场出现了与经济发展阶段相关的新需求，如农村经济发展带来了家电、农用机械的畅销，居民可支配收入增长使得少儿特长教育、留学服务、旅游成为热门消费。
（2）当期市场供给缺陷产生的新的商业机会，如供不应求的小市场机会。
（3）先进国家、地区产业转移带来的市场机会，如先进国家、地区环保、劳动力成本高，竞争压力大，将此产业引入落后国家、地区。
（4）从中外差距中寻找隐含的商机，如保险、税务代理、管理咨询、个人理财顾问等。

★案例讲坛

【案例1】 高中毕业后干起家电维修的小胡和小姜，每天都以修收录机、电视机为生，但前者是一个经营上的"不安分者"，后者是一个循规蹈矩的"老实人"。不久前，小胡又突发奇想，寻找到新的商机。他发现当地的农民用上了自来水后，将来就有可能使用洗衣机，有洗衣机便会有维修洗衣机的业务。于是，他买回本地市场上常见品牌的洗衣机供周围的人使用，目的之一是让人们尝尝洗衣机的甜头，目的之二是学习洗衣机的结构、保养和维修。果不其然，一年后，一台台洗衣机进入农村，维修业务几乎全被小胡包揽了，而小姜只能眼睁睁看着自己失去一次扩大维修范围的机会。

（以上信息根据网络资料改编）

讨论：为什么"不安分"的小胡能够成功，"老实人"小姜却没有成功？这说明了什么？

【案例2】 许小姐一门心思想做老板，经过7年的努力工作和省吃俭用积蓄了一笔资金，其中10万元用于注册资金，5万元用于流动资金。她认为，个人创业必须有丰富的工作经验。所以在过去的工作中，她总是分内分外的事全都抢着干，从不计报酬，尤其是经营方面的事，她更是竖着耳朵听，目的就是多学点本事，为自己开公司做准备。另外，她认为个人创业必须有一个好的项目，所以选择了一个当时的朝阳项目——房地产租赁咨询。

在办齐所有手续后，她勤勤恳恳努力工作，但她怎么也没想到，最初的3个月几乎没有生意，直到第6个月才稍有收入，可生意很不稳定，半年来，她赔了3万元。她开始动摇了，觉得自己是在靠天吃饭，靠运气吃饭。她认为做生意不应该是赌博，肯定是哪儿弄错了。她不想再这样干下去，她认为不能等到这15万元都赔光的时候才行动，她要去弄明白问题到底出在哪里。第7个月，她关掉了公司。

（以上信息根据网络资料改编）

讨论：徐小姐为什么失败？她适合做老板吗？

第三节 创业机会的识别

一、发现创业机会

投资创业要善于抓住好的机会，把握住了每个稍纵即逝的投资创业机会，就等于成功了一半。发现创业机会的方法，具体表现在以下几个方面。

（一）变化就是机会

环境的变化会给各行各业带来良机，人们透过这些变化可以发现新的前景。变化可以包括：产业结构的变化；科技进步；经济信息化、服务化；价值观与生活形态变化；人口结构变化。

（二）从"低科技"中把握机会

随着科技的发展，开发高科技领域是时下热门的课题，但机会并不只属于高科技领域。在运输、金融、保健、饮食、流通这些低科技领域也有机会，关键在于开发。

★案例讲坛

"倒腾"二手货解决了生活费

"向毕业生购买二手自行车，进价平均40~50元，然后再卖给新生和有需要的老生，每辆车可赚30元。2011年一学期就卖了200多辆，"浙江商业职业技术学院金融专业的小戴同学告诉记者，"每年放假和开学时，都是我的旺季。"

大二时，经学院创业指导老师的指点，小戴开始运营一个二手书的项目，也就是回收废弃的教科书，再折价转卖给书店。

这个项目的商业模式很简单，通过废品收购站、离校的同学等渠道，以低价收购各类被"抛弃"的图书、字典、学习资料等，再筛选整理出一个图书分类表。然后，通过宣传，以远低于新书的价格销售给有需要的同学。"销售情况非常好，尤其是英语四、六级考试资料，以及字典之类的工具书，很受同学们欢迎。"小戴告诉记者。

生意做大以后，小戴还兼营库存图书销售之类的"大生意"及各类二手货的销售。小戴卖的二手用品十分丰富，大到电脑，小到网球拍、溜冰鞋，还有台灯、被子等必备用品，生意出奇地好。小戴说："我们团队一共四个人，通过创业基本解决了生活费的问题。"

（资料来源：新浪博客，2017年3月16日）

讨论

（1）你是否愿意从这种"低科技"领域入手进行创业？
（2）会不会因为创业项目不够"高大上"而担心受人嘲笑？
（3）你身边还有哪些类似的领域可以进行创业？

（三）集中盯住某些顾客的需要就会有机会

机会不能从全部顾客身上去找，因为共同需要容易认识，基本上已很难再找到突破口。

实际上每个人的需求都是有差异的，如果我们时常关注某些人的日常生活和工作，就会从中发现某些机会。因此，在寻找机会时，应习惯把顾客分类，认真研究各类人员的需求特点，机会自会显现出来。

（四）追求"负面"就会找到机会

追求"负面"，就是着眼于那些大家苦恼的事和困扰的事。因为是苦恼、是困扰，人们总是迫切希望解决，如果能提供解决的办法，实际上就是找到了机会。

★ 案例讲坛

小小神童洗衣机，专为宝宝健康而生

伴随着国家"全面二孩"政策的开放，以及宝妈们消费理念的变革，母婴专用洗衣机愈发受到用户的认可。虽然母婴类洗衣机频出，但因行业标准缺失，市场上的母婴洗衣机"鱼龙混杂"。

海尔免清洗全自动3公斤（3千克）小小神童洗衣机采用香槟金钢化玻璃上盖配合瓷光白机身，抗压抗划，不易褪色。它采用免清洗系统，以智慧球科技为核心，从内桶防止污垢附着，有效去除污渍，保持内外桶始终洁净如新。它搭载特渍洗和尿布洗程序，有效去除顽固污渍及尿渍，强力洁净宝宝贴身衣物。用户可根据衣物脏净程度，自行设定洗涤时间、漂洗次数、脱水时间。同时，它还搭载一键 iwash 智能记忆，常用洗衣程序一键启动，简单智慧。三档水位，默认为中水位，用户也可据衣物脏度和多少，自由选择高、中、低水位。2～24小时预约洗涤，预约时间结束即可完成洗衣。

如何轻松清洗宝宝的衣物是宝妈们迫切希望解决的问题，海尔集团能提供解决的办法，就能找到创新的机会。

（以上信息根据网络资料改编）

二、选择创业机会的原则

选择好的创业项目应该遵循以下四个基本原则。

1. 市场原则

以满足市场需求为前提，重点发展需求量大、发展前景广阔的产业或项目。

2. 效益原则

讲求投资项目有较高的投入产出比，即投资要讲究一定的回报率。

3. 符合国家产业政策原则

重点发展国家产业政策鼓励、支持的产业或项目，回避国家产业投资明确限制和压产的项目。

4. 充分利用当地资源优势和业主自身优势的原则

选择自己熟悉并拥有资源优势的项目，不盲目追求社会经济热点，以避免决策失误，浪费劳动和投资。

三、把握创业机会

创业者不仅要善于发现机会,更需要正确把握并果断行动,将机会变成现实的结果,这样才有可能在最恰当的时机出击,获得成功。

(一)着眼于问题把握机会

机会并不意味着无须付出代价就能获得,许多成功的企业都是从解决问题起步的。问题,就是现实与理想的差距。顾客需求在满足之前就是问题,而设法满足这一需求,就抓住了市场机会。

★案例讲坛

女研究生建自行车驿站,一年骑出百万元

改变,始于一次骑行

2013年1月,参加完研究生入学考试的第二天,小侯决定到海南环岛骑行,庆祝考试结束。虽然之前只到兰州附近骑行过一次,但她还是深信能在海南完成一次骑行。没想到的是,这一次骑行彻底改变了她的生活,让她由鄂妹子变成了海南媳妇。

"帅哥,我租辆自行车。"至今她还清楚地记得到海口美祥路一家自行车租赁店租赁自行车的场景,当时的自行车店老板小陈,大伙都叫他"虫子"。

热情好客的"虫子"见到小侯,不停地向她推荐骑行线路,并提醒骑行过程中需要注意的事项。当了解到她是只身一人来海南骑行后,决定免费当向导,陪她骑行去三亚。

土生土长的"虫子"是海南万宁人,对线路非常熟悉,骑行过程中时刻关心她,和她一起赏美景、尝美食。

"'虫子',不如我们建个驿站吧!"第一次骑行之后,她把开驿站的想法告诉了"虫子"。原来,在骑行过程中,她发现骑行驿站比较少,加上没有地方休息,导致在骑行过程中不是很顺心。而和她有同感的,还有许多骑友。

经调查,小侯发现,每年12月到次年3月,约3万国内自行车爱好者到海南环岛骑游,租车、住宿是必需的环节。如果开一家集环岛自行车出租和环岛青年旅舍于一体的骑行驿站,一定有市场。

两人意见统一后,她开始在岛上做调查,发现没有一家把租车和住宿结合起来的驿站。此外,如果在环岛游的线路上开连锁店,解决游客异地还车不便的问题,一定更有市场竞争力。

"在哪里建驿站比较合适呢?"两人开始在海口地区寻找地方,考察再考察,商量再商量……

2013年1月,两人在新埠岛租了一栋毛坯别墅改造成驿站。别墅有600平方米、7间房,可以安放40个床位。

启动资金不足就刷信用卡来解决。为了节省开支,驿站的设计装修全靠自己,墙自己刷,再请朋友帮忙在墙上绘画,从租房到装修一共花了15万元。

为了铭记创业历程,驿站里每间客房的名字都别出心裁:经费不足、资金短缺、预算不够……

经过半年的努力，2013年7月，海口517驿站开业。没铺瓷砖的水泥地板被擦得锃亮，色调明快的小装修让人觉得温馨如家，40个床位干净整洁，100辆自行车整装待发。

伙伴变爱人，共圆青春之梦

驿站成立一个多月，生意惨淡，前来住宿、租车的旅客寥寥无几。经过与多位骑友沟通，小侯找到了原因。"游客来之前大都在网上订好了自行车和住宿，我们几乎没做推广，所以生意不好。"小侯说。于是，她开始尝试在各大网站论坛特别是骑行论坛上推荐自己的驿站。

经过多次推广介绍之后，生意开始有了起色，陆续有骑友过来租车住宿。"硬件不足，服务来补。"小侯说，热情周到的服务是驿站一大特色。因为两人都爱好骑行，熟知海南情况，能给每一位骑友提供详尽的骑行攻略。驿站的名字很快在骑友中传开，甚至韩国、哥伦比亚的友人都慕名而来。现在，驿站的墙壁上满是可爱的涂鸦和旅客留言，由于来的客人太多，连天花板都被写得密密麻麻。

在驿站的创办过程中，小侯发现身边这个木讷的"理工男"动手能力强、人品好；而小陈觉得身边这个"女汉子"有主意、能吃苦，共同的爱好、共同的事业，让小侯和小陈由伙伴变成了恋人，进而变成了夫妻。

截至2017年，海口517骑行驿站有500辆自行车，两人在三亚还开了一家直营店，在文昌、博鳌等地有3家加盟店。说到新年打算，小侯表示下一步将在环岛骑行的中线和西线开5~10家驿站，到时候骑友就能享受到更加便捷的服务，同时在跟旅行社洽谈合作，拟推出骑行旅游专线等。

如今，学校已开学，小侯除了要经营好驿站，还要加强学习，她觉得在创业的同时不能将学业落下。

小侯深信，"我要骑"一定能借助国际旅游岛的建设发展起来，生意将会越来越好。

小侯从自身的骑行经历入手，发现了现有骑行驿站的问题，如数量少、缺少休息的地方、服务不到位等，因而针对这些问题开设自己的骑行驿站，并侧重于解决上述问题，进而取得了成功。当然，小侯能够分析出现现有骑行驿站的问题，一方面是她注重观察身边骑友对此的态度，另一方面也对市场做了比较充分的调研准备。遇到商机需要先做市场调研，否则不了解市场的供求状况，很容易走弯路。通过市场调研可以发现问题，发现原来创业设想中不合理的部分，并及时改正。在创业之初，小侯就有较充分的调查，规避了一些可能存在的风险，为以后的创业打下一个坚实的基础。很多创业者认为花费时间做市场调研会消磨自己的创业热情，其实做市场调研也是创业的一部分，对市场需求都不了解，只能是闭门造车，这样反而会增加创业的风险，甚至导致创业失败。

（资料来源：央广网江西分网，2015年5月19日）

讨论：在不考虑可行性的前提下，你能否发现一些能够填补市场空白的创业项目？

（二）跟踪技术创新把握机会

世界产业发展的历史告诉我们，几乎每一个新兴产业的形成和发展，都是技术创新的结果。产业的变更或产品的替代，既满足了顾客需求，也带来了前所未有的创业机会。

(三) 在市场夹缝中把握机会

创业机会存在于为顾客创造价值的产品或服务中，而顾客的需求是有差异的。创业者要善于找出顾客的特殊需要，盯住顾客的个性需要并认真研究其需求特征，这样就能发现和把握商机。

(四) 利用变化把握机会

变化中常常蕴藏着无限商机，许多创业机会产生于不断变化的市场环境。环境变化将带来产业结构的调整、消费结构的升级、思想观念的转变、政府政策的变化、居民收入水平的提高。人们透过这些变化，就会发现新的机会。

★ 案例讲坛

"80后"海归白手起家创立洋行

小王的创业路，是从进口橄榄油开始的。

"2013年10月，我从美国堪萨斯州立大学毕业，回国后便在上海自贸区开始了第一份正式的工作，是做进口食品。"小王透露，在自贸区工作的那段时间，他发现这些生鲜进口食品在台州也有很大需求，并且这块市场还处于空白状态。

小王说，当时的台州与上海等一线城市有些区别，市场上售卖的进口食品多为预包装食品，缺少进口生鲜，因此具有消费能力的台州人缺乏购买进口生鲜的渠道。

在这样的状况下，小王瞄准了进口生鲜食品的市场，创立了自主品牌"王记洋行"，他对这一市场充满了信心。"虽说现在流行网上购物，但生鲜与常规的产品不一样，追求高品质的海鲜、肉制品者，都会倾向于线下购买。"因此，他将市场定位于高端的进口生鲜。

在王记洋行不断发展的同时，小王遇到了三位合伙人，这也成了他事业发展的一大契机。

"一次偶然的机会，我认识了三位朋友，一位从事餐饮事业20余年、一位从事红酒销售、一位经营着KTV。"小王说，大家聚在一起就有了一个想法：我们这边有食材、有美酒、有音乐，那我们是不是可以把这些资源整合到一起，由从事餐饮的朋友把它规划一下。四人一拍即合，便开始悦世荟的筹备。

"我们希望在台州打造这样一个地方：在这里可以吃到高品质的美食，又可以享受到音乐。"

为了达到这样的效果，悦世荟的筹备时间着实不短。"首先在装修方面就花了很多心思。"小王说，由于在美国住过几年，对于美式的装修风格十分喜欢，整个装修基本采用简单的钢筋、水泥、红砖，配合稍微温暖一点的灯光，暖光系的风格配上优质的家居，显得十分休闲。

但这一简单的呈现方式对很多台州的工艺师傅来说却挺陌生，为了让其更好地领会悦世荟的风格，几个合伙人多次把台州的工艺师傅、铁艺师傅带到上海去学习。"悦世荟的整个架构就是用铁艺焊起来的，我们给出的一些想法经常做出来的效果不如人意，要拆掉重新做。基本上每次涂料、颜色不满意都要重新上一遍。灯具、沙发都是定制的……"

为了能够给顾客一个别致的地方，让食客能够品到好酒，享受到好的食物，获得更好的体验，在提供美酒美食的前提下，悦世荟每天晚上6点到9点都安排有驻唱。"为歌手准备的东西也是比较齐全的，不仅有先进的音响设备，同时在后面放了一个10平方米的液晶屏，进一步把舞台的氛围烘托出来。"

小王介绍，像"外婆家"等知名餐饮店都是大厅式的，没有包厢，但鉴于不少台州人的就餐习惯，一些商务宴请等不希望在嘈杂的环境里面就餐，希望能够在私密一点的空间里面，因此，餐厅分为包厢和大厅两种餐位。

2015年12月24日，悦世荟正式开业。"营业以来每天晚上都要排队的。"小王笑着说。

随着我国经济的发展，人们生活水平的提高，人们的消费能力也有着大幅的升级。在此背景下，小王看到了台州的新变化，并从变化中看到了市场上未能满足人们需求的机会，即具有消费能力的台州人缺乏购买进口生鲜的渠道。基于此，小王结合自己在国外积累的资源把产品引入国内，填补本地市场的空白，最终获得了市场的认可，取得了创业的成功。

（资料来源：百度文库，2019年2月16日）

讨论：尝试从自己熟悉的地方、领域入手，如自己的家乡等，看是否有可以向别处转移、形成填补其空白的创业项目。

（五）捕捉政策变化把握机会

市场受政策影响很大，新政策出台往往会引发新商机，如果创业者善于研究和利用政策，就能抓住商机站在潮头。

（六）弥补对手缺陷把握机会

很多创业机会是缘于竞争对手的失误而"意外"获得的，如果能及时抓住竞争对手策略中的漏洞而做文章，或者能比竞争对手更快、更可靠、更便宜地提供产品或服务，也许就找到了机会。

★案例讲坛

酒仙网5周年：互联网创业抓住与没抓住的机会

2014年8月5日是酒仙网5周年店庆的日子，本该对酒仙网过去几年的业绩和努力点赞，但也不得不指出，在其辉煌业绩的背后，酒业电商渠道正在发生着巨变。曾经引以为傲的B2C模式在物流成本更低廉的O2O模式面前，已经不再具有绝对优势，而酒仙网的O2O业务"酒快到"也存在模式层面的缺陷。

酒仙网抓住了什么机会？

酒仙网成立于2009年，创始人郝鸿峰当时面临的最大问题是，在一个代理体系和价格体系都非常严密的卖方市场上，谁会在以低价格为竞争优势的互联网上卖白酒？

初期大品牌都不愿直接供酒给酒仙网，于是郝鸿峰采用了打擦边球的方式，为白酒电商争取到了第一条出路。酒厂不合作，他就借助自己的资源，找大渠道商拿货；又自己花钱买酒，把一些高档白酒收入库存，假以时日以"老款"在网上低价销售，聚拢人气；同时，坚决维护酒厂"形象产品"的价格，让酒厂提供网络专供产品，不但与线下产品区隔，还保证了利润。

另外，郝鸿峰选择从区域性白酒品牌开始拓展机会。中国白酒市场庞大，几乎每个区域都有达到一定规模的品牌。目前全国注册的白酒酒厂有1万多家，而产品品类更是超过10万个。酒仙网组建了一个100多人的采购团队，负责去寻找全国各地的区域品牌白酒。

同时，为了吸引传统酒企加入电商，2011年，酒仙网推出了一套电子商务整合营销方案，即为客户组建一个团队，对不同客户提供量身定制的个性化服务，帮助酒企实施全套电子商务方案，包括产品包装、定价、口味、运营策略，完成全国性推广和市场化建设。

这样一来，酒仙网与许多区域中小酒商建立了良好的合作关系，为酒仙网今后的发展奠定了基础，以农村包围城市的方式逐渐搞定了供应链上游资源。

但酒仙网的电商模式是垂直B2C：消费者在酒仙网的官网下订单，酒仙网负责配送。这就意味着酒仙网必须花大力气建仓储和物流。郝鸿峰很会利用资本的力量，到2012年，酒仙网先后完成三轮近十亿元的融资，大头都花在了扩建仓储、物流基建上。北京、上海、广州、武汉、成都的集中仓建成，基本能在全国大多数地区实现24小时送达。

虽然资料显示，酒仙网卖酒已盈利，但巨大的物流成本却拖了后腿。不过，"赔钱赚吆喝"一向是电商的起步法门，酒仙网2012年15亿元的销售额已经激发了酒类电商的热情。

而决定酒仙网目前酒类电商B2C霸主地位的策略，则是郝鸿峰决定与各大第三方电商平台合作，独家代理经营酒类业务，几乎垄断了白酒企业在网上销售的渠道。通过签独家网络代理，把上游酒水截流，开展平台独家运营，来为自己打通下游通道，酒仙网可谓搭出了一个利润、规模、效益最大化的"大坝"。

之后，更大的变化则来自政策：受"三公"消费限令等政策影响，2013年，白酒尤其是高端白酒的销售陷入了前所未有的低谷，白酒行业稳固的体系遭受重创，行业内并购潮迭起，大小酒厂纷纷找出路——做小酒、"回归"大众市场，以及尝试电商。酒仙网也因此成为酒厂争相合作的对象，成为当之无愧的酒类电商No.1。

酒仙网没抓住什么机会？

"酒类O2O是个伪命题！"郝鸿峰曾公开表示O2O线下店的租金费用和人力成本"是走回头路"。对此，在2013年发力O2O的中酒网COO王泽旭也意有所指地回应：酒类B2C最致命的是物流成本，而O2O可以把成本从几十上百元降低到5元，这正戳到了酒仙网运营成本过高的痛处。

正如上文所说，卖酒虽然盈利，但巨大的物流成本并不是酒仙网这样的垂直电商承担得起的。为此，郝鸿峰不得不重新审视酒仙网的"位置"。

酒仙网的优势在线上，其B2C积累下来的品牌影响力、上游供应商和线上超过400万的忠实用户，都为其转型提供了先天优势。2014年3月，郝鸿峰一改对O2O的"偏见"，推出了自己的O2O战略——移动客户端APP"酒快到"，甚至宣称"9分钟送达"，但O2O的线下门店，酒仙网可谓是从零做起，早已错过了布局的最佳时机。因此，"酒快到"的门店是与如街边店这样的小型实体酒类零售商合作。

按郝鸿峰的说法，通过"酒快到"，消费者可以查找附近5千米范围内的酒类零售店铺，实现就近消费，并可享受送货上门服务。理论上讲，这就如同使用大众点评一类的 LBS（Location Based Service，基于位置的服务）应用一样，消费者可以挑最近的买，也许就是自家小区的某个店铺，那么9分钟送达也是有可能的。

但其商业模式的隐忧则来自其和线下门店的关系。如郝鸿峰所言，就如同打车软件和出租车的关系，酒仙网仅是提供一个平台，"酒仙网不参与门店的配送、顾客的上门体验及付费"，而通过服务这些零售商来服务厂家和经销商。

但这样的模式缺失了O2O最关键的一条：物流供应链。卖产品的O2O模式不同于团购类那种卖服务的O2O模式，由于卖产品的O2O模式的关键是降低物流成本和提供用户从订单到配送整个过程的良好体验，因此，它需要在货源、门店、配送上更加统一，控制力也更强。

而且，不管是门店规模还是控制力，都只是酒类O2O要突破的第一关，更重要的是后期对终端门店的产品信息管理，因为这可能对用户体验直接产生影响。

一方面，终端的产品是在不断变化中的，库存、配送等都是动态数据，线上展示是否能及时反映终端情况决定了用户体验的优劣。另一方面，现在的O2O大多整合传统渠道，而传统经销商们习惯了"打款、进货、卖货"模式，在配合O2O严密紧凑的系统管理上还需要适应时间。

这种后端更精细化的比拼，或许才是酒业电商O2O模式在未来分出胜负的关键。

（资料来源：无忧考网，2015年10月16日）

讨论

(1) 如何看待酒仙网没能抓住的机会？

(2) 酒仙网没能抓住机会的根本原因是什么？

(3) 通过查阅相关资料，尝试分析酒仙网可以结合时下哪些趋势或热点，捕捉新的发展机会。

第四节 创业机会的评价

一、定性方法

评估内容：通过前期调研分析，确定该创业机会所必须具备的成功条件；分析本企业在该市场机会上所拥有的优势；公司创立之后所拥有的竞争优势；分析与本公司的发展方向和目标是否一致。

二、定量方法

评估内容：在初步拟定营销规划的基础上，从财务上进一步判断选定的机会是否符合创业目标，一般通过量、本、利进行分析。

（一）市场需求量预测

通过市场需求量的预测，可以了解该机会所面临的市场状况及市场潜力，也是进行经济效益分析的基础。市场需求量的预测可以运用一定的数学方法来进行，主要方法有趋势预测法、因果预测分析法、市场调查分析法和判断分析法等。

（二）运行成本分析

运行成本分析主要研究利用该机会所需要付出的资金人力成本，应从投资成本、生产成本和营销成本三方面进行分析，可采用专门的成本预测方法，如直线回归法和趋势预测法等。

（三）项目利润分析

在市场需求量和成本的预测基础上进行利润核算，一般可采用损益平衡模型、简单市场营销组合和投资收益率等方法进行分析。

三、阶段性决策方法

阶段性决策方法要求创业者在创业机会开发的每个阶段都要进行机会评价。一个创业机会是否能够通过每个阶段预先设置的障碍，在很大程度上取决于创业者经常面对的约束或限制，如创业者的目标回报率、风险偏好、金融资源、个人责任心和个人目标等。

★案例讲坛

90后创业团队打造"校园神器"

"今天上什么课？""还在翻纸质版课表，太out了，快装'小安'！"最近走在安徽大学的校园中，如果手机里没有这么个"校园神器"，绝对会被同学们的聊天内容弄蒙。这款软件得到了大学生们的一致好评，还能足不出户轻松搞定借书、叫外卖的事。

只需要输入学号和密码就能轻松查阅专业各科考试成绩，大学生最健忘的课程安排也一字不差地列在"课程表"选项中。清爽的界面下，还涵盖了分数查询、图书借阅、失物招领等多个校园通知选项。

除了便利在校生的学习生活，这款校园软件的另一个功能同样被大学生们"叫好"——表白墙。

90后创业团队打造"校园神器"

想问问"口袋小安"有多火？从2012年3月1日公开运营以来，短短一个月时间里已经拥有了1 700多名"粉丝"，目前已经开发出安卓版本。令人惊讶的是，这款集生活服务、学习和社交于一体的"校园神器"的研发者，是安徽大学本科在读的几名90后，这个名叫"doBell"的创业团队，成员是8名计算机与科学学院学生和1名商学院学生。

"研发这款软件的初衷，实际上就是想通过所学知识方便同学的校内生活，也算是我们留给母校的一个礼物。"负责本次研发的小陈这样说，"研发创意团队其实早就有了，真正实施是在今年寒假。大一时自己和队友就对编程充满好奇，当时便组了'doBell'这个团队。"

小陈说："我们现在正拿着这个项目参赛，今后很有可能会投入市场运营，接下来还将陆续推出正在测试的苹果版本。"

希望这项成就能印在录取通知书上

"希望我们毕业后,这款软件依旧能留在安大,成为同学们校园生活的一部分。"对于软件的未来,已经读大三的小陈有着明确的定位。

他告诉记者,这不仅是送给母校的"纪念",同样也希望有更多的用户能体验其中的便捷。"现在我们正在和学校沟通,等待后续的内容研发完成后,会通过二维码等形式印在安大的录取通知书上,成为新生入学的一款必备软件。"相对应地,他们也会开发新功能,包括校园地图、报到手册、防骗手册等。

小陈的创业团队研发的这款软件依托校园生活学习,充分发掘同学们身边的各种需求,并结合自身的专业知识,开发应用软件,不仅学以致用,同时也为自己的创业之路开启了崭新的篇章。

(资料来源:98创业网,2014年4月14日)

讨论:你如何看待"口袋小安"这个创业项目?

第五节 创业机会的选择

一、筛选出较好的创业机会

一般而言,较好的创业机会多有五个特点:一是在前景市场中,前五年中的市场需求会稳步快速增长;二是创业者能够获得利用该机会所需的关键资源;三是创业者不会被锁定在"刚性的创业路径"上,而是可以中途调整创业的"技术路径";四是创业者有可能创造新的市场需求;五是特定机会的商业风险是明朗的,且至少有部分创业者能够承受相应风险。

二、筛选出利己的创业机会

面对较好的创业机会,特定的创业者需要回答四个问题,一是创业者能否获得自己缺少但他人控制的资源;二是遇到竞争时,自己是否有能力与之抗衡;三是是否存在自己可能创造的新增市场;四是自己是否有能力承受利用该机会的各种风险。

★ **创业智囊**

投资大佬从《2017年政府工作报告》看到的未来机会

2017年3月5日,《2017年政府工作报告》正式发布,在这篇超1.8万字的报告中,去产能、去库存、降成本、国企改革、投资、消费、创新、环保、医疗等话题都被明确提及。

在这一关乎各个行业的"行动纲领"中,哪些会成为一级市场投资人所关注的焦点?政策导向背后又会给他们投资的领域带来哪些新变化?记者采访到多家机构投资人,共同解析政府工作报告下的投资机会。

互联网+利好私募股权行业

"'互联网+'再次在政府工作报告中被提及,对于私募股权行业是利好的。"晨晖资本创始管理合伙人晏小平开门见山地说道。

在晏小平看来，国家的"互联网+"行动推进了几年，从报告的表述可以看出，对其内容有了进一步的完善，将"互联网+"与国家大数据战略、《中国制造2025》及"双创"政策结合，有助于中国经济的由虚转实，鼓励产业的转型和升级。

晏小平说，现在中国的经济放缓，创新力不够也是其中一个原因。创新，不仅短期内对公司的发展起到提升作用，更可持续地促进中国经济的发展。希望在此政策引导下，中国能够产生更多有创新力、有国际影响的公司，如华为和联想这类企业。

反观晨晖资本的投资策略，恰与政府工作报告提及的内容十分契合。据晏小平介绍，晨晖资本自2015年创立后，旗下两支基金共投资19个项目，其中8个项目挂牌新三板，6~7家企业将在年内申报IPO，而投资的重点就在TMT领域，"大数据和物联网都是重点关注的范畴，先后投资的专业网络和云计算服务商犀思云，以及关注建造行业BIM应用的服务商鲁班软件等，都正好迎合了国家的战略。"晏小平说。

此外，对于深化多层次资本市场改革，晏小平表示非常支持，这将有利于资本市场朝更加规范化的方向发展，也有利于企业发展信心的建立。"我们是支持者，也是践行者。"晏小平说。

传统产业、行业升级带来的投资机会将提速

联想集团副总裁、联想创投投资业务总经理宋春雨对这份报告用了"务实"二字来概括。联想创投定位全球科技产业基金，以科技产业投资为主。在宋春雨看来，"国家对于创业创新的支持力度前所未有，未来中国会更关注以科技和创新为核心竞争力的驱动型新产业，或者已有传统企业的升级和战略新兴产业，让科技创新的力量助推中国改革和产业的升级。"同时，他认为目前看来，国家会严格筛选拟上市企业，但降低了上市公司的准入门槛，"主板市场趋向注册制机制来解读，这对基本面优秀的拟上市公司是一个重大利好。"宋春雨说。

此外，在宏观层面，宋春雨认为，国家对国企混合所有制改革有了前所未有的力度，而电信、军工厂民用、航天等领域可能率先开始混改。

另一方面，国家区域化地打造面向未来科技创新的区域，如粤港澳，就好像美国硅谷的旧金山湾一样，"粤港澳有难得的全球一体化的科研人员，深圳又是中国最具有改革活力的城市，拥有腾讯、大疆科技等企业，还有传统IT电子制造业，如果能提出'打造中国的大湾区'这样的概念，是重大的利好。"宋春雨说，事实上，联想创投在两三年前就已开始布局，建立了港深一体化孵化器——联想创投加速器，其中已有医疗大数据和图像人工智能识别的视见科技等优秀项目。

同时，细数未来，宋春雨也分享了透过政府工作报告，联想创投所捕捉到的投资机会。

第一，针对未来的战略新兴产业，是非常利好的机会，"人工智能、大数据、集成电路等，这些产业较之欧美、日本有差距，国家释放的信号非常清晰，这是我们认为的持续重大的投资机会。"目前，在战略新兴产业方面，联想创投已投资了中奥科技等。

第二，加快对传统产业、行业升级带来的投资机会。据宋春雨介绍，联想创投最近两三年开始也加速了这部分的投资，例如，投资了蔚来汽车，它会从新能源和智能驾驶两个领域去升级传统汽车的制造业。

第三，特别关注"一带一路"和中国优秀企业出海的机会。"这不只对于我们的工业品，对于我们的信息服务，还有我们的行业标准，都极具意义。"宋春雨还表示，军工科技企业转民用、医疗大健康和环境保护等，联想创投也认为会有很多机会。医疗方面，人工智能和大数据驱动着精准医疗和远程医疗服务，以及解决中国人口老龄化的新兴医疗服务。环保健康方面，包括碳排放控制、水处理等。

同样看好环保领域的还有同创伟业合伙人张一巍，"单位 GDP 减排力度进一步加大，这会为新能源带来很大机会，也是同创伟业长期看好和关注的行业。"张一巍说。

出海电商、互联网改造成机遇

对于政府工作报告，云九资本执行董事王京有几点很感兴趣。

第一，城镇化进程持续。在他看来，城镇化持续会新增大量城镇工作岗位，在这个过程中有大量的剩余人力资源，将会继续刺激互联网行业里的人力密集型高科技企业的发展。

第二，供给侧结构性的改革持续。例如在电力、石油等领域迈出实质性的步伐，使得一些支柱产业将会继续出现历史性机遇，产业互联网仍然会有巨大的改造空间。

第三，消费产品"同线同标同质"，会继续降低"海淘"类项目的价值，出海电商的机会依然很大。

第四，共享经济加强政府引导，会使得今年共享经济行业可能出现较大震动与洗牌，但对行业是个好事情，可以促使行业告别资本的无序低效竞争。

而上述几点则会给一级市场投资带来机会。

同样对消费升级重点投资的青山资本，也十分认可政府工作报告关于消费拉动增长重要性的描述。

"2017 年发展的主要预期目标是：国内生产总值增长 6.5%~7%，居民消费价格涨幅 3%左右。"对此，青山资本副总裁李倩表示，政府工作报告中提及消费升级重点提到消费品品质，鼓励企业开展个性化定制、柔性化生产，培育精益求精的工匠精神，增品种、提品质、创品牌，这些要求与消费升级创业公司需要践行的强化品质的工匠精神，通过品牌力量来撬动公司增长获取用户，以及适应 90 后等新消费群体不谋而合。

在青山资本看来，消费作为拉动经济增长的"三驾马车"之一，在当前宏观经济形势下，更有不可替代的地位。青山资本在消费升级方面投资了如花点时间、HIGO、FIIL 耳机、Top Cream 冰激凌等一系列项目，均基于上述理念。未来，智能家居、O2O 带来的新消费及共享经济发展；壮大网络信息、智能家居、个性时尚等新兴消费；鼓励线上线下互动，推动实体商业创新转型；完善物流配送网络，促进快递业健康发展等方面都会有值得关注的机会。

医疗政策利好养老、基层服务

医疗是关系国计民生的大事，在此次的政府工作报告中，有不少于三个篇幅提及医疗相关话题。

《2017 年政府工作报告》中涉及医药医疗的共有 12 项之多，华医资本创始合伙人刘云将其归纳为"增加投入、振兴产业"。"增加投入"不仅指增加医保投入，同时还包含大病保险、医联体、分级诊疗及家庭医生等若干项政策，而支持中医药、全面两孩、发展医养结合、壮大新兴产业都包含在"振兴产业"的层面。因此，在目前的经济形势下，对于行业发展是一个明确的利好。

在刘云看来，眼下对于医疗投资来说，已经是各个细分行业领域中的翘楚。与以往不一样的是，医疗投资几乎是每个投资机构在接下来的时间中都会重点布局的领域。

而对华医资本来说，未来的医疗投资机会有以下几个方面。

首先是各类创新的医疗服务体系，包含分级诊疗、家庭医生及医联体打造等，"涉及这些方面比以往更有时机方面的机会"。

其次，产业全方位的振兴时间点已经出现，以往国内以"仿制"为主的行业发展思路已经到了十分迫切去改变的地步，在如何做好海外先进医疗技术的引进、对接和本土化等方面都孕育着很多的机会。

刘云还表示，眼下以上市公司为代表的跨境医疗并购由于受到外汇管制的影响，出现心有余而力不足的局面。这样的情形不会一直存在，利用跨境并购引入先进资产及技术的大势不会变，而这个时间点，海外技术和中国市场的合作机会值得关注。

另外，刘云还强调，目前资金涌入太快呈几何倍数增加，这导致医疗行业非理性投资行为激增，资本快速进入对于行业的发展带来的负面作用需要加大警惕。

专注医疗大健康产业投资的华盖医疗基金总裁及主管合伙人曾志强则认为，政府工作报告对于养老、医疗基层服务能力等方面都带来利好。

曾志强透露，医疗服务一直都是华盖重点配置的领域，"约占到组合的1/3"。其中，特色专科连锁如高端妇产、辅助生殖、肿瘤等领域又是重点聚焦的细分市场。同时，在上述养老、全科诊疗领域，华盖此前就做了一些布局，例如投资了祥颐养老、正广兴全科医生等项目，"本次政府工作报告中再次对相关领域有了纲领性的指导，也基本印证了我们对行业发展的前瞻性判断和布局，华盖非常看好这些方向未来巨大的潜力和机会。"

国家正走向技术驱动的路：硬科技将迎来机遇

人工智能今年第一次被写入政府工作报告，"新材料、人工智能、5G、生物医药、集成电路、环保，它们都将迎来发展机遇。"中科创星创始合伙人米磊说。

而这些与米磊此前在公开场合中提及的"硬科技"概念非常相似，"我说的硬科技就是以人工智能、脑科学、航空航天、纳米科技、基因技术、光纤通信、量子计算、光子芯片等为代表的高精尖科技。"此次政府工作报告提及这些概念，让米磊更加坚定这些投资方向，"这也是我们一直关注和在做的方向。"

在米磊看来，上述这些领域的投入周期较长，不会那么快就爆发，也不像互联网的投入产出这么快，但长期做是很有价值的。

此外，在报告全文中，"中国制造2025"也被多次提及。米磊认为，中国正在从"互联网+"转向"中国制造2025"，而这意味着国家的扶持方向在改变，国家正在走向技术驱动的道路。米磊认为，报告中提及要"激发科研人员的积极性"，说明机会将围绕在科研院所上。它要落实科研院所的自主权，实施股权激励和分红等激励政策，落实科研经费和项目管理制度改革，这样，科研院所的人才就有机会去将科技成果转化出来。

产业地产将成下一阶段重点社会投资方向

盛世投资旗下城市综合开发运营平台盛世基业合伙人叶哲星表示，对于基础设施建设领域，政府工作报告透露了三点重要信号。

第一，基建投入仍将是今年政府稳增长的主要手段。报告指出："今年要启动一批'十三五'规划重大项目。完成铁路投资 8 000 亿元以上、公路投资 1.65 万亿元，再开工 20 项重大水利工程，建设水电核电、特高压输电、智能电网、油气管网、城市轨道交通等重大项目。"与 2016 年国家实际完成铁路投资 8 015 亿元、公路水路投资 1.96 万亿元相比，投入力度基本持平，仍处于较高水平。同时，结合财政预算的约束及近几年引进社会资本投入基础设施建设的 PPP 模式不断成熟，预计 2017 年 PPP 模式将进一步推广。

第二，进一步推进 PPP 模式的发展，坚定社会资本投资 PPP 项目的决心。报告指出："推进深化政府和社会资本合作，完善相关价格、税费等优惠政策，政府要带头讲诚信，决不能随意改变约定，决不能'新官不理旧账'。"PPP 是加快转变政府职能、建立现代财政制度和推动城镇化健康发展的一次重大体制机制变革，但当前在税收处理、市政公用领域价费体系及社会资本退出渠道等方面都存在一定不足，特别是在经济欠发达地区，社会资本担心地方政府缺乏契约精神，致使 PPP 项目落地率较低。政府工作报告的表态，将从一定程度上提高社会资本参与基础设施建设的信心。

第三，产业地产将成为下一阶段重点的社会投资方向。此次，从政府工作报告中强调"推动国家级新区、开发区、产业园区等创新发展"可以预见，产业园区将向更加市场化、专业化的方向发展，这将有效帮助实体产业发展，避免整体经济脱实向虚，也为具有产业资源优势的社会资本提供了良好投资方向。

而在此判断上，盛世基业合伙人吕海彬认为在以下方面还蕴含投资机会。例如，随着低收入群体脱贫解决温饱，旅游需求不断增强；同时，国家逐步放开养老服务市场，扩大公立医院综合改革试点、深化药品医疗器械审评审批制度改革等利好政策也相继出台，未来在大城市周边非传统的旅游目的地，用 PPP 模式建设休闲度假景区或特色小镇，积极聚合旅游、休闲、养生、养老等功能的建设项目，都是值得开发关注的重点。

此外，通信领域的基础设施建设市场广阔，未来也将是盛世基业关注的重点领域之一。

"双创"的创投融合落地

对于政府工作报告中提及的双创话题，盛世投资管理合伙人谢作强表示，创新创业与创投的融合最值得期待。他认为，中小企业的发展离不开产业土壤与创投行业的支持。战略性新兴产业的早期创业企业融资难是长久的痛点，如果能得到破解，会进一步推动创业的热潮和创新的高度。

在"加快新材料、人工智能、第五代移动通信等技术研发和转化"方面，谢作强表示，某些行业的产业化周期较长，例如新材料、集成电路等战略性新兴产业，不容易吸引大量的社会资本进入这些产业，而这些产业的发展却是我国产业结构调整、产业转型升级的关键。

谢作强建议，一方面，需要加大政策性投资力度；另一方面，以市场化的机制来释放政策性投资在"募投管退"各个环节遇到的瓶颈。这有利于在短期内解决战略性新兴产业的资本供给不足问题，有利于引导社会资本参与战略性新兴产业的投资。

同时，谢作强认为，创新创业要与区域产业结构融合。不同区域的产业发展应当结合当地的产业基础和产业规划。在盘活当地的存量楼宇厂房及新建创业园区、科技园区时，需要因地制宜，以产业规划为基础，服务于产业招商。若能将产业园区规划与产业招商在园区建设前期相结合，则更有利于创新创业的科学发展。

创丰资本合伙人张可同样关注此次政府工作报告中涉及的"创新创业"内容。

张可认为，自"大众创业、万众创新"大方针提出以来，国内创业行业经历了一个"试错、修正、提升"的过程。前期盲目创业、大干快进所导致的高死亡率广受诟病，市场人士经常调侃很多创业是"将网店式就业与硅谷式创业混为一谈""以父母养老金作为天使投资"。

而《2017年政府工作报告》再次强调了"双创"的重要性，与2016年之前相比，内涵有所拓宽，举措更接地气，主要体现在创业主体、产业范畴、支撑体系和结果导向四个方面。

第一，创业主体：重点强调了高校和科研院所的人员在创新创业中的分量。"充分激发科研人员积极性""落实高校和科研院所自主权，落实股权期权和分红等激励政策，落实科研经费和项目管理制度改革"，并"让科研人员不再为杂事琐事分心劳神"。相比新毕业生，高素质、高科技的科技人员进行创业在附加值和成功率方面会有质的差别，更容易成就创新大业。"高附加值+高成功率"将直接转化为投资机构的高回报率。

第二，产业范畴：政府工作报告强调了"加大数字家庭（系首次提出）在线教育消费，促进电商、快递进社区进农村，推动实体店销售和网购融合发展"。同时，在战略性新兴产业发展规划中，首次增加"人工智能和第五代移动通信"，为创业企业明确了创业方向，拓宽了创业思路。对投资机构而言，投资重点更加突出。

第三，支撑体系："税负沉重、配套不足、诚信危机"是创业企业广泛面临的问题。报告所提出的减税举措"扩大小微企业享受减半征收所得税优惠的范围，年应纳税所得额上限由30万元提高到50万元；科技型中小企业研发费用加计扣除比例由50%提高到75%"将在一定程度上降低企业负担。

同时，完善对基础研究和原创性研究的长期稳定支持机制，建设国家重大科技基础设施和技术创新中心，打造科技资源开放共享平台。新建一批"双创"示范基地，鼓励大企业和科研院所、高校设立专业化众创空间，加强对创新型中小微企业的支持，打造面向大众的"双创"全程服务体系。

这些举措将会进一步提升对创业企业的配套支持。"深化政府和社会资本合作，完善相关价格、税费等优惠政策，政府要带头讲诚信，决不能随意改变约定，决不能'新官不理旧账'"。如有效落实，则能有效破除一直以来广泛存在的地方政府诚信危机。以上举措将有效促进创业者轻装上阵，更专注地投入在创业事业上。

第四，结果导向：报告提出激励"创业创新创富"，特别在"创业创新"之外强调"创富"。张可认为，未来创新创业从政府导向上，将逐步实现从"量"到"质"的转变，倡导高质量的创业。"如能快速、有效落实，将为创业者和投资机构带来实质利好。"

（资料来源：猎云网，2017年3月6日）

课后延伸

与你的小组其他成员分享你的创业项目，小组通过讨论确定一个创业项目，作为本课程后续学习的项目基础，并对该项目进行描述，描述的主要内容如下。

1. 未来的发展趋势。
2. 现实中存在哪些问题？这是谁的问题？
3. 你是如何解决这些问题的？
4. 在你的解决方案中有哪些创新点（或者需要做出哪些创新）？你是怎么产生这些创新点的？
5. 描述一下你能提供的产品与服务。
6. 描述一下使用你的产品与服务的场景（提示：建议使用绘图的方式描述，包含时间、地点、人物、产品与服务载体等要素）。

模块四　创业资源

▶ 第五章　创新创业资源

第五章

创新创业资源

在我们每个人的身边,都有用不完的资源。当你有所需要时,不妨看看你的身边,或许你所需要的就在你身边。把身边的资源充分利用起来,很多问题就会轻易解决。

——鲁伯特·默多克(世界报业大亨,美国著名的媒体经营者)

学习目标

- 熟悉创业资源的概念及分类
- 掌握获取创业资源的途径与技巧
- 掌握整合创业资源的方法

互动游戏

资源的重要性

一、游戏目的

探讨企业资源的重要性;探讨企业缺乏资源的后果。

二、游戏程序

1. 在学生中选择一人扮演老师,余下者为学生。

2. 在教室中,扮演老师者可利用室内所有的教学设施(例如:粉笔、黑板和纸张等),采取任何形式,向学生培训其选择的内容。

3. 由一人移走所有物资,直至老师无法讲课为止。

4. 讨论:比较前后学习环境,老师和学生在当中分别遇上什么学习困难?

第一节　创新创业资源的概念与种类

一、创业资源的概念

创业资源是指企业创立及成长过程中所需要的各种生产要素和支撑条件，是创业企业在创造价值过程中所需要的特定资产。

对于创业者来说，只要是对其创业项目和创业企业的发展有所帮助的要素，都可以归入创业资源的范畴。创业者既要积累个人资源，也要善于创造性地整合社会资源，以创造有利于创业的良好条件。

二、创业资源的分类

（一）按性质分类

按性质分，创业资源可以分为人力资源、财务资源、物质资源、技术资源和组织资源。

（1）人力资源。人力资源不仅包括创业者及创业团队的知识、训练和经验等，也包括团队成员的专业智慧、判断力、视野和愿景，甚至创业者本身的人际关系网络。创业者是创业企业最重要的人力资源，其价值观念和信念是创业企业的基石，其所拥有的人际和社会关系网络使其能够接触到大量的外部资源，降低潜在的创业风险。鉴于企业之间的竞争主要是人才之间的竞争，高素质人才的获取和开发便成为创业企业可持续发展的关键因素。

（2）财务资源。财务资源主要指货币资源，通常是创业企业向债权人、权益投资者通过内部积累筹集的负债资金、权益资金和留存资金。一般来说，创业初期以不高于市场平均水平的资本成本及时筹集到足额的财务资源，是创业企业成功创办和顺利经营的前提条件。

（3）物质资源。物质资源是创业企业经营所需要的有形资源，如建筑物、设施、机器和办公设备、原材料等。一些自然资源，如矿山、森林等有时也会成为创业企业的物质资源。

（4）技术资源。技术资源包括关键技术、制造流程、作业系统、专用生产设备等。技术资源通常包括三个层次：一是根据自然科学和生产实践经验而发展成的各种工艺流程、加工方法、劳动技能和诀窍等；二是将这些流程、方法、技能和诀窍等付诸实践的相应的生产工具和其他物资设备；三是适应现代劳动分工和生产规模等要求，对生产系统中所有资源进行有效组织和管理的知识、经验和方法。技术资源大多与物质资源相结合，可以通过法律手段予以保护，部分技术资源会形成组织的无形资产。

（5）组织资源。组织资源一般是指企业的正式管理系统，包括企业的组织结构、作业流程、工作规范、信息沟通、决策体系、质量系统，以及正式或非正式的计划活动等，有时候组织资源也可以表现为个人的技能或能力。其中，组织结构是一种能够使组织区别于竞争对手的无形资源。那些能将创新从生产功能中分离出来的组织结构会加速创新，能将营销从生产功能中分离出来的组织结构能更好地促进营销。

（二）按存在形态分类

按存在形态分，创业资源可分为有形资源和无形资源。

（1）有形资源。有形资源是指具有物质形态的、价值可用货币度量的资源，如组织赖以生存的自然资源，以及建筑物、机器设备、原材料、产品、资金等。

（2）无形资源。无形资源是指具有非物质形态的、价值难以用货币精确度量的资源，如信息资源、关系资源、权力资源及企业的信誉、形象等。无形资源往往是使有形资源更好发挥作用的重要手段。

（三）按重要性分类

按重要性分，创业资源可分为核心资源和非核心资源。

（1）核心资源。核心资源包括技术资源和人力资源，这些资源涉及创业企业有别于其他企业的核心竞争力。

（2）非核心资源。非核心资源主要包括场地、资金和环境资源，这些资源是创业企业成功创办和持续经营的基本资源。

（四）按来源分类

按来源分，创业资源可分为内部资源和外部资源。

（1）内部资源。内部资源是指创业者或创业团队本身所拥有的可用于创业的资源，如创业者自身拥有的可用于创业的资金、技术、创业机会信息等。

（2）外部资源。外部资源来自外部机会的发现，是创业者从外部获取的各种资源，包括从朋友、亲戚、商务伙伴或其他投资者筹集到的投资资金、办公空间、设备或其他原材料等。

第二节　创新创业资源的获取

创业资源的获取是指在确认并识别资源的基础上，得到所需资源并使之为创业服务的过程。创业资源的获取不仅决定着能否把创业设想转化为创业行动，而且决定着企业这一契约组织的形成方式。

一、影响创业资源获取的因素

影响创业资源获取的因素主要有创业导向、商业创意的价值、创业资源的配置方式、创业者的管理能力、社会网络等。

1. 创业导向

创业导向是一种态度或意愿，这种态度或意愿会导致一系列创业行为。创业导向会通过促进机会的识别和开发，进而促进资源的获取。因此，创业者要注重创业导向的培育和实施，充分关注创业者特质、组织文化和组织激励等影响创业导向形成的重要因素，采取有效的方式获取资源,并在资源的动态获取、整合和利用过程中,注意区分不同资源,充分发挥知识资源的促进作用。

2. 商业创意的价值

创业的关键在于商业创意。商业创意为资源获取提供了杠杆,但获取资源还有赖于创业的价值被资源所有者认同的程度。换言之,一种能被资源所有者认同的、有价值的商业创意,才有助于降低创业者获取资源的难度。

3. 创业资源的配置方式

由于创业资源的异质性、效用的多维性和知识的分散性,人们对于同一创业资源往往具有不同的效用期望,有些期望难以依靠市场交换得到满足。因此,如果通过资源配置方式创新能够开发出新的效用,使之更好地满足资源所有者的期望,创业者就有可能从资源所有者手中获得资源使用权,开展生产经营活动。

4. 创业者的管理能力

创业者的管理能力是企业软实力的主要表现。创业者的管理能力越强,获取资源的可能性越大。创业者的管理能力可以从其沟通能力、激励能力、行政管理能力、学习能力和协调能力等多方面予以衡量。创业者通过管理能力获取必要资源的同时,还能为创业企业创造良好的发展环境。

5. 社会网络

社会网络是机构之间及人与人之间比较持久的、稳定的多种关系结合而成的网络关系。由于创业资源广泛存在于各种资源所有者手中,这些所有者又处于一定的社会网络之中,而且人们对于商业活动的认识和参与,客观上会受到自己所处网络及在网络中地位的影响,所以,社会网络对于创业资源的获取具有十分重要的意义。

不同的社会网络和网络地位,为人们之间的沟通协作提供了不同渠道。在社会网络中处于优势地位的创业者,具有较好的社会关系依托,可以有选择地了解不同对象的效用需求,有针对性地对不同对象传递商业创意,有目的地获取不同资源所有者的理解和信任,最终成功地从不同网络成员那里获取所需的资源,为自己进行资源配置方式创新提供基础。

除上述因素外,创业者的资源辨识能力和外部社会环境等也会对创业资源的获取产生一定影响。

二、获取创业资源的途径

获取创业资源的途径分为市场途径和非市场途径两大类。创业所需要的资源有活跃的市场,或者有类似的可比资源进行交易时,可以采用市场途径;其他情况下则可以采用非市场途径。

1. 通过市场途径获取创业资源

通过市场途径获取创业资源包括购买和联盟两种。

(1) 购买。这是指利用财务资源通过市场购入的方式获取外部资源,主要包括购买厂房、设备等物质资源,购买专利和技术,聘请有经验的员工及通过外部融资获取资金等。需要注意的是,诸如知识,尤其是隐性知识等资源虽然可能会附着在非知识资源之上,通过购买物质资源(如机器设备等)得到,但很难通过市场直接购买,因此,需要创业企业通过非市场途径去开发或积累。

（2）联盟。这是指通过联合其他组织,对一些难以或无法自己开发的资源实行共同开发。这种方式不仅可以汲取显性知识资源,还可以汲取隐性知识资源。但联盟的前提是联盟双方的资源和能力互补且有共同的利益,而且能够对资源的价值及使用达成共识。

2. 通过非市场途径获取创业资源

通过非市场途径获取创业资源包括资源吸引和资源积累等。

（1）资源吸引。这是指发挥无形资源的杠杆作用,利用创业企业的商业计划和创业团队的声誉,通过对创业前景的描述来获得或吸引物质资源、技术资源、人力资源和资金等。

（2）资源积累。这是指利用现有资源在企业内部通过培育形成所需的资源,主要包括自建企业的厂房、设备,在企业内部开发新技术,通过培训来增加员工的技能和知识,通过企业的自我积累获取资金等。

究竟是通过市场途径还是非市场途径获取资源,主要取决于资源在市场的可用性和成本等因素。例如,若证明快速进入市场能够带来成本优势,则可采用外部购买方式。对于多数创业企业来说,由于初始资源禀赋的不完整性,创业者需要获取资源所有者的信任来获取资源。但无论如何,采用多种途径同时获取不同资源总是正确的选择。

三、获取创业资源的技巧

为了及时足额并以较低成本获取创业所需要的资源,创业者需要掌握一定的获取创业资源的技巧。

1. 充分重视人力资源的获取

人力资源在创业资源中的决定性作用要求创业者必须充分重视人力资源的获取。创业者一方面应努力增强自身能力的培养,另一方面应充分重视创业团队的建设。一支知己知彼、才华各异、能力互补、目标一致和彼此信任的团队是创业资源中最为重要的,也是创业成功必不可少的保证。

2. 以能用和够用为原则

不是所有的宝贝都是企业的资源,创业者在获取资源时应坚持能用的原则。只有满足自己需求、自己可以支配并使其充分发挥作用的资源,才是需要获取的资源。

另外,资源的使用是有代价的,因此,在获取创业资源时应该本着够用的原则,而不是多多益善。一方面,资源的有限性使创业者难以筹集更多的资源;另一方面,当使用资源的收益不能弥补其成本时,资源的使用并不能给企业带来效益。

3. 尽可能获取多用途资源和杠杆资源

资源自身的特性决定了其用途的不同,有的资源可能在不同场合具有不同的用途,获取具有多用途的资源可以帮助创业者应付创业过程中出现的意外。在知识社会，具有独特创造性的知识是现代社会的高杠杆资源，对于杠杆资源的合理利用有助于创业者取得一定的杠杆收益，达到事半功倍的效果。

第三节　创新创业资源的整合

创业资源的整合是一个复杂的过程，是创业企业对不同来源、不同层次、不同结构、不同内容的资源进行选择、汲取、配置、激活和有机融合的过程，以使之具有更强的柔性、条理性、系统性和价值性，并对原有的资源体系进行重构，摒弃无价值的资源，以形成新的核心资源体系。创业资源的整合过程可以分为资源扫描、资源控制、资源利用和资源拓展四个步骤。

一、资源扫描

创业者要知道自己的资源禀赋及企业所拥有的最初资源，将已有资源识别出来，包括己方所有有价值的有形资产和无形资产，如人才、技术、设备、品牌等，找到自己的资源优势和不足，同时认清哪些属于战略性资源、哪些属于一般性资源，还要确定资源的数量、质量、使用时间及使用顺序。

扫描自身已有资源的同时，也要对外部环境进行扫描，及时发现创业企业所需的资源，确定自己所缺的创业资源可以从哪些渠道获得，以及谁拥有这些重要资源，并对各种资源的获得难易程度进行排序，进而寻找利益交集，对资源所有者的利益需求进行深度分析，并与自己所拥有的资源进行比较，找到利益契合点。这通常需要创业者有行业知识和一定的社会关系网络。创业者在初始创业阶段会利用与自己关系较近的资源网络，随着业务的向前发展而逐渐扩充这一网络。

二、资源控制

资源控制的范围包括创业者自身拥有的资源、通过交易等形式可获得的资源，以及通过社会网络等形式可以控制的资源。在许多情况下，创业者自身拥有的资源（如教育、经验、声誉、行业知识、资金和社会网络等）存在于创业团队中。在特定的行业，创业团队中成员的社会网络资源和技术对于企业的成功至关重要。在获取资源的过程中，需要判断这种资源对实现企业的目标是否关键，并且创造性地设计出双赢的合作方案，形成长期互利关系。

三、资源利用

在获取和控制大量资源的基础上，创业企业开始对这些资源进行配置和利用，将它们合理有效地配置到最能发挥其使用效益的地方去，体现出这些资源的价值。企业资源在整合之前大多是零碎的、低效的，要发挥这些资源的最大使用价值、产生最佳效益，就必须运用科学方法对各种类型的资源进行细化、配置和激活，将有价值的资源有机地融合起来，使它们相互匹配、互为补充、互相增强。

在配置资源之后，新的资源或者说竞争优势就会形成，企业必须利用区别于其他企业的这种优势来赢得市场。资源在整合并转化为企业内部的独特优势之后，创业者需要协调各种资源之间的关系，匹配有用的资源，剥离无用的资源。通过协调，使资源的联系更加紧密，更加具有匹配性，形成"1+1>2"的局面，并为下一步拓展奠定基础。

四、资源拓展

资源拓展即将以前没有建立起联系的资源建立联系，将新获取的资源与已有的资源进行联结融合，进一步开发潜在的资源为企业所用，这也是企业持续竞争优势的根本来源。开拓创造过程能为创业企业带来新的能力，从而使其更充分地发现和掌握创业机会。

★案例讲坛

蒙牛借力

牛根生和他的创业团队把一个一无奶源、二无工厂、三无市场的"三无企业"发展成了年销售额达21亿元的大型企业，其成功的核心因素之一就是借力，主要表现在以下几个方面。

（1）逆向经营。面对困境，公司董事会在创业之初就确定了"先建市场，后建工厂"的发展战略，并通过"借鸡生蛋"迅速做大企业。

（2）虚拟联合。蒙牛与当地政府协商，让他们组织建奶站，与蒙牛签订常年供应合同。蒙牛品牌的影响和从不拖欠资金的信誉使当地政府放心，奶站是当地人自己出钱建的，自然尽心尽力，质量、数量都有保证，这样就形成了双赢。

（3）统一战线。蒙牛一直宣扬和伊利是兄弟，应相互促进，共建"中国乳都"的形象。

（4）国际化之梦。借助摩根士丹利、鼎晖、英联三大国际财团，蒙牛一直在寻找和搭建向国际化发展的平台。

牛根生就是这样用别人的钱干自己的事，用智慧、灵活的战略和战术创造了奶制品行业的神话。

（以上信息根据网络资料改编）

课后延伸

对你所在创业小组的创业项目进行以下描述。

1. 该创业项目需要哪些资源？
2. 该创业项目具备哪些资源，又缺少哪些资源？
3. 已具备的资源是如何获得的？缺少的资源如何获得？无法获得时怎么办？

模块五　创业模式

▶ 第六章　创新创业模式
▶ 第七章　商业模式创新

第六章

创新创业模式

如果有一个项目，首先要考虑有没有人做，如果没有人做，就要放弃，这是一个必要条件。

——柳传志（联想集团有限公司董事局名誉主席）

学习目标

- 熟悉积累渐进创业模式的内涵
- 熟悉依附式创业模式及其具体创业形式
- 熟悉网络创业模式的主要方式
- 熟悉知识风险创业模式的内涵

互动游戏

梦山奇案

一、游戏目的

发掘学生的创造力，并使其明白，相同的结果，其过程可以有很多。

二、游戏程序

1. 由老师交代案情——一个男人，在雪山上一丝不挂躺着，死了，周围没有任何痕迹。
2. 老师通过向学生提封闭性问题的方式去判断案情的起因。老师只负责问学生的问题，也就是该问题被问后只能以"是"或"不是"来回答的问题。
3. 老师改用开放式的问题提问。
4. 请学生充分发挥想象力，描述男人的死因。

三、注意事项

让学生充分发挥自己的想象力与创造力来揭示案件细节。显然，男人的死因可以是多种多样的，对创业而言，要实现成功创业的梦想，也有多种创业模式可选。

第一节　积累演进创业模式

一、积累演进创业模式的内涵

积累演进创业模式是美国密歇根大学的"基于行动的学习"项目，倡导创业者在创业的开始阶段选择一些挑战性比较小、对资源需求较少、便于操作的项目，在探索的过程中不断地吸收经验，锻炼自己的创业意识，最终实现自我突破，成就事业。

成功是积攒出来的，积累就是让大家首先从小生意做起、从基础做起，在创业的过程中学习积累，把自己的知识和经验像滚雪球一样逐渐滚大，由量变引起质变，最后成就一番事业。

大学生的资本就是年轻，较低的起始门槛可能会使大学生创业者走很长一段弯路，经历无数的挫折和失败，期间也会有很多的机会与陷阱，也就意味着必须要付出代价，付出更多的努力，但这些失败与挫折会一次又一次推动创业者向前更进一步。

★ 案例讲坛

白手起家的付国强

付国强是一个地地道道的农家子弟，1976年出生在梅田湖镇金鸡村，这里交通不便、信息闭塞。1995年高中毕业后，付国强就跟着父亲在家里种田，一年辛辛苦苦，仅能维持生活的温饱。20世纪90年代末，沿海地区经济飞速发展，日新月异，年轻气盛的付国强也有了一种外出闯一闯的念头。1997年5月，付国强跟着几位在外打工的朋友来到了广东省佛山市打工，那时的佛山正是全民创业、全民经商的时代，家家户户办企业、跑市场。他一边打工一边想：佛山的企业遍地开花，如雨后春笋，而且有的人也是空手起家然后逐步发展壮大的，我为什么就不能像他们一样办一个企业呢？他萌发了自己办厂的念头，并开始通过多种途径进行市场调查，最终将自己的创业项目锁定在自己比较熟悉的饰品加工上，公司一炮走红，每年利润都在10万元以上。

（以上信息根据网络资料整理而成）

二、积累演进创业模式的特点

积累演进模式适用于不具备很突出的专业技能的创业者，他们在创业的初期没有成熟的创业条件，凭借自己的能力，从小做起，逐步探索出符合自身特点的创业之路。该模式对创业者的要求低，可由几个人组成的团队白手起家，逐步积累，成功率高。

积累演进模式要求创业者具备较强的毅力和动力。在创业之初可能会遭遇很多意想不到的困难和磨砺，要善于积累和反思，实现由量变到质变的飞跃。同时，由于是白手起家，个人的能力毕竟是有限的，要善于发挥团队的作用，整合一切资源为自己所用。

在走向成功的征途中，坚持的过程往往就是积累的过程。积累是小步子增加，而不是大步子跨越。世界上很少有一步成功的奇迹，所以需要逐步积累，量变才能引起质变。而且，一步一步地积累，能使人不断获取成就感，不断得到鼓舞与激励，不断获得与困难斗争的动力，进而坚持不懈地到达成功的彼岸。

第二节 依附式创业模式

一、加盟创业

（一）加盟创业的含义及在中国的发展

作为一种现代化的商业模式，特许加盟是特许人向被特许人提供一种独特的商业经营特许权，并给予人员训练、组织结构、经营管理、商品采购等方面的指导和帮助，被特许人向特许人支付相应的费用。

优良的创业环境与优越的创业政策促使越来越多的大学生加入创业队伍，与个人创业比起来，连锁加盟能够为大学生创业者提供已有的品牌、规范的运营模式、健全的市场机制等一系列成熟的经营模式。它分享品牌资源、分享经营诀窍、分享资源支持的特点为大学生创业者省去了诸多的创业烦恼，并且提高了创业成功的概率。

我国特许加盟所涉及的行业不断拓宽，行业覆盖面越来越广。据中国连锁经营协会的调查结果，目前我国特许加盟已经覆盖了该分类的所有13大类别、80多个细分行业和业态，主要行业有餐饮业、饭店、休闲旅游、便利店、日用品零售店，以及其他新兴行业如教育文化、商业服务、家庭服务、汽车服务、IT业等。

（二）采取特许加盟方式进行创业的优势和可行性

大学生创业只要能根据自身特点，发挥优势、弥补劣势、选择合适的创业方式，找准"落脚点"，就能使自己的创业计划更为实际可行，就能多一份胜算的把握。一个比较好的领域就是以特许加盟方式从事连锁经营，这一方式可以发挥大学生创业的优势，弥补大学生创业的劣势，通过"扬长补短"的方式来提高大学生创业的成功率。统计数据显示，在相同的经济领域，个人创业的成功率低于20%，而加盟创业的成功率则高达80%。对创业资源十分有限的大学生来说，借助连锁加盟的品牌、技术、营销、设备优势，可以以较少的投资、较低的门槛实现自主创业。但连锁加盟并非零风险，在市场鱼龙混杂的现状下，大学生涉世不深，在选择加盟项目时更应该注意规避风险。一般来说，大学生创业者资金实力较弱，适合选择启动资金需求不多、人手配备要求不高的加盟项目，从小本经营开始。此外，最好选择运营时间在5年以上、拥有10家以上加盟店的成熟品牌。大学生以特许加盟方式从事创业可以弥补自身的一些固有不足。

1. 弥补社会经验不足的劣势

大学生采用特许加盟的创业方式可以减少创业风险。对于创业者来说，最重要的莫过于选择一个好的市场项目。在选择市场项目时，大学生由于刚走出校门，对市场不了解，往往不知选择什么项目。而特许加盟的项目大多经过市场证明是成功的项目，大多市场需求量大,且具有一定的稳定性和增长性。一般情况下,采取特许加盟经营企业的创业方式要比独立创业的风险小得多,成功的概率要更高。有调查数据显示,在创业的第一年中,自营店铺的失败率要远大于通过加盟的方式开设的店铺。

2. 弥补动手能力差的劣势

大学生采用特许加盟的创业方式可以得到特许总部系统的管理培训和指导,大多数特许人的经营管理理论多是在行(专)家的指导下经过大量的实践摸索出来的,是具有可操作性和较强实战性的理论。而刚出校门的大学生虽然具备理论知识,但动手能力差,缺乏实际的操作,加入特许加盟企业,可以立即得到特许总部在管理技巧、经营诀窍及服务、质量、业务知识等方面的培训,有时总部还会派专业的工作人员帮助加盟者解决特许加盟企业在开业之初及经营过程中出现的问题,使之集中精力以最有效的方式经营和管理企业。

3. 弥补资金缺乏的劣势

大学生采用特许加盟的创业方式可以缓解资金的燃眉之急。对于大学生创业者来说,最关心和最棘手的事就是资金的筹集,特别是大学生刚出校门,资金来源渠道十分有限,他们往往会因资金缺乏而丧失商机或因资金周转不灵而陷入困境。与其他创业模式相比,特许加盟的资金门槛较低,因为有很多的低成本加盟项目开业的资金需要得并不多,如餐饮业、服务业等,甚至有些特许总部还会向加盟者预拨一部分资金作为财政援助帮助创业者度过初期的困难;还有些总部会联系银行,采用担保方式使加盟者获得贷款。

4. 享有知名品牌、商标带来的利润

大学生独立创业初期,短时间内难以扩大市场知名度,提高声誉,但若采取特许加盟方式,由于特许总部已经建立起了良好的公众形象,并能提供高品质的产品和服务,大学生加盟这些组织,就可以分享这些无形资产,使自己的知名度和信誉随之提高。从消费者角度来说,一般也会把受许人看成是特许人属下的企业,从而对受许人增强信赖感。受许人可以借此迅速建立自己稳固的市场地位并不断发展壮大。

5. 减少广告宣传费用

大学生加盟的特许总部为了扩大市场知名度,会定期在市场上大力宣传,一方面可以提高自身荣誉,获得更多的客源;另一方面也可以吸引更多的加盟者。而特许总部的广告宣传费则是由众多加盟者分摊,这样总部在更大的范围内做宣传影响更广、效果更好,但加盟者分摊的宣传成本相比独自宣传来说要低很多。同时,特许总部在各地发展的加盟店本身也是很好的宣传。相比其他创业模式,大学生加盟可以减少很多宣传费用。

★ 案例讲坛

茗记甜品:大学生加盟成功案例讲坛

一次美食体验迸发创业想法

小志与茗记甜品第一次"结缘"在于一次偶然的品尝。"当时有一家名为'茗记甜品'的甜品店在市区开张,我和朋友逛街正好碰上就进行了试吃。"小志说。谁知这么一次随意的甜品消费,却令小志对茗记甜品印象深刻,萌发创业的想法。

"它十点开张,十一点就爆满了,那是我第一次见到的'开张盛况'。"被茗记甜品加盟店首日开张的爆满客流量惊呆的小志,还对茗记甜品的味道赞誉有加。

茗记甜品店座无虚席

据小志介绍,每到黄昏时分,茗记甜品总会迎来人流高峰期,既有一家老小来这里吃甜品聊家常的,也有情侣约会的,同学、朋友之间的聚会更是经常在茗记甜品这里出现。对于大多数消费者来说,茗记甜品不仅就餐环境舒适,甜品也好吃实惠,因而成为消费者聚餐的首选之地,并为他带来不错的收益。

创业分享:胆大心细

加盟茗记甜品的小志表示,两年前他之所以敢做出"集资"之事,除了他不想向父母"借钱",重要的是茗记甜品的项目优势给了他很大的信心。而事实也证明,小志仅花了小半年的时间,就将资金返还于朋友,并给予了不少的分红。

(以上信息根据网络资料改编)

思考:小志能够通过加盟创业成功,其关键因素有哪些?

二、"山寨"式创业

"山寨"现象从经济领域延伸到文化、社会领域,从网络蔓延到整个社会,成为一种典型的泛文化现象。"山寨"现象在大学校园中衍生出了多种多样的版本,大学生就业创业可以从"山寨"中得到有益的启示。

启示之一:立足草根、扎根基层——事业起点

草根最富有生命力,初入社会的大学生,最应该发扬"山寨"的草根精神。大学生就业创业,不能死守传统理念,要切实树立面向基层、面向生产生活和社会服务第一线的观念,不一定非要到行政事业单位就业,不一定非要到大单位就业,也不一定非要到大城市就业创业。

启示之二:克隆模式、大胆创业——模式选择

"山寨"从消费品仿制开始,以极低的成本模仿主流品牌产品的外观或功能,并加以创新,最终在外观、功能、价格等方面全面超越原产品。重庆的"乡村基",很明显"山寨"的是肯德基、麦当劳等国外快餐业的经营模式。"乡村基"在"克隆"的过程中,注意学习其精髓,同时在饭菜口味、饮食习惯等方面与重庆本地的实际紧密结合,不知不觉中,一个本土品牌的快餐连锁企业就在中国产生了巨大的影响。

"山寨"企业的成功同样说明:企业不一定一开始就要万事俱备,要善于学习、善于借鉴,先行的同行业者已创造了足够多的经验和教训,你只需要多看多听,就能站到前人的肩膀上继续前行。

启示之三:觉察空白、填补市场——努力方向

"山寨"手机,最初是简单地仿冒名牌手机,从外观设计上模仿,到后来在功能设计、软件支撑上大力整合和创新。这个过程,其实就是觉察市场需求的空白,原来的商品不能满足全部消费者或是个性消费者,从价格到款式,再到功能,留下了很多的市场空隙。"山寨"手机瞄准了这个市场空白,并填补了这一空白,所以得到了很好的市场回报。

启示之四:放下包袱、快乐创业——创业心态

工作的严肃严谨精神和休闲时的娱乐放松二者都应该要有。在创业过程中,不可能一下子就有100%的成功,有100%的回报率,对待成败要有娱乐精神。创业过程中,应该认同二流意识,要以本社区、本市区、本行业的第一为榜样,渐渐立足,逐步争取成为社区、地区、行业的第三、第二,再争取做第一。这样,真正做到了第二的位置,即使不能超过第一,也是了不得的成就。

启示之五:紧跟中心、健步成长——发展路径

当前,我们国家的改革开放正在向纵深发展,社会主义现代化事业为当代青年提供了发展平台,也为大学生就业创业提供了前所未有的机遇。大学生要善于把握时代脉搏,紧跟时代潮流,围绕国家和社会的中心主题,做出选择,有所作为。当前,中央提出构建和谐社会、西部大开发、关注"三农"、三支一扶、节能环保等,都包含了就业创业的新领域新机遇,都有作为社会细胞的个体来承担和配合的舞台。大学生围绕政府和社会的中心,紧跟形势,就会找到自己的位置,就会有无尽的创业机遇和发展前景。

★ 案例讲坛

一个中国"山寨"式企业创业成长的奇迹——腾讯微信业务组织创业历程

2009年冬,刚刚从滑铁卢大学毕业的加拿大小伙Ted Livingston选择了自主创业,在其居住的Velocity公寓,他开发了一款名为"Kik"的应用软件。Velocity公寓是滑铁卢大学专门为自主创业的学生提供住宿的专注移动和电子类创业项目的孵化器。

Kik是一款功能简单到极致的跨平台即时通信软件,它既不能发送照片,也不能发送附件,就是一款基于手机通讯录能够实现免费短信聊天功能的应用软件,但它却在2010年10月上市之后15日之内吸引了100万的使用者,这不能不说是移动互联时代的一个新奇迹。

创新引来的不仅是改变,更重要的则是竞争者的蜂拥而至,山寨产品很快就铺满了市场。国际上,Line、Tango、Ping Chat、Whatsapp、Kakao Talk等多款跨平台即时通信软件开始出现,国内各大IT企业也开始发力,小米的米聊、傲游的傲信等也纷纷出炉,而以"互联网山寨之王"著称的腾讯自然更是不可能错过这一大好商机。

腾讯广州研发部总经理张小龙在看Kik类的软件时,产生了一个想法:移动互联网将来会有一个新的即时通信软件,而这种新的即时通信软件很可能会对QQ造成很大威胁。他想了一两个小时后,向腾讯CEO马化腾写了封邮件,建议腾讯做这一块的东西。对国际新产品一直保持高度敏锐的马化腾很快回复了邮件,并表示对这个建议的认同。张小龙随后向马化腾建议由广州研发部来承担这个项目的开发。"反正是研究性的,没有人知道未来会怎么样。"张小龙回忆说,"整个过程起点就是一两个小时,突然搭错了一个神经,写这个邮件,就开始了。"

2010年11月20日,微信正式立项,由张小龙带领QQ邮箱团队全力进行开发;2011年1月21日,微信正式发布;2011年8月2日,由于微信的巨大成功,张小龙被任命为腾

讯公司副总我。

源自 Kik，但却超越了同样是"山寨"出身的 Whatsapp 和 Talk-box 等。作为一款即时通信产品，我们看到了微信支持单人/多人通过网络快速发送语音、短信、图片和视频。2012 年 3 月底，微信用户破 1 亿；2012 年 9 月，微信用户破 2 亿；2013 年 1 月，微信用户达 3 亿；2013 年 10 月，微信用户达 6 亿；2015 年年底，微信用户总量已经超过 8 亿；截至 2017 年 6 月，微信用户总量达到 9.63 亿，离 10 亿大关仅一步之遥。

在模仿了国外相关软件之后，张小龙并不满足，他带领团队，在微信原有即时通信功能上增加社交（如"摇一摇"等多渠道丰富交友）、媒体平台（如企业微信、明星微信）、小程序、小游戏等多项功能，加以大量创新，使产品功能和用户体验达到了一个新的高度。从模仿到自主创新，腾讯再一次用中国人的智慧演绎了中国式的创新奇迹。

（以上信息根据新华网 2013 年 12 月 24 日资讯改编，数据有更新）

第三节　网络创业模式

一、大学生网络创业形成的原因

互联网和计算机的普及使电子商务在中国进一步发展，成为大学生网络创业的推动力。根据中国互联网络信息中心的统计数据，截至 2015 年 12 月底，我国网民规模达 6.88 亿，手机网民规模为 6.20 亿，手机端电子商务类应用使用率整体大幅上涨。伴随着互联网和电子商务在中国迅猛的发展势头，网络创业获得了技术支持和良好的存续环境，使其能够得到更好的发展。

作为特殊的社会群体，大学生更倾向于网络创业，并有其显著的特点。首先，大学生拥有良好的科学文化知识储备；其次，大学生更易于接受新事物；最后，大学生更加敢于冒险。大学生这一特殊群体的三个显著特点，使大学生成为网络创业的主体力量。

二、网络创业主要方式

1. 创建网站

大学生中很多人拥有良好的计算机网络知识储备，因此，可以选择创建网站这种方式进行网络创业。大学生创建的网站前期通常以校园周边资讯的整合为主，以此来增加网站的浏览量和点击量。下一步转向吸引校园周边的实体店铺入驻，通过为实体店铺提供这样一个面向校园的宣传平台进而向实体店铺收取入驻费用获得利润。

2. 创建网店

基于淘宝一类的平台，目前大学生中大多数人创业时选择开网店。对于大学生而言，开网店具有进入门槛低、投入资金少、时间灵活、风险低等优点，因此吸引了大多数大学生创业者。

3. 网络自由职业者

目前还有少数大学生基于网络这一庞大的社交网络和信息平台选择做网络自由职业者，如游戏的陪练、淘宝等网店的客服、杂志的自由撰稿人等。这一类工作可以随时随地开展，较之现实中的工作更加自由，但是由于收入不稳定，常常只作为兼职工作。

★ 案例讲坛

"吾皇万睡"圈粉无数，收入数千万的漫画 IP

2016年，声势浩大的淘宝购物节中，在所有新闻报道里，最吸引人的不是炫酷的黑技术，而是那个永远带着"王之蔑视"表情的猫——"吾皇"。而这只猫的创造者白茶，立志要让他的"吾皇"成为宇宙名猫。

继《就喜欢你看不惯我又干不掉我的样子》狂销40万册后，超人气插画师白茶近日推出全新续作《就喜欢你看不惯我又干不掉我的样子2》。而这次，除了老搭档"吾皇"和"巴扎黑"之外，还多了一个短腿哈士奇"爱德华·牛能"。

凭借"吾皇"系列的巨大影响力，白茶在短短一年多的时间里，由一个办公室白领转变为创业新达人。

2017年4月，他注册了一间宇宙（北京）文化有限公司。在讲到他的愿景时，白茶说他要"让'吾皇'出现在更多人面前，成为中国名猫、世界名猫，最终成为称霸宇宙的名猫"。而征服宇宙的道路，现在才刚刚开始。

"吾皇"的诞生

白茶本名梁科栋，毕业于西安美术学院。作为一名插画师，他曾先后为《漫客·绘心》《科幻世界》等杂志绘制封面或插图，也曾和郑渊洁合作成为其签约绘本插画师。

2014年5月，他开始创作"猫系列"漫画。"我希望有一个作品能在网上传递，是代表我的。"他一口气画了几十只猫，前25只都很萌，只有花色不同，白茶感觉画得很枯燥。

有一天，他遇见了一只可怜的流浪猫，觉得很可怜，就收养了它。

谁知此猫表面乖巧温顺，实则霸道冷傲，这一点激发了白茶的创作灵感，他开始在猫的表情上做了颠覆性的修改，一只半睁着眼、表情严肃、蔑视一切的傲猫跃然于纸上，那只流浪猫就成了"吾皇"的原型。

有了猫，那自然要有"铲屎官"，于是以自己为原型的猫奴"少年"也上线了。但是过了一段时间，白茶发现一只猫的故事实在过于单调，于是又在朋友的帮助下收养了一只八哥犬，它便是"巴扎黑"的原型。一猫一狗一少年便成了一系列故事的主角。

2015年年初，白茶开始在微博上发表漫画作品，"粉丝"量以每日数万的速度增加，姚晨、马东、高晓松等明星团队的关注、转发更是为"吾皇"和"巴扎黑"赚足了人气。

2015年5月，白茶的首部绘本作品《就喜欢你看不惯我又干不掉我的样子》出版，讲述一只叫"吾皇"的胖猫、一只叫"巴扎黑"的萌狗和"少年"主人的生活趣事。

一开始，这本书不被出版社看好，差点"流产"。出人意料的是，新书上市后立刻销售一空，不断再版。截至2017年，已卖出50余万册。"吾皇"的名气越来越大，开始有广告商、影视公司、出版社找上门来。

不过,白茶对近乎炮轰性的商业合作并不擅长,过多的商业因素影响了他在内容上的创作。白茶越发觉得,身边需要一个懂行且值得信赖的人来帮他处理这类事情。

从西安到北京

味精和白茶是多年的网友,两人相识于一个设计师网站,他们互相欣赏对方的作品。但是与白茶不同,味精在商业上颇有天赋。

味精很有商业头脑,2012年条漫大火,趁着这股热风她开办了漫画培训班,一个月最多挣过十几万。"我比较喜欢挣钱。"见到白茶后,味精开玩笑地说:"你作品这么好,要不要和我一起做培训?"但白茶的一句话,让味精决定留在西安,"要不你先来我这儿工作吧,我们一块儿试试把'吾皇'做大"。

于是味精留在西安开始负责"吾皇"的对外商务合作,主要有两种形式供广告商选择:一是在微博或微信公众号中植入广告,二是授权商品使用"吾皇"的漫画形象。同时,她也在寻找志同道合的小伙伴加入,2015年年底,团队已扩至4人。

在西安工作期间,味精和白茶一直在衡量"吾皇"的价值。味精认为要想把"吾皇"做得更好,一定要去北京。

"北京离资源很近,而且那里的创业氛围,你必须去了才能感受到。它给你压力,但也是动力。"于是味精开始劝白茶去北京创办工作室。

"我只想在西安好好画画,因此去北京的提议一开始我是拒绝的。"和几个创业圈的朋友聊过后,白茶的态度逐渐有了转变。"不得不承认,西合适合生活。但要创业,最好去北京。"

最强漫画自媒体

将工作室搬迁至北京后,白茶注册成立了一间宇宙(北京)文化有限公司,主要打造"吾皇万睡"品牌,围绕"吾皇""巴扎黑"和"少年"3个角色进行原创内容的生产。

近日,在由网友评选出的"淘宝原创十大IP"中,以魔性卖萌走红的"吾皇"成了人气IP,"吾皇万睡"的一系列周边产品在淘宝网上备受追崇。

截至2017年5月,"吾皇万睡"自媒体平台"粉丝"量近200万,原创内容1 000多条,全网累计阅读量达4.8亿,版税达200万。

未来一年,他们将大力输出原创内容,除了数量上的扩充外,形式也会多元化,视频、动画都会逐渐参与进来。

(资料来源:投中网,2017年5月25日)

思考:从自身的能力出发,你是否有支持内容创业的技能?如绘画、直播等。

第四节　知识风险模式

知识风险模式就是大学生将自己拥有的专长或技术发明转化为直接的生产力,通过"知本+资本"的方式发展成企业。"知本"就是指大学生创业者所具备的某一专业、技术特长,或成功研制的一项新产品、新工艺;"资本"指的就是投资者的风险投资。

知识型创业模式主要集中于电子信息、生物技术、高科技农业等技术含量高、知识密集型的行业。

通过知识创业可以使人们看到知识所带来的巨大的经济价值和社会价值，同时，知识创业在增强国家竞争力中的重要地位更加突出。越是知识经济发达的国家，越注重把增强知识创新创业能力放在国家建设的突出位置。大量的案例研究发现，知识创业在为社会和经济发展作贡献的同时，也表现出其鲜明的特征。

一、依靠知识、技术创新

21世纪的重要特征是知识、技术创新成为经济社会发展的主导力量，包括产品研发创新、管理创新、业务流程创新和服务创新等。从国际上著名的大企业看，像微软、英特尔公司等，在他们所在的领域不断进行产品研发和技术创新；沃尔玛、宜家等零售业的管理创新和服务创新，使他们一直走在行业的前列。从国内创办的个体小企业看，近几年许多大学生、研究生利用知识、技术不仅创办了科技企业，而且在平凡的传统行业中创造了奇迹。例如，一个复旦大学毕业生回乡创业卖鸡蛋，研制开发了品牌鸡蛋的"网上身份查询系统"，给鸡蛋注入新的理念，1年多时间就赚了35万，胜过他父亲多年的传统农业操作模式。这其中不可忽视的一个重要因素，就是知识和技术创新的重要作用。

二、创造新的行业和市场

知识型创业者利用知识和新技术抓住机会开发新产品和新市场，并不是为了个人生存而瓜分现有市场。一般来说，这种创新性的机会型创业比那些瓜分现有市场的生存型创业更能够开发新市场或更大的市场，预期创造新的就业机会更多，推动经济发展的动力更大。例如，中国IT产业的发展从PC到互联网，正是由于像柳传志（创办联想）、倪光南（研制联想汉卡）、王永民（发明五笔字型）、王选（发明汉字激光照排技术）以及张朝阳（创办搜狐）、马云（创办电子商务）等一大批知识型创业者的不懈努力和积极推动，开辟并不断扩大了我国IT产业市场，并带动了相关产业的发展。而黄明利用自己的知识和技术经过不懈的努力，开发太阳能利用技术和产品，不仅为中国开辟了广阔的太阳能利用市场，也为人类利用可再生能源作出了重大贡献。目前有更多的知识型创业者在国家创新战略和政策鼓励下，通过自主创新创造，引领知识型产业的快速发展。

三、短期内快速增长

快速增长指的是公司的市值不断攀高，短期内产生巨额财富。微软是依靠知识创业并不断创新实现高速增长的典型，据美国《福布斯》杂志报道，盖茨1994年已有83亿美元资产，1995年有129亿美元，1996年达180亿美元，1997年为364亿美元，1998年他的总资产已上升到580亿美元。正是这种与传统企业增长方式不同的快速增长，使微软的财富连续十多年全球排行第一。目前可以看到，许多依靠知识、技术创业的企业者，他们不但为社会创造了巨大财富，为消费者带来了利益，而且他们创造财富的过程、企业成长的方式不是渐进的，而是在短期内快速增长。另外，依靠知识技术创业可以使品牌快速增长。Google用7

年多的时间使其品牌价值高达 84.61 亿美元，把西门子、飞利浦等抛在身后。而 Skype 从无人知晓到全球知名品牌只用了两年时间。在品牌价值快速飙升的背后，不仅是创业者清晰地了解消费者的真实需求，更重要的是他们快速吸收新知识、创造新技术和新产品。我们可以从中国的联想、百度、阿里巴巴等，找到依靠知识和智慧使他们快速增长的力量。

四、引领技术发展和市场需求的最前沿

优秀的创业人才具有深厚的知识基础，如果努力进入两个最前沿，创新的机会就大大增加。冯·诺依曼于1945年6月写的《关于离散变量自动电子计算机的草案》，提出了程序和数据一样存放在计算机内存储器中，并给出了通用电子计算机的基本架构，这些思想被称为"冯·诺依曼结构"。虽然计算机经历了巨大发展，但仍然没有脱离"冯·诺依曼结构"。正是依靠这种知识创新、重视原始创新和不断进行重大改进适合用户胃口的策略，使其获得了产品的竞争力和市场的垄断地位。

五、快速变革

快速变革是经济全球化多变的环境中知识创业的一个显著特征。知识创业不仅视变化为机遇，把握市场方向和需求，而且能够抓住变革的方向和节奏，在变革中取得惊人的成功。摩托罗拉中国公司为了使自己拥有一个高效的组织机构，能够适应变化和比竞争对手反应更快，进行组织架构和企业文化的变革。海尔从企业精神、作风到整体战略主动求变，继"名牌战略、多元化战略、国际化战略"之后，迈入"全球化品牌战略"阶段。海尔、联想等能在快速变化的经济环境中适应变化，依靠知识、技术不断推出新产品，是他们打破常规的创新，以及迎合潮流的快速变化。变革观念、变革管理、变革技术、变革创新已成为他们保持领先、持续发展的重要因素。正如被世界称为"商业教皇"的汤姆·彼得斯所言，"最好是将自己公司的内里完全摧毁，用全新的、大胆的和创造性的方法将它重新打造，而不是用旧观念打旧仗"。

六、基于创业投资的支持

创业投资是指在促进高技术创新型企业和研究向成熟方向转化的、以有限合伙为主要形式的投资方式。创业投资家通过发现有潜质的高新技术创业企业，通过进行股权投资并提供增值服务使其成长壮大，从而获得高额回报。国内外许多知识型创业者通过获得创业投资，使自己的企业迅速发展起来。创业投资也直接促进了企业的知识创新活动，对其具有特殊的孵化作用，如美国20世纪60年代的新兴半导体产业，70年代的生物技术产业和个人计算机产业，80年代的工作站和网络产业，90年代的互联网等兴起与创业投资对这些领域的支持密不可分。在中国大学生"挑战杯"创业计划大赛活动中，一些创业团队因拥有科技含量高和市场前景好的创业项目而获得巨额风险投资，实现了创业理想和知识产品的商业化。

七、通过控制知识产权获得竞争优势

在全球化环境下，信息、技术和人才成为新创企业的关键因素，也是企业间竞争的焦点，特别是通过对技术和知识产权的占有，使其在市场上获得竞争地位并控制市场。据统计，目前全世界有86%的研发收入、90%以上的发明专利都掌握在发达国家手里，凭借科技优势和建立在科技优势基础上的国际规则，发达国家及其跨国公司形成了世界市场高度的垄断，从而获取大量的超额利润。中国的企业为了获得知识产权的竞争优势，在人才和技术资源方面也积极参与国际化竞争。例如，阿里巴巴通过吸引来自17个国家的IT精英，获得了电子商务的优势地位；海尔之所以在市场上获得持续竞争力，是因为其不断地自主创新，开发拥有自主知识产权的新技术，从而获得持续的市场优势。

★ 案例讲坛

硬件领域创业5年估值超200亿，柔宇是如何做到的？

近年来，我国创业经济崛起，涌现了不少估值很高的公司。观察这些公司发现，一个突出的特点是：互联网行业居多，制造领域、硬件领域较少，且多是商业模式创新，真正的技术创新不多。可喜的是，深圳正在汇聚起一批硬件领域的创新企业，例如大疆创新、柔宇科技、优必选等。大疆创新的无人机、优必选的机器人等产品在人们生活中的应用更加直接，相对年轻的柔宇科技以全球最薄0.01毫米柔性显示屏这样的B端产品声名鹊起，近年来凭借3D移动影院Royole Moon等C端产品被更多消费者熟知。

柔宇科技是一家柔性显示、柔性传感、VR显示及相关智能设备领域的创业企业，2012年在美国硅谷、中国深圳及中国香港同步创立，5年间成为全球成长最快的独角兽科技创业公司之一，在国内外储备超过1 300项知识产权，在柔性显示屏与柔性传感器领域的材料、器件、工艺、电路、软件、操作系统、产品设计等方面皆有突破。今年年底，柔宇投资逾100亿元的全球首条类6代全柔性显示屏大规模量产线将正式投产。届时，柔宇柔性显示屏的产能将提高至5 000万片/年。在资本层面，柔宇获得了IDG资本、中信资本、基石资本、深创投、松禾资本、前海母基金、浦发银行、骑士资本等一批国内外知名投资风险机构数亿美元的投资，2016年年底估值达200亿元。

构建完整的技术体系

互联网创业中，往往是从一个重度垂直的点切入。硬件、硬科技领域的创业，则需要企业通过持续不断的研发，建立起较为完整的技术体系，以构建企业提供解决方案与商业产品的技术基础。只在某一项技术领域有所突破，难以形成合力，对于最终的解决方案和商业产品的竞争力没有足够的帮助。

以柔性屏为例，其技术变革性在于将各种复杂的微型电子元器件嵌在薄薄的塑料基板上，既可以实现传统屏幕的功能，也可以弯曲、折叠，使电子设备在交互方面有更好的环境适应性，解决大屏显示与便携的矛盾，给用户带来明显的效用提升。

要使屏幕实现真正意义上的柔性，需要攻克的不只是研发新材料一个技术难题，还需要优化电路设计，需要器件的进步，需要生产工艺的完善，还需要加强软硬结合，在软件与操

作系统等方面有所突破。如果只在一个领域里有所建树,没有完整的技术体系,就没法为客户提供系统化的解决方案。

柔宇科技率先创造了全球最薄的新型超薄彩色柔性显示屏,其厚度仅有0.01毫米,卷曲半径可达1毫米,其中涵盖新型电子材料的开发、高性能高稳定度的微纳米电子器件结构设计与工艺开发、新型显示背板工艺及生产流程优化、柔性电子集成电路设计、软件控制系统开发等多项交叉领域。柔宇在材料、器件、工艺、电路、软件、操作系统、产品设计等方面持之以恒的技术积累,是其能够率先创造出新型超薄彩色柔性显示屏的基础,也因此引领了国际柔性显示和柔性电子产业的新潮流,进而吸引了越来越多柔性显示产业的上下游公司加入其中。

基于这样较为完整的技术体系,2017年1月,柔宇在美国国际消费类电子展(International Consumer Electronics Show,CES)上发布可卷曲穿戴手机原型FlexPhone。FlexPhone是柔宇首款可搭载柔宇科技柔性显示屏和柔性传感器的柔性可卷曲穿戴手机原型,可缠绕在手腕上随身佩戴,也可拉直成传统手机,最终获得了由美国消费技术协会评选的国际级创新技术奖项——CES 2017创新大奖。

当然,作为一家年轻的科技创业公司,柔宇的技术储备仍需要进一步丰富,以面对更高强度的竞争。

基于技术研发的产品驱动策略

技术是发展基础,但仅有技术是不够的。技术企业要发展壮大,除了技术的突破外,还需要将技术产品化,将技术变成更直观、更易理解的产品,推介给客户。

未来,柔性显示屏与柔性传感器有望在消费电子、智能交通、智能家居、运动时尚、建筑装饰、教育培训、健康医疗、机器人等领域获得广泛应用。对于柔宇而言,柔性电子技术的商业化无疑是重中之重,但柔性显示屏与柔性传感器作为新兴技术,客户对于柔性技术的认知和信心需要通过一些产品来建立。为此,柔宇基于本身的技术体系,以及市场对于柔性电子技术的需求,探索了一套更易被市场快速接受的技术商业化路线。在商业模式上,柔宇采用了"B2B+B2C"模式,既为B端企业级客户提供柔性显示、柔性传感领域的技术与解决方案,也为C端个人用户提供消费级产品。

这种在公司创建初期就实行"B2B+B2C"的模式在创业公司中确实不多见,其优势在于可以通过一些创新型的消费电子产品,在C端构建起影响力,从而更快地形成品牌效应,提升企业在B端的影响力。在B端为企业客户提供产品、技术与解决方案,有比较大的沟通成本,建立起信任需要较长的时间,如果在C端获得大量用户认可,可以将影响力扩展到B端,增强下游消费电子等领域的厂商对企业的技术与产品的信任感,从而更好地拓展业务。

当然,这样的商业模式也存在一定难点,做B端业务与C端业务,逻辑与需要的能力是不尽相同的。C端业务对于企业的产品设计能力、抢占用户心智的能力、供应链管理能力、渠道推广能力都提出了很高要求。B端业务则需要企业构建成熟完善的解决方案,需要组织内部不断构建项目组来服务不同客户,对于企业的技术资源、人力资源也有一定的挑战。

为了将技术产品化、商业化，柔宇不断推动技术落地，将产品逐步量产。2015年7月，柔宇在深圳建成世界首条超薄柔性显示模组及柔性传感器量生产线，A号生产线设计产能达100万片/月。2015年下半年，柔宇在深圳筹建柔宇国际柔性显示基地（全球首条类6代全柔性显示屏大规模生产线）。资料显示，该项目总投资约100亿元人民币，设计产能约为5 000万片柔性显示屏/年。

（资料来源：虎嗅网，2017年10月11日）

思考

1. 柔宇科技如何依靠知识实现成功创业的？
2. 除了必要的知识因素外，其创业成功的重要因素还有哪些？

课后延伸

根据你所在创业小组的创业项目，请对该项目进行描述。

1. 该创业项目属于哪种创业模式？
2. 根据该创业项目所属的模式，对比本章中的案例，有哪些启发？
3. 该创业项目的模式还有哪些其他特点？
4. 结合上述讨论，详细描述该创业项目的优缺点及解决方案。

第七章

商业模式创新

业务（商业）模式它当然是很容易拷贝的。问题是我们怎么去理解自己的企业，你到底是一种纯粹业务（商业）模式的优势，还是有业务模式之外的优势？企业的竞争力，不是简单的一种业务（商业）模式就可以取得一切，需要从内质上、细化上去挖掘，才有可能保持持续增长和发展。

——周成建（上海美特斯邦威服饰股份有限公司董事长）

▰\ 学习目标

- 熟悉商业模式的概念及分类
- 掌握构建与创新商业模式的方法
- 掌握商业模式的设计方法及步骤

▰\ 互动游戏

小轿车推理

一、游戏目的

了解策略的优劣会影响问题的解决效率。

二、游戏说明

在一张长桌子边坐着4个人，从左到右依次是甲、乙、丙、丁，根据下列信息判断谁有小轿车。

甲穿蓝衬衫；穿红衬衫的人有自行车；丁有摩托车；丙靠着穿绿衬衫的人；乙靠着有小轿车的人；穿白衬衫的人靠着有摩托车的人；有三轮车的人离有摩托车的人最远。

附：一个问题四种表征策略

一、列表式

甲——蓝衬衫；红衬衫——自行车；丁——摩托车

二、网络式

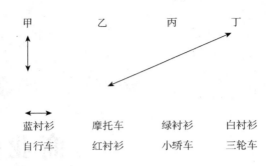

三、矩阵式

	蓝	红	绿	白
自行车		是		
摩托车				
小轿车				
三轮车				

	自行车	摩托车	小轿车	三轮车
甲				
乙				
丙				
丁		是		

四、直接策略

直接找出与一些目标条件相关的隐含条件而排除一些次要条件。这里只要利用条件3.5.7就能达到目的。

第一节 商业模式的基本概念与类型

一、商业模式的含义与形成

商业模式是一种包含了一系列要素及关系的概念性工具，用以阐明某个特定实体的商业逻辑。它描述了公司所能为客户提供的价值及公司的内部结构、合作伙伴网络和关系资本等用以实现（创造、推销和交付）这一价值并产生可持续盈利收入的要素。

商业模式是管理学的重要研究对象之一，主流商业管理课程均对商业模式给予了不同程度的关注。在分析商业模式的过程中，主要关注一类企业在市场中与用户、供应商、其他合作伙伴的关系，尤其是彼此间的物流、信息流和资金流。它涵盖企业与企业之间、企业与部门之间乃至企业与顾客之间、企业与渠道之间存在的各种各样的交易关系和联结方式。商业模式也可以理解为创业者创意、商业创意，它们均来自机会的丰富和逻辑化，并最终演变为商业模式。有一个好的商业模式，成功就有了一半的保证。

随着商业概念的自身提升，商业模式变得更加复杂，包括产品、服务概念，市场概念，供应链、营销、运作概念，这个准确并差异化的创意（商业概念）逐渐成熟，最终演变为完善的商业模式，从而形成一个将市场需求与资源结合起来的系统。

对现代商业模式的最新解释，是一个企业满足消费者需求的系统，这个系统组织管理企业的各种资源（资金、原材料、人力资源、作业方式、销售方式、信息、品牌和知识产权、企业所处的环境、创新力，又称输入变量），形成能够提供消费者无法自力而必须购买的产品和服务（输出变量），因而具有自己能复制而别人不能复制，或者自己在复制中占据市场优势地位的特性。

★ 案例讲坛

滴滴巴士——定制公共交通

2015 年 7 月 15 日，继快车、顺风车之后，滴滴快车旗下巴士业务"滴滴巴士"也正式上线。目前，滴滴巴士已经在北京和深圳拥有 700 多辆大巴、1 000 多个班次。

滴滴巴士是第一个尝试将巴士进行多场景应用的定制巴士，是关于定制化出行的城市通勤定制服务。它根据大数据测算并推出城市出行新线路，还将巴士进行多场景应用，比如旅游线路定制、商务线路定制等。

城市通勤定制服务出现的时间并不长，发展却很快。它是关于定制化出行的一种初步尝试。事实上，做定制服务的门槛是极高的，而滴滴巴士母公司滴滴出行的互联网技术和用户基础为其创造了有利条件。

（资料来源：搜狐网，2018 年 11 月 19 日）

二、商业模式的特征

任何一个商业模式都是一个由客户价值、企业资源和能力、盈利方式构成的三维立体模式。由哈佛大学教授约翰逊、克里斯坦森和 SAP 公司的 CEO 孔翰宁共同撰写的《商业模式创新白皮书》把这三个要素概括为：第一，"客户价值主张"，指在一个既定价格上企业向其客户或消费者提供服务或产品时所需要完成的任务；第二，"资源和生产过程"，即支持客户价值主张和盈利模式的具体经营模式；第三，"盈利公式"，即企业用以为股东实现经济价值的过程。成功的商业模式具有以下三个特征。

（一）成功的商业模式要能提供独特价值

有时候，这个独特的价值可能是新的思想，而更多时候，它往往是产品和服务独特性的组合。这种组合要么可以向客户提供额外的价值，要么使得客户能用更低的价格获得同样的利益，或者用同样的价格获得更多的利益。

（二）成功的商业模式是难以模仿的

企业通过确立自己的与众不同，如对客户的悉心照顾、无与伦比的实施能力等，来提高行业的进入门槛,从而保证利润来源不受侵犯。比如,直销模式(仅凭直销一点,还不能称为一个商业模式),人人都知道其如何运作,也都知道戴尔公司是直销的标杆,但很难复制戴尔的模式,原因在于直销的背后是一整套完整的、极难复制的资源和生产流程。

(三) 成功的商业模式是脚踏实地的

企业要做到量入为出、收支平衡。这个看似简单的道理,要想年复一年、日复一日地做到,却并不容易。现实当中的很多企业,不管是传统企业还是新型企业,对于自己的钱从何处赚来,为什么客户看中自己企业的产品和服务,乃至有多少客户实际上不能为企业带来利润等关键问题都不甚了解。

★案例讲坛

大疆——消费级无人机市场的霸主

深圳市大疆创新科技有限公司(DJI-Innovations,简称DJI)成立于2006年,是全球领先的无人飞行器控制系统及无人机解决方案的研发和生产商,客户遍布全球100多个国家,占据着全球70%的无人机市场份额。

DJI商业模式的创新之处在于,无人机以前主要是应用在军事方面,而大疆是第一个将无人机应用在商业领域并获得成功的企业。大疆无人机如今已被应用在军事、农业、新闻报道等方面,是"可以飞行的照相机"。

这家公司将目标受众从业余爱好者变成主流用户,而且在这一过程中还能占据市场的主导地位,这种成功的案例在科技行业发展史上实属罕见。

(以上信息根据网络资料改编)

三、商业模式的分类

(一) O2O 模式

O2O 即 Online To Offline,即将线下商务的机会与互联网结合在一起,让互联网成为线下交易的前台。这样线下服务就可以在线上揽客,消费者可以在线上筛选服务,成交可以在线结算,很快达到规模。该模式最重要的特点是:推广效果可查,每笔交易可跟踪。

1. 线上线下对接

O2O 绕不开的,或者说首先要解决的是线上订购的商品或者服务如何到线下领取,专业的话语是线上和线下如何对接。这是实现 O2O 的一个核心问题。用得比较多的方式是电子凭证,即线上订购后,购买者可以收到一条包含二维码的信息,购买者可以凭借这条信息到服务网点经专业设备验证通过后享受对应的服务。这一模式很好地解决了线上到线下的验证问题,安全可靠,且可以后台统计服务的使用情况,方便了消费者的同时,也方便了商家。

2. 模式网站

采用 O2O 模式经营的网站已经有很多,团购网就是其中一类,另外还有一种为消费者提供信息和服务的网站。值得一提的是,在业内受到争议,且已在全国建立20余家实体店铺的青岛某品牌所推行的 ITM 网购与 O2O 模式有本质的不同，无论是经营理念、经营构架还是经营方式，均与 O2O 模式截然不同。如，O2O 更注重线上交易，而 ITM 模式则更偏重于线上预订、线下交易；O2O 模式的实际经营可适用于办公室等任何实体经营场所，而 ITM 模式则以店铺式经营为主。O2O 与团购的区别：O2O 是网上商城，团购是低折扣的临时性促销。

如某网站是一种全新的 O2O 社区化消费综合平台，与团购的线上订单支付、线下实体店体验消费的模式有所不同，其创造了全新的线上查看商家或活动、线下体验消费再买单的新型 O2O 消费模式，有效规避了网购所存在的不确定性和线上订单与线下实际消费不对应的情况，并依托二维码识别技术应用于所有方面。

O2O 联盟商家，锁定消费终端，打通消费通路，最大化地实现信息和实物之间、线上和线下之间、实体店与实体店之间的无缝衔接，创建了一个全新的、共赢的商业模式。网站涵盖了休闲娱乐、美容美发、时尚购物、生活服务、餐饮美食等多种品类，旨在打造一个绿色、便捷、低价的 O2O 购物平台，为用户提供诚信、安全、实惠的网购新体验。

3. 市场分析

O2O 模式的核心很简单，就是把线上的消费者带到现实的商店中去，在线支付购买线下的商品和服务，再到线下去享受服务。

（二）B2C、C2C 模式

B2C、C2C 都是在线支付，购买的商品会通过物流公司送到客户手中；O2O 是在线支付购买线下的商品、服务，再到线下去享受服务。

★ 案例讲坛

"九死一生"的人人车

人人车成立于 2014 年 4 月，是国内第一家、也是最大的一家二手车 C2C 交易平台，各项业务指标领先业界。作为口碑最好的二手车电商平台，人人车深受车友信任，多次获得行业内奖项，媒体有大量的报道。2015 年，人人车全年成交的月度复合增长率超越 30%，成为国内最大、效率最高的二手车 C2C 电商平台。截至 2016 年 7 月，人人车业务已经覆盖北京、上海、成都、重庆、南京、广州等 37 个城市，月交易量超过 15 000 辆。2016 年 9 月 5 日，人人车宣布完成 1.5 亿美元 D 轮融资。2017 年 9 月 25 日，人人车获得滴滴快车 2 亿美金的战略投资。

人人车是用 C2C 的方式来卖二手车，为个人车主和买家提供诚信、专业、便捷、有保障的优质二手车交易。它首创了二手车 C2C 虚拟寄售模式，直接对接个人车主和买家，砍掉中间环节。该平台仅上线车龄为六年且在 10 万千米内的无事故个人二手车，卖家可以将爱车卖到公道价，买家可以买到经专业评估师检测的车况真实的放心车。

C2C 虚拟寄售的模式被描述为"九死一生"，这是因为：第一，二手车属非标品；第二，卖车人和买车人两端需求是对立的；第三，国内一直缺乏第三方中立的车辆评估，鱼龙混杂。因此，二手车 C2C 交易困难重重、想法大胆又天真。人人车不被看好却能逃过"C

轮死"的魔咒，是因为其省去了所有中间环节，将利润返还给消费者。创始人李健说："如果我能成功，B2C都要失业了。"

（资料来源：百度文库，2019年10月7日）

（三）BNC模式

BNC就是Business Name Consumer，智能商城BNC具有B2C、C2C、O2O等模式的优势，同时解决了以上模式解决不了的弊端，做到了快速免费地推广企业和产品。每个人拥有自己姓名的商城，从而最大限度地挖掘出每个人的资源和潜力。智能商城是一个集高端云技术和独特裂变技术为一体的网络平台，是一个超越所有传统商业模式和电子商务模式的新型商务模式，是一个真正符合广大消费者零起步创业的舞台。它终将走遍中国，走向世界，引领世界经济潮流。

BNC模式悄然兴起，让每个人都拥有自己姓名的产权式独立网站。它的特点是快速裂变，抑制同行模仿，项目启动一年竟无人模仿，这将是互联网及电子商务的最大创举，同时也让电子商务快速进入后电子商务时代。

第二节 商业模式的开发与创新

一、商业模式的构建

商业模式实际上是由一系列复杂部件组成的复合体，这些部件横跨不同方面甚至包括企业以外的因素。因此，商业模式构建不可能一步到位，必须采取边实验边改进的递推方法来完成。

较有代表性的商业模式实验创新探讨来自索斯纳博士2010年发表的研究报告。他指出，商业模式的成功创新是一个持续的试错—学习的过程。这个过程的起点是一个关于新业务的总体方案，以此为起点，经过两个阶段四个环节的试错、学习，最终完成对一个商业模式的创新。这两个阶段分别是原始模式的开发成型，即开发阶段；对原始模式的推广放大，即拓展阶段。其中，开发阶段包括两个环节，即原始模式的设计和原始模式的优化成型；拓展阶段也有两个环节，即原始模式的规模放大与优化调整、优化模式的巩固与完善。

实验创新的思想是商业模式构建的重要原则，但实验创新并不能代替商业模式构建。恰恰相反，实验创新的贯彻使得商业模式构建工作更加具有迫切性。究其原因，具体包括以下两点。

第一，任何一个有效的商业模式实验创新，都必须有一个正确的起点，这个起点称为商业模式蓝图。不论是商业模式蓝图，还是新版商业模式，都需要人们采取正确的方法完成构建。很多企业的确也在以"摸着石头过河"的方式试图打造出一个理想的商业模式，但结果和预期往往反差甚大。其中一个重要原因就是起点太低，甚至基本就没有起点。既然如此，那么后面的商业模式实验创新过程必然是杂乱无序、充满风险和盲目低效的。

第二，实验创新需要具体到对商业模式各个部分的构建、优化上。换句话说，在实验创新的各个阶段，人们需要知道这一阶段主要考察什么，解决什么问题，如何解决这些问题，而这些就是我们要讨论的问题。问题的关键在于必须澄清到底什么是商业模式构建，以及澄清商业模式真面目和商业模式构建需要纠正哪些错误。

在这个基础上，我们给出商业模式构建的定义，即商业模式构建就是根据商业模式中各个板块的任务属性、任务目标，对该板块中各类活动进行架构塑造。所谓活动架构，就是一项活动在内容、方式、地点、时间、主体、目的六个要素上的具体安排。活动架构并不是具体活动开展的真实情况，而是该项活动在真实开展时的参照式样。

二、商业模式的创新

商业模式创新就是对企业的基本经营方法进行变革。一般而言，有四种方法：改变收入模式、改变企业模式、改变产业模式和改变技术模式。

（一）改变收入模式

改变收入模式就是改变一个企业的用户价值定义和相应的利润方程或收入模型。这就需要企业从确定用户的新需求入手，并非市场营销范畴中的寻找用户新需求，而是从更宏观的层面重新定义用户需求，即深刻理解用户购买产品需要完成的任务或要实现的目标。其实，用户要完成一项任务需要的不仅是产品，而是一个解决方案。一旦确认了此解决方案，也就确定了新的用户价值定义，并可依次进行商业模式创新。

★ 案例讲坛

喜利得电钻出租

国际知名电钻企业喜利得（Hilti）公司就从提供解决方案的角度找到用户新需求，并重新确认用户价值定义。喜利得一直以向建筑行业提供各类高端工业电钻著称，但近年来，全球激烈竞争使电钻成为低利标准产品。于是，喜利得通过专注于用户所需要完成的工作，意识到它们真正需要的不是电钻，而是在正确的时间和地点获得处于最佳状态的电钻。然而，用户缺乏对大量复杂电钻的综合管理能力，经常造成工期延误，因此，喜利得随即改变用户价值定义，不再出售而是出租电钻，并向用户提供电钻的库存、维修和保养等综合管理服务。喜利得公司变革其商业模式，从硬件制造商变为服务提供商，并把制造向第三方转移，同时改变盈利模式。戴尔、沃尔玛、道康宁、Zara、Netflix 和 Ryanair 等企业都是如此进行商业模式创新的。

（资料来源：百度文库，2019 年 10 月 7 日）

（二）改变企业模式

改变企业模式就是改变一个企业在产业链的位置和充当的角色，也就是说，改变其价值定义中"造"和"买"的搭配，一部分由自身创造，其他由合作者提供。一般而言，企业的这种变化是通过垂直整合策略或出售及外包来实现的。

★ 案例讲坛

谷歌商业模式的创新

谷歌在意识到大众对信息的获得已从桌面平台向移动平台转移，自身仅作为桌面平台搜索引擎会逐渐丧失竞争力，就实施垂直整合，大手笔收购摩托罗拉手机和安卓移动平台操作系统，进入移动平台领域，从而改变了自己在产业链中的位置及商业模式，由软变硬。IBM 也是如此，它在 20 世纪 90 年代初期意识到个人电脑产业无利可寻，即出售此业务，并进入 IT 服务和咨询业，同时扩展软件部门，一举改变了它在产业链中的位置和原有的商业模式，由硬变软。甲骨文、礼来、香港利丰和 Facebook 等企业都是采取这种思路进行商业模式创新的。

（资料来源：百度文库，2019 年 10 月 7 日）

（三）改变产业模式

改变产业模式是最激进的一种商业模式创新，它要求一个企业重新定义本产业，进入或创造一个新产业。如 IBM 通过推动智能星球计划和云计算，重新整合资源，进入新领域并创造新产业，如商业运营外包服务和综合商业变革服务等，力求成为企业总体商务运作的大管家。亚马逊也是如此，它的商业模式创新向产业链后方延伸，为各类商业用户提供如物流和信息技术管理的商务运作支持服务（Business Infrastructure Services），向它们开放自身的 20 个全球货物配发中心，并大力进入云计算领域，成为提供相关平台、软件和服务的领袖。

（四）改变技术模式

正如产品创新往往是商业模式创新的最主要驱动力一样，技术变革也是如此。企业可以通过引进激进型技术来主导自身的商业模式创新，如当年众多企业利用互联网进行商业模式创新。当今，最具潜力的技术是云计算，它能提供诸多崭新的用户价值，从而提供企业进行商业模式创新的契机。另一项重大的技术革新是 3D 打印技术，如果一旦成熟并能商业化，它将帮助诸多企业进行深度商业模式创新。如汽车企业可用此技术替代传统生产线来打印零件，甚至可采用戴尔的直销模式，让用户在网上订货，并在靠近用户的场所将所需汽车打印出来。

当然，无论采取何种方式，商业模式创新需要企业对自身的经营方式、用户需求、产业特征及宏观技术环境具有深刻的理解和洞察力，这才是成功进行商业模式创新的前提条件，也是最困难之处。

三、商业模式的设计方法

商业模式设计与创新是创业之前必须要去了解的一个知识，通晓了这里面的逻辑可以让创业企业走上一条可以持久繁荣的道路。商业模式的设计方法主要有以下几种。

（一）细分客户需求

任何商业模式设计与创新都离不开客户，对不同客户群体的分析决定了整个商业模式的方向，在设计与创新方面也就更有重点。

（二）创意加减法

在实现客户的需求过程中有不同的做法，在降低支出方面也有不同的方式，如果有这方面的想法就可以大量地假设出来,再把其中最可行的几个想法拿来实施,这会极好地促进商业模式设计与创新。

(三) 头脑风暴

让团队一起来讨论是最好的,大家对项目是最了解的,每一个人的角度也不一样,有了这样的头脑风暴会让整个项目更加完美,商业模式设计与创新也是自然而然的事情。

(四) 数据测算盈利能力

细致地分析每一项的支出,收集数据去测算未来的收入可能,从而论证这个商业模式是不是真正成功的、是不是经得起长久的实施。

(五) 案例分析

也可以从已有的商业模式中去探讨自己的商业模式设计与创新,拿一个成功的案例来分析就可以把别人的模式一一解构出来,从而提取一些有益的思路。

商业模式设计与创新终归还要经受现实执行的考验,在现实中成功才是完美的。

课后延伸一

走访区域五家企业,分析其商业模式

一、实训目标

(1) 增强学生对商业模式的感性认识。
(2) 培养学生对企业商业模式的分析能力。
(3) 体会商业模式所带来的效益。

二、实训内容

调查分析企业商业模式,运用所学知识进行分类,并对基本经营方式策划变革方案。

三、操作步骤

(1) 将全班分成5~6个小组,每组8人。
(2) 每个小组选取一个区域的企业。
(3) 各小组学生对企业的商业模式进行分析、讨论。
(4) 对各企业商业模式进行分类,对于经营方式提出变革方案。

四、成果形式

为调查企业做一份商业模式调整及商业模式创新所带来的经营上的差异的分析报告。

五、效果评价

企业基本经营模式分析全面性占30%;企业经营模式分类准确性占30%;经营模式变革方案有效性占30%;团队的沟通合作表现占10%。

课后延伸二

根据你所在创业小组的创业项目,认真设计其商业模式。

模块六　创业市场调研与营销

▶第八章　市场调研与营销

第八章

市场调研与营销

未雨绸缪，有备无患，机会是留给有准备的人的，不为明天做准备的人永远不会有未来。

——卡耐基

学习目标

- 熟悉市场营销的含义及核心
- 掌握市场调查的内容及方法
- 掌握市场细分、选择和定位的方法
- 掌握确定市场营销策略的方法

互动游戏

寻找目标顾客

一、游戏目的

了解积极主动在销售活动中的作用。

二、游戏程序

发给学生类似表8-1的表格。

表8-1　推销产品名录

推销者姓名：_____

产品/服务	目标顾客特征	顾客购买签名
舞厅	喜欢跳舞	
免费搭车到隆昌路	住在靠近隆昌路	
婚姻介绍	未婚	

续表

产品/服务	目标顾客特征	顾客购买签名
漫画高级技巧班	会画漫画	
《幽默技巧》	会说笑话	
书法展览	字写得不错	
2折价北京机票	老家是北京	

三、游戏规则

1. 将所有人视作你的潜在顾客，找到符合目标顾客特征者并请其签名。

2. 只能向同一名顾客推销一种产品，也就是说以上几种产品必须是不同的顾客签名；不得给自己签名。

3. 只要符合"目标顾客特征"，就要求顾客配合签名。

4. 产品卖得最快者为胜（必须证明符合特征）。

第一节 市场营销的内涵

一、市场的概念

从一般意义上讲，市场就是指商品交换的场所及交易关系的总和，主要包括买方和卖方之间的关系。广义上讲，它还包括由买卖关系引发出来的卖方与卖方之间的关系以及买方与买方之间的关系。

从市场营销的角度来看，市场是指某种产品的现实购买者和潜在购买者需求的总和。由此可知，市场包括三个要素：①有某种需要的人；②满足某种需要的购买能力；③购买欲望。

市场用公式表示为如下：

$$市场 = 人口 + 购买力 + 购买欲望$$

首先，市场要有具有某种需要的人，人是形成市场的基本前提。在其他条件不变时，只要有了人，就一定有市场，人口规模越大，市场越大。其次，市场要有为满足某种需要的购买力，购买力是形成市场的必要条件。再次，市场要求人们必须对某种产品具有购买欲望。

这三个因素是相互制约、缺一不可的，只有三者结合起来才能构成现实的市场，才能决定市场的规模和容量。例如，一个国家或地区人口众多，但收入很低，人均购买力有限，则不能构成容量很大的市场；又如，人均购买力虽然很大，但人口很少，也不能成为很大的市场。只有人口多，人均购买力又高的地区，才能成为一个有潜力的大市场。但是，如果产品不符合需要，不能引起人们的购买欲望，对销售者来说，仍然不能成为现实的市场。所以，市场是上述三个因素的统一。

站在经营者角度，常常把卖方称为行业，而将买方称为市场，它们之间的关系如图8-1所示。

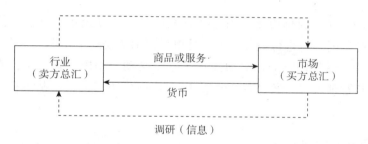

图 8-1　简单的市场营销系统

这里,买卖双方由四种流程相连:卖方将商品(服务)送达市场,并与市场沟通;买方把金钱和信息送到行业。图 8-1 中,内环表示钱物交换,外环表示信息交换。

二、市场营销的含义

市场营销是从英文"marketing"一词翻译过来的,这一词包含两种含义:一种是动词理解,指企业的具体活动或行为,这时称为市场营销或市场经营;另一种是名词理解,指研究企业的市场营销活动或行为的学科,称为市场营销学、营销学或市场学。国外的专家学者对市场营销做过以下不同的解释和表述。

美国市场营销协会(American Marketing Association,AMA)1960 年对市场营销的定义为:"市场营销是指引导产品和劳务从生产者到达消费者或用户所进行的商务活动。"这一定义把市场营销看作沟通生产环节与消费环节的商业活动过程。

英国市场营销协会认为:"一个企业要生存、发展和赢利,就必须有意识地根据用户和消费者的需要来安排生产。"这一论述把市场营销与生产经营决策联系起来。

日本营销学者对市场营销的定义为:"市场营销是在满足消费者利益的基础上,适应市场的需要而提供商品和服务的整个企业活动。"这一论述把市场营销的外延扩大了。

美国市场营销协会于 1985 年对市场营销下了更完整和全面的定义:"市场营销是对思想、产品及劳务进行设计、定价、促销及分销的计划和实施的过程,从而产生满足个人和组织目标的交换。"

美国西北大学教授菲利普·科特勒对市场营销的定义则强调了营销的价值导向:"市场营销是个人和集体通过创造并同他人交换产品和价值以满足需求和欲望的一种社会和管理过程。"

这些论述反映了不同时期人们对市场营销的认识。由此可看出,市场营销的内容在不断地丰富、充实,其外延在不断地扩大。根据现代市场营销的发展,我们给出如下定义:"市场营销是企业在变化的市场环境中,为满足消费者需要和实现企业目标,综合运用各种市场营销手段,把商品和服务整体地销售给消费者的一系列市场经营活动。"

由此,我们可以看出,市场营销包含以下几点主要内容。

(1) 市场营销是一种企业活动,是企业有目的、有意识的行为。

(2) 满足和引导消费者的需求是市场营销活动的出发点和中心。企业必须以消费者为中心,面对不断变化的环境,作出正确的反应,以适应消费者不断变化的需求。

（3）分析环境、选择目标市场、确定和开发产品、产品定价、分销、促销和提供服务以及它们之间的协调配合，进行最佳组合，是市场营销活动的主要内容。

（4）交换是市场营销的核心。交换过程是一个主动、积极寻找机会，满足双方需求和欲望的社会过程和管理过程。通过有效的市场营销活动完成交换，与顾客达成交易，实现企业目标。

三、市场营销的核心

1. 需要、欲望和需求

人类的需要和欲望是市场营销理念的出发点，而需求则是市场营销活动的起点和落脚点。

需要是指人类与生俱来的基本要求，是没有得到某些基本满足的感受状态。例如，人类为了生存必然有对衣食住行的需要。这种需要存在于人类自身生理和社会之中，市场营销者可用不同的方式去满足它，但不能凭空创造。

欲望是指想得到上述需要的具体满足的愿望，是个人被社会所影响的需要。市场营销者无法创造需要，但可以影响欲望。

需求是指人们有能力购买并愿意购买某个具体产品的欲望。市场营销者可以通过各种营销手段来影响需求。

它们三者的区别可以这么理解：感到自己缺乏某些东西，就叫需要，就如饥饿了想寻找食物，但并未指向是面包还是米饭；而当这一指向一旦得到明确，如中国人喜欢吃米饭、欧美人喜欢吃面包，需要就变成了欲望；当我们有能力为我们的欲望买单时，这种欲望就转变成了需求。

2. 产品

产品是指任何能用以满足人类某种需要和欲望的东西，泛指商品和劳务。产品的价值不在于拥有它，而在于它给我们带来的对欲望的满足。人们购买轿车不是为了观赏，而是为了得到它所提供的交通服务。人们在选择购买产品的同时，实际上也在满足着某种愿望和利益。作为营销者，如果只研究和介绍产品本身，忽视对消费者利益的服务，就会因犯"市场营销近视症"而失去市场。

3. 效用、费用和满足

效用是消费者对产品满足其需要的整体能力的评价。这种整体能力不仅包括满足消费者购买该产品对其属性的需要，还包括一种消费者心理层次上的满足感，也就是满足消费者某种心理的能力。例如，消费者购买奔驰和夏利，其效用就有很大的区别。

费用是消费者对取得产品或满足需求而付出的代价。

满足是指消费者对产品满足其需要所达到良好的满意程度。

例如，人们为了解决每天上班的交通需要，会对能够满足需要的产品组合（自行车、摩托车、公交车、出租车等）和需要组合（速度、安全、方便、节约、舒适等）进行评价，最终选择一个效用最大而费用最小的方案，以达到最大的总满足。

4. 交换、交易和关系

交换是指从他人处取得所需之物，以某种东西作为回报的行为，强调回报行为。交换能否真正产生，取决于买卖双方能否找到交换条件。

交换的发生要具备以下五个条件。

（1）至少有交换的双方。

（2）每一方都有对方需要的有价值的东西。

（3）每一方都有沟通和运送货品的能力。

（4）每一方都可以自由地接受或拒绝。

（5）每一方都认为与对方交易是合适或称心的。

交易是指买卖双方价值的交换，强调价值转移。

交换与交易的关系在于：交换是一个过程而不是一个事件，如果交换双方正在进行谈判，并趋于达成协议，就意味着其正在交换，一旦达成协议，则发生了交易。

关系是指营销者与顾客、分销商、经销商、供应商建立、保持并加强合作关系，通过互利交换，使各方实现各自目的的营销方式。

5. 市场营销者

在交换双方中，如果一方比另一方更主动、更积极地寻求交换，就将前者称为市场营销者，后者则为潜在顾客；如果双方均积极，则都为市场营销者。

人们由于有各种生理、安全、社交、尊重、自我价值实现等的需要，再结合社会经济文化、个体特征和自身的购买能力，就会产生欲望和需求。此时，产品的出现正是为了满足人们的某种需求。如果某个产品对于某个消费者来说效用最大而费用最小，那么，消费者的总满足最大，通过市场就出现了交易和关系。消费者得到满足后，又会出现新的需要，以此循环。控制这个循环的就是市场营销管理。

★ 案例讲坛

小米手机的营销策略

北京小米科技有限责任公司成立于2010年4月，是一家专注于智能硬件和电子产品研发的移动互联网公司。小米还是继苹果、三星、华为之后第四家拥有手机芯片自主研发能力的科技公司。目前，小米公司除了手机外，产品已经拓展到笔记本电脑、平板电脑、电视、VR设备、手环等诸多类型。2018年1月8日，业内传出小米将于香港上市的消息，预计估值高达2 000亿美元，或一跃成为国内第三大上市公司，仅次于腾讯和阿里巴巴的5 326亿美元、4 874.09亿美元，远高于百度和京东的851.19亿美元、649.90亿美元（截至2018年1月9日收盘）。

对小米来说，其营销策略可以说在其成长为巨头的过程中起到了巨大的作用，下面总结其营销策略。

培养忠实"粉丝"

从小米论坛就可以看出来，他们利用论坛的互动来带动忠实"粉丝"进行口碑宣传，虽然目前不知道小米的忠实用户准确数量有多少，但可以肯定的一点是小米的忠实"粉丝"非常多，这就是雷军利用用户引来客户的口碑宣传。我们可能在某一个领域非常陌生，但在另一个领域有非常多的"粉丝"，可以利用另一个领域的忠实"粉丝"来带动这个领域的口碑宣传。

发布会

新闻发布会是在线下做推广，同时也可以在线上让忠实"粉丝"推广口碑。小米的微博阵地有两个：一个是雷军本人的，他利用自己在 IT 产业的影响力不断发声，目前已有"粉丝"2 000 多万；另一个是小米手机的官网微博，目前也有"粉丝"2 000 多万。

饥饿营销

我们经常可以看到有淘宝小店铺在做饥饿营销，但饥饿后还是无法营销。小米手机首批发货为 10 月 15 日，数量 10 万台，每次都是限量销售，每次都是销售一空，累计销售逾 180 万部。饥饿营销的意义在于，首先造成一种物以稀为贵的假象；其次是批量销售有利于厂家控制产品的质量，即使出了问题也可以控制在一定范围之内，后一批产品在销售前可杜绝同类问题的发生；最后，人为造成供不应求的热销假象。

产品体验

用户想要一个什么样的手机？高配置、低价格、美外观，小米都做到了。无论是价格、性能还是外观，可以说小米是在业界领先的。为了提高小米手机的体验，小米官方一直在开发新的产品，如小米手环、APP 应用等。虽然在手机上做不到用户体验的极致，但小米手机能够在附加产品上做到极致，这就是最好的用户体验创新。比如：手环在其他品牌价格在 700~1 000 元不等时，小米手环推出的价格为 79 元，这就是一个非常大的改善，配合饥饿营销的模式，小米完全颠覆了手机行业。

（资料来源：百度文库，2017 年 11 月 19 日）

第二节　市场调研的内容和方法

一、市场调研的含义

"现代营销之父"菲利普·科特勒认为："营销调研是系统地设计、收集、分析和提出数据资料以及提供跟公司所面临的特定的营销状况有关的调查研究结果。"

根据美国市场营销协会 1988 年的定义，市场营销调研是通过信息的运用，把消费者、公众和营销者联系在一起的一种职能，是为了提高决策质量以发现和解决营销中的机遇和问题而系统地、客观地识别、收集、分析和传播信息的工作。

市场调研是指个人或组织为了给市场营销决策提供依据，针对某一特定的市场营销问题，运用科学的方法和手段，系统地判断、收集、整理和分析有关市场的各种资料，反映市场的客观状况和发展趋势的活动。

对新创企业而言，做好前期的市场调研非常重要。许多创业者对市场过于乐观，总是相信自己的判断,不深入一线进行市场调查,容易导致决策上出现失误。

二、市场调研的内容

(一) 市场环境调研

任何企业的营销活动都是在一定的市场营销环境中进行的,因此,企业必须对目标市场的营销环境的现状及未来的可能变化情况进行调查了解,包括对目标市场的政治、经济、社会、文化、法律、科技、教育等环境因素的现状进行研究和分析,并预测和估计其发展的趋势,判断目标市场环境变化的规律性及变动特点。

(二) 市场需求调研

市场需求调研包括市场容量调研、顾客调研和购买行为调研。市场容量调研主要是调研现有和潜在人口变化、收入水平、生活水平、本企业的市场占有率、购买力等。顾客调研主要是了解购买本企业产品或服务的团体或个人的情况,如民族、年龄、性别、文化、职业、地区等。购买行为调研是调研各阶层顾客的购买欲望、购买动机、兴趣爱好、购买习惯、购买时间、购买地点、购买数量、品牌偏好等,以及顾客对本企业产品和其他企业提供的同类产品的欢迎程度。

(三) 产品调研

产品或服务是一个企业向市场提供和传递价值的最基本的载体和关键要素。产品调研包括多种类型,常见的有产品创意检测、新产品测试、包装测试、品牌研究等内容。产品创意检测是一种普遍使用的产品研究方法。产品研究包括现有产品改进和新产品研制与开发的研究。对现有产品的改进主要是改进性能、扩大用途和创造新市场等;对新产品的研制与开发研究主要是产品测试研究,其中涉及消费者对产品概念的理解、对产品各个属性的重要性评价、新产品的市场前景以及新产品上市的相关策略等。包装测试主要是为了检验包装的促销功能。品牌的研究形成一个相对独立的研究领域,其主要内容有品牌的知名度、美誉度、忠诚度以及消费者对品牌的认知途径和评价标准等。

具体来说,产品调研主要包括以下内容。

(1) 产品设计的调研,包括功能、用途、使用方便和操作安全设计,以及产品的品牌、商标、外观和包装设计等。

(2) 产品和产品组合的调研,包括产品的价格、销售渠道、广告宣传等。

(3) 产品生命周期的调研,主要是调研产品是处在成长期、成熟期还是衰退期等。

(4) 对老产品改进的调研,包括消费者对老产品质量、功能的意见等。

(5) 对新产品开发的调研,包括消费者对产品包装、服务、花色、品种、规格、交货期、外观造型和式样的喜爱偏好等。

(6) 对如何做好销售技术服务的调研。

(四) 价格调研

价格调研主要是调研价格对商品需求的影响,重点调查商品价格的成本构成、价格变化的趋势、价格变动对商品销售的影响、影响价格变动的各种因素、商品价格的需求弹性、相关产品或代用品的价格、竞争者的价格以及企业的价格策略等。

（五）分销调研

分销调研的内容主要包括商品销售区域和销售网点的分布、潜在销售渠道、销售点服务品质、铺货途径、商品运输线路、商品库存策略等。

（六）促销调研

促销调研的目的主要是支持企业的促销战略和战术决策，使促销组合达到最佳，以最少的促销费用达到最佳的促销效果，并就出现的问题及时对促销方式进行调整和改进。促销调研主要包括广告、人员销售、销售促进、公共关系等方面的调研，具体内容有广告媒介、广告效果评估、广告策略，以及优惠、赠品、有奖销售等促销方式对销售额的增加幅度和市场占有率变化的影响等。

（七）市场竞争调研

市场竞争调研的目的主要是支持企业营销的总体发展战略，做到知己知彼，发挥竞争优势，主要是侧重于本企业与竞争对手的比较研究，以识别企业的优势和劣势，判断出本企业所具备的与竞争对手相抗衡的条件或可能性，确定企业的竞争策略，以达到以己之长克彼之短的功效。其内容主要有：了解行业的竞争结构和变化趋势，了解竞争者的战略目标、核心能力、市场份额、产品策略、价格策略、销售渠道策略、促销策略等。

（八）用户满意度研究

用户满意度研究越来越受到企业的重视，企业通过顾客满意度研究了解顾客满意度的决定性因素，测量各因素的满意度水平，从而为企业比竞争对手更好地满足消费者提供建议。在用户满意度研究中，需要调查、了解和分析以下几方面。

（1）用户对有关产品或服务的整体满意度。

（2）用户对特定品牌或特定商店产生偏好的因素、条件和原因。

（3）用户的购买动机，包括理智动机、情感动机和偏好动机，以及产生这些动机的原因。

（4）用户对各竞争对手的满意度评价。

（5）用户对产品的使用次数和购买次数，以及每次购买的数量。

（6）用户对改进产品或服务质量的具体建议。

三、市场调研的设计

研究设计是保证调研工作顺利进行的指导纲领，其主要内容有：内容设计、方法设计、工具设计、抽样设计、方案设计等。

（一）内容设计

内容设计就是根据调研的目的确定调研的范围以及信息资料的来源。

调研的范围是根据调研的目标，确定所需信息资料的内容和数量。例如，是调查企业营销的宏观经济环境，还是调查企业的市场营销手段；是一般性调查，还是深度调查等。

信息资料的来源是指获取信息资料的途径。市场营销调研所需的信息资料可以从企业内部和企业外部两方面得到。如果企业已经建立了市场营销信息系统，则可以通过数据库得到信息资料。除此之外，还要确定搜集信息资料的地区范围。

（二）方法设计

市场调研的方法多种多样，适用面各不相同，究竟采用何种调研方法，要依据调研的目的以及研究经费的多少而定。

（三）工具设计

在确定了调研方法之后，就要进行工具设计。所谓工具设计，是指采用不同的调研方法需要准备不同的调研工具。例如，采用访问法进行调研时，需要使用调查问卷，调查问卷设计中的关键是确定提什么问题、提问的方式等。又如，采用观察法中的行为记录法进行调研时，需要考虑使用何种观察工具（如照相机、监视器等）。

（四）抽样设计

抽样设计就是根据调研的目的确定抽样单位、样本数量以及抽样的方法。在其他条件相同的情况下，样本越多越有代表性。样本数量的多少影响结果的精度，但样本数量过大也会造成经济上的浪费。

（五）方案设计

调研方案或计划是保证市场营销调研工作顺利进行的指导性文件，它是调研活动各个阶段主要工作的概述。调研计划虽无固定格式，但基本内容应包括：课题背景、研究目的、研究方法、经费预算和时间进度安排。

四、原始资料收集的市场调研方法

原始资料收集的市场调研方法主要包括访问法、观察法、实验法和网络调查法。

（一）访问法

在原始资料的收集过程中，访问法运用得最为广泛。例如，入户访问、拦截访问、电话调研、邮寄调研和留置调研等都是具体的访问形式，如表8-2所示。

表8-2 访问法的类型及优缺点

类型	含义	优点	缺点
入户访问	调研者进入被访者家中或单位进行调研	保证调查的完成质量，灵活性大	费用高，访问调查周期较长；匿名性较差，难以收集个人敏感问题的资料
拦截访问	在人流量大的地方随机拦截路人进行的访问	访问进程快，成功率高，成本低廉，实效性强	干扰因素多，样本的代表性存在误差，回访较难

续表

类型	含义	优点	缺点
电话调研	以电话通信的形式向被调查者征询有关意见和看法	成本低,速度快,不必面对面接触,容易合作	调查内容难以深入,接话率不足,访问时长有限,缺乏视觉媒介
邮寄调研	将问卷通过邮寄的方式送达选定的调查对象,被调查者按规定的要求完成问卷,然后在规定的时间将问卷寄回	地理灵活,成本低,应答时间充裕,应答者匿名,回答更客观	回收率低,耗时,质量难以控制
留置调研	调查员按面访的方式找到被调查者,说明调查目的和填写要求后,将问卷留置于被调查者处,约定在一段时间后,再次登门取回填好的问卷或请求被调查者将问卷寄回	匿名保密性强,问卷回收率高	成本高

(二) 观察法

观察法是由调查员直接或通过仪器在现场观察调查对象的行为动态并加以记录而获取信息的一种方法。观察法在市场调研中用途很广,分人工观察和非人工观察。观察法可以观察到消费者的真实行为特征,但是只能观察到外部现象,无法观察到调查对象的一些动机、意向及态度等内在因素。观察法的优缺点如表8-3所示。

表8-3 观察法的优缺点

优点	缺点
能够客观、真实地反映被调查者行为	耗时长、费用高
不存在被拒绝或不配合的现象	只能反映客观事实,难以获得深层次信息
可以消除语言或问题理解等方面的误差	对调查人员的素质及业务水平要求高
简便、易行、灵活性强	观察到的事物可能存在某种假象
不干扰顾客	

(三) 实验法

实验法是指在控制的条件下,对所研究的对象从一个或多个因素进行控制,以测定这些因素间的关系。在因果性的调研中,实验法是一种非常重要的工具。

采用实验法的好处是:方法科学,能够获得比较真实的信息资料。但是此种方法也有其局限性:大规模的现场实验,难以控制市场变量,影响实验结果的有效性;实验周期较长,调研费用较高等。

实验法主要用于因果关系的判断,在消费行为研究中得到了广泛应用。试销就是一种使用较多的实验法。在产品大规模进入市场前对消费者的购买意愿、感兴趣的内容、购买方式等信息通过试销进行测试,可以为企业确定市场规模和确定适当的营销方案提供依据。此外,实验法还可用于测试各种广告的效果,研究品牌对消费者选择商品的影响,研究颜色、名称对消费者味觉的影响,研究商品的价格、包装、陈列量等因素对销售量的影响等。

(四) 网络调研法

网络调研又称联机市场调研,它是通过网络进行的有系统、有计划、有组织的收集、调查、记录、整理、分析有关产品、劳务、广告及市场等信息,客观地测定及评价、发现各种现象和事实,用以解决市场营销的有关问题,并可作为各种营销决策的依据。网络调研的范围很广,包括市场营销的各个方面。

网络调研的特点是具有实时性、双向互动性、方便性和准确性甚至娱乐性等。因此,它具有传统调研所无法比拟的优势,是符合现代商业节奏和环保意识的理想调研方式。具体来说,网络调研的优点表现在以下几个方面:更加准确的统计效能;更高的效率;更低的成本;更好的接触效果;调研结果比较真实;调研的周期较短;不受时间、地域的限制。但是,网络调研同样也有一些缺点:样本数量难以保证;问卷设计限制较大;人口统计信息的准确性有待评估;被调查者可能存在作弊行为。

第三节 市场细分、选择和定位

消费者是一个极其庞大和复杂的群体,顾客个体由于在受教育程度、经济收入、消费心理与购买习惯,以及自身所处的地理环境、人文环境等诸多方面存在差异,导致其需求具有复杂多样性。对于任何一个企业,不论其规模有多大,实力有多雄厚,面对一个大市场,它是没有能力也没有必要提供足以满足整个市场所有消费者需求的商品和劳务的。一方面,顾客的需求永无止境且千差万别;另一方面,任何一个企业所拥有的资源都是有限的。因此,企业应选择它能有效地提供服务、对其最具吸引力的一个或几个细分市场。正确地选择企业的目标市场,明确企业在市场中特定的服务对象和服务内容,是确定企业营销战略的首要内容和基本出发点。

一、市场细分

(一) 市场细分的概念

所谓市场细分,又称市场区隔、市场分片、市场分割,是指营销者通过市场调研,依据购买者在需求上的各种差异(如需求、欲望、购买习惯和购买行为等),把某一产品的市场整体划分为若干消费者群的市场分类过程。在这里,每一个消费者群就是一个细分市场,亦称子市场、分市场、亚市场或市场部分。每一个细分市场都是由具有类似需求倾向的消费者构成的群体,所有细分市场的总和便是整个市场。由于在消费者群内,大家的需求、欲望大致相同,企业可以用一种商品和营销组合策略加以满足;但在不同的消费者群之间,其需求、欲望存在差异,需要企业以不同的商品采取不同的营销策略加以满足。因此,市场细分实际上是一种求大同、存小异的市场分类方法,它不是对商品进行分类,而是对需求各异的消费者进行分类,是识别具有不同需求和欲望的购买者或用户群的活动过程。

(二) 市场细分的要求

1. 要有明显特征

用以细分市场的特征必须是可以衡量的，细分出的市场要有明显的特征，各子市场之间有明显的区别，各子市场内部具备共同的需求特征，表现出类似的购买行为。

2. 要根据企业的实力，量力而行

在细分市场中，企业所选择的目标市场必须是自己有足够的能力去占领的子市场。在这个子市场中，能充分发挥企业的人力、物力、财力，以及生产、技术、营销能力的作用。

3. 要有一定的利润空间

在市场细分中，企业选中的子市场必须具有一定的规模，即有充足的需求量，足以使企业有利可图，并实现盈利目标。同时，子市场规模也不宜过大，不然企业无法"消化"，结果也是白费功夫。因此，企业所选择的子市场的的规模必须恰当，使企业能够获得合理的利润。

4. 要有发展潜力

企业所选择的目标市场，不仅要能给企业带来目前的利益，还必须有相当的发展潜力，能够给企业带来较长远的利益。因此，企业在市场细分时不能选择正处于饱和或即将饱和的市场，这样的市场没有多少潜力可挖。

(三) 市场细分的标准

市场细分是以顾客特征作为基础的，市场细分的出发点是消费者对商品和服务的不同需求。市场细分的标准，对于消费者市场和产业市场而言，存在着很大的差异。

1. 消费者市场细分的标准

市场细分是根据不同类型消费者需求的差异性和同一类型消费者需求的相似性对消费者群体进行划分的。对于消费者市场进行细分的关键是确定细分的标准，划分的标准不同，所确定的细分市场也不同。消费者需求受到多种因素的影响，如自然的、社会的、经济的、文化的，这些因素及其组合就构成了市场细分变量体系，即市场细分的标准，如表8-4、表8-5、表8-6所示。

表8-4 消费者市场细分的标准

细分标准	具体标准
地理因素	国家、地区、自然气候、地形、资源分布、人口密度、城市大小、交通运输条件等
人口因素	年龄、性别、家庭、收入、职业、受教育程度、宗教信仰、民族、社会阶层等
心理因素	生活方式、性格特点、个人偏好、追求的利益、购买动机等
购买行为因素	购买时机、使用频率、使用状态、品牌依赖程度、购买准备、消费者态度、偏爱程度、了解程度、敏感因素等

表 8-5　按照年龄对消费者进行的市场细分

年龄阶段	优先需求	主要产品需求
10~19 岁	自我、教育、社会化	时装、汽车、娱乐、旅游
20 岁	事业	时尚产品、应酬、衣物与服饰
20~29 岁	婴儿、事业	家居用品、园艺用品、DIY 用品、育婴用品、保险
30~59 岁	小孩、事业、化解中年危机	婴儿食品、食品、教育、交通工具
60~69 岁	自我、社会关系	家具与服饰、娱乐、旅游、豪华汽车、投资商品、游艇设施
70~90 岁	自我、健康、排除孤独	健康服务、保险、便利商品、电视和书籍

表 8-6　对行为细分变量的再细分

行为细分变量	细目
购买时机	节假日、季节、平时、非正常工作时间
追求的利益	质量、价格、服务、炫耀、名誉
使用者情况	非使用者、曾经使用者、潜在使用者、初次使用者、经常使用者
使用频率（数量细分）	大量使用者、一般使用者、少量使用者
品牌忠诚程度	坚定品牌忠诚者、随机品牌忠诚者、非忠诚者
待购阶段（购买准备阶段）	不知道、已知道、有兴趣、已了解、欲购买
对产品的态度	热爱、肯定、冷淡、否定、厌恶

2. 产业市场细分的标准

产业用品市场细分的依据主要有产品最终用户、用户地点、用户规模、相关采购因素以及购买者追求的利益等，如表 8-7 所示。

表 8-7　产业市场细分的标准举例

细分标准	具体细分标准
产品最终用户	军用、民用、商用等
用户地点	地区、交通、气候等
用户规模	企业资金、规模、销售额
相关采购因素	关键采购标准、采购战略、采购的重要性
购买者追求的利益	质量、价格、服务等

二、目标市场选择

目标市场与市场细分既有联系，又有区别。目标市场是根据市场细分标准选择一个或一个以上细分市场作为企业进入并占领的市场，它不仅是企业营销活动所要满足的市场，也是企业为实现预期目标而要努力进入的市场。可见，企业选择目标市场是在市场细分的基础上进行的。市场营销就是针对目标市场上的顾客运用营销策略的过程，选择什么样的目标市场作为企业的营销对象并针对这些顾客选择什么样的营销策略非常重要。

企业确定目标市场的方式不同,选择的目标市场范围不同,其营销策略也就不一样。一般来说,目标市场选择策略有三种:无差异性目标市场策略、差异性目标市场策略和密集(集中)性目标市场策略。

(一)无差异性目标市场策略

当企业面对的是同质市场或同质性较强的异质市场时,便可以采用这一策略开展市场营销活动。即企业把整个市场看作一个大的目标市场,不细分市场,只推出一种产品,试图吸引尽可能多的顾客,为整个市场服务。无差异性目标市场策略强调购买者的需求共性,为整个市场生产单一的标准化产品,追求规模经济效益。但这种策略缺乏针对性,创业型小企业通常不适宜采用。

(二)差异性目标市场策略

实行差异性目标市场策略的企业,通常是把整体市场划分为若干细分市场,并都作为其目标市场。针对不同目标市场的特点,分别制订出不同的营销计划,按计划生产、营销目标市场所需要的商品,满足不同消费者的需要,不断扩大销售成果。采用该策略可以扩大销售额,提高竞争力,但缺点是成本较高,一般适用于大中型企业。

(三)密集(集中)性目标市场策略

密集性目标市场策略也称集中性目标市场策略,是指企业把整个市场细分后,选择一个或少数几个细分市场作为目标市场,实行专业化经营,即企业集中力量向一个或少数几个细分市场推出商品,占领一个或少数几个细分市场的策略。这种策略特别适用于资源有限的创业型小企业,优点是如果选择了适合的细分市场,可以获得很高的投资回报;缺点是如果目标市场情况变化,企业有可能陷入困境。

三种目标市场策略的示意如图 8-2 所示,三者之间的比较如表 8-8 所示。

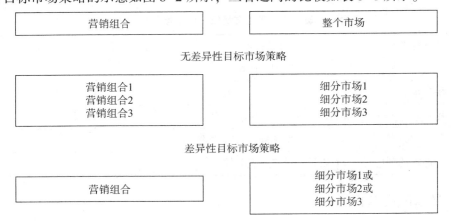

图 8-2 三种目标市场策略示意

表 8-8　三种目标市场策略的比较

目标市场策略	追求利益	营销稳定性	营销成本	营销机会	竞争程度	管理难度
无差异性策略	经济性	一般	低	易失去	强	低
差异性策略	销售额	好	高	易发展	弱	高
集中性策略	形象和市场占有率	差	低	易失去	强	低

三、市场定位

（一）市场定位的概念

市场定位是指企业根据目标市场上同类产品市场竞争状况，针对顾客对该类产品不同特性重视程度的差异与需求状况，并结合企业现有条件与产品在市场上所处的位置，为自己的产品塑造既能使消费者明确感知又能很好地与竞争者的产品区别开来的特定品牌形象，进而通过特定的营销模式让顾客接受该产品，以确定本企业及其产品在目标市场的位置。例如新创企业从事生态养殖，就可以主打环保牌，通过展示企业产品的生产过程，吸引消费者，并确定消费者可以接受的合理价格。

（二）市场定位的步骤

创业企业的市场定位工作一般包括以下三个步骤。

1. 调查研究影响定位的因素

适当的市场定位必须建立在市场营销调研的基础上，即必须先了解影响市场定位的各种因素，主要包括竞争者的定位状况、目标顾客对产品的评价标准和目标市场潜在的竞争优势。

2. 选择竞争优势和定位战略

企业通过与竞争者在产品、促销、成本及服务等方面的对比分析，了解自己的长处和短处，从而认定自己的竞争优势，进行恰当的市场定位。市场定位的方法有很多，且还在不断开发中，一般包括以下七个方面。

（1）特色定位。构成产品内在特色的许多因素都可以作为市场定位所依据的原则，如规格的大小、功能的多少等。

（2）功效定位。从产品的功效上加以定位。

（3）质量定位。从产品的质量上加以定位。

（4）利益定位。从顾客获得的主要利益上加以定位。

（5）使用者定位。企业常常试图把某些产品指引给适当的使用者或者某个细分市场，以便根据那个细分市场的特点建立起恰当的形象。例如，目前在国内出现的大量经济型连锁酒店，就受到了许多工薪阶层的欢迎。

（6）竞争定位。根据企业所处的竞争位置和竞争态度进行市场定位。

（7）价格定位。根据本企业的产品在价格上的优势进行市场定位。

3. 向市场传播和表达自己的市场定位

这一步骤是企业要通过一系列的宣传活动,将企业选定的竞争优势通过各种营销手段准确地传递给目标顾客,并在消费者脑海中留下深刻的印象。这需要企业做好以下三个方面的工作。

(1) 建立与市场定位一致的形象。

(2) 强化顾客对市场定位的信念。

(3) 防止误导信息传播。当企业营销组合运用不当时,可能会在顾客中造成误解。

第四节　市场营销策略的确定

一、构建营销渠道

(一) 创业营销渠道

创业者为了更快把产品推向市场,完成销售过程,通过一系列运作完成销售渠道的构建,并使最小投入达到最好效果。依据营销渠道的特征,创业营销渠道通常可分为经销中间商、代理中间商、营销辅助机构和"互联网+"营销四大类。

1. 经销中间商

一般来说,商品销售中的经销商先获得产品的所有权,然后再转手出售,比如批发商、零售商。新创企业为了节约销售成本或不在销售环节投入过多,往往先找有实力或有很好销售渠道的经销中间商,由他们尽快销售并回收资金。

2. 代理中间商

代理中间商帮助创业者寻找客户和销售产品。代理商不取得产品的所有权,也无须垫付商品资金,他们只收取一定量的提成。代理中间商基本没有销售成本,因此,销售风险比中间商小得多。但是,代理中间商在市场推广方面动力不足,要靠创业者自己来推动。

3. 营销辅助机构

营销辅助机构是营销渠道中的重要组成部分,虽然不参与产品销售,但这类机构是产品销售行为顺利完成的必要保证。商品配送中心就是这类机构的代表之一,此外,还包括售后服务机构、仓储机构、银行和广告代理商等。

4. "互联网+"营销

营销进入3.0时代,即价值观为中心的时代,营销者不再仅仅把顾客视为消费个体,而是把他们看作具有独立思想完整自由的个体。"交换"与"交易"被提升成"互动"与"共鸣"。营销环境发生了重大变化,即移动化、碎片化、场景化。消费转变为随心所欲、全天候、多渠道的消费,消费者可以在任何时间、地点,通过任何方式特别是"互联网+"营销的方式,购买他们所喜欢的商品。新技术的发展,"内容营销+场景"的匹配,通过不同的媒介制造出话题场景,才能引爆品牌。消费主体蜕变为个性化、社交化、娱乐化。面对移动化、碎片化的营销环境和个性化、社交化的消费主体，同时还必须满足"最小的投入，最精准的链接，最完美的创意"，只有互联网营销才能达到这个目标。"互联网+"营销表现为四种模式，即大数据营销、内容营销、社群营销、场景化营销。碎片化的渠道、碎片化的时间、移动化的行为、个性化的价值观、娱乐化的诉求决定了"互联网+"企业背景下的营销向着场景化、数据化、内容化、社群化的趋势发展。未来，企业在营销方面必然向"互联网+"营销模式传播扩散。

（二）渠道构建过程

首先，要明确影响渠道构建的主要因素，这样才能确定合适的渠道结构。比如，外部环境，包括政策、文化、社会、经济、技术等方面；内部条件是怎样的、实力如何、人员能力素质高低、物质条件如何等，在此基础上考虑渠道构建。从最直接的影响因素看，主要是企业的目标市场和产品特征。市场范围对渠道构建非常重要。从地理范围看，如果目标市场地理范围很大，或较为分散，渠道的长度和宽度可以大一些，创业者可选择更多的中间机构，层次也可多些；如果目标市场的地理位置集中，那么渠道可以简化些，甚至不用外部渠道，自己独立运作。从产品特征看，如果产品功能或价值很普遍，跟现有产品大体相同，那么，渠道长度和宽度可适当放大；如果产品功能非常独特，则需要更短、更窄的渠道，企业可组织人员进行销售。另外，产品保质期限是渠道构建的重要因素，期限短，渠道就应简化，不宜过长；反之，则可适度放长。

渠道构建有如下几个步骤。

1. 设置渠道目标

渠道设置的目的是销售产品，实现企业整体战略目标。渠道目标应与其他目标相协调，并适时调整，以避免产生不必要的矛盾。

2. 明确渠道任务

目标明确后，应把各项具体任务进行分析，一般包括促销、销售、与客户沟通、运输、存储等方面。通过明确任务，使创业者对营销渠道的设立更为细化，功能和定位更加准确，各司其职，各负其责，完成销售中的各项任务。

3. 确立渠道结构方案

明确渠道任务后，就应把任务合理地分配到不同的营销中介机构中去，最大限度发挥其作用。渠道结构方案包括以下四个方面内容。

（1）渠道的层次设置。这是指渠道的纵向长度设置。直销即企业直达消费者，渠道层级为零；如果找经销商销售，销售层级就可能达到一定数目以上。省、市、县、乡等市场广大，层级就较多；反之，就较少。

（2）渠道的宽度设置。这是对渠道的横向设计。如果产品独特性强，为避免恶性竞争，可考虑设置区域独家分销模式；如果产品是"大路货"，那么，可设置较多分销机构。渠道横向设计也应考虑企业的成长状况。新创企业各方面资源有限，可考虑独家分销；企业成长壮大了，可考虑设置分销机构等。

（3）中介机构类型选择。这是在调研基础之后的挑选工作，一方面考虑中间商的实力，另一方面考虑企业自身状况。比如，中间商销售实力弱，很难完成销售目标，就要自建渠道销售；如果中间商销售实力雄厚，但合作成本高，创业者应综合考虑后再决定取舍。选择经销商可采用竞标的方式。

（4）采用"互联网+"营销。"互联网+"营销也称为网络营销，是以国际互联网络为基础，利用数字化的信息和网络媒体的交互性来实现营销目标的一种新型的市场营销方式。随着互联网技术的成熟以及成本的低廉化，互联网好比是一种"万能胶"，将企业、团体、组织以及个人跨时空联结在一起，使得他们之间信息的交换变得"唾手可得"。市场营销中最重要也最本质的特征就是组织和个人之间进行信息传播和交换。

二、确定促销策略

（一）确定促销策略的影响因素

为了将产品成功销售出去，创业者必须采取有效的促销策略。这需要对促销策略的选择进行详细分析。确定促销策略应考虑以下因素。

1. 整体营销环境

创业者确定的促销方案能否实行，取决于整体营销环境是否支持促销方案。这方面典型的例子是直销牌照的发放问题，目前国内发放这类牌照很少，因为直销和传销界限不清，但也有个别企业获得了这类牌照，如雅芳等品牌。因此，企业需要根据营销整体环境所提供的机会和约束条件来确定促销方案。特别是互联网、大数据、云计算等新技术的发展，许多消费者都在网上购物，因此，必须根据外部环境的变化来确定促销策略。

2. 目标市场状况

促销策略的选择与目标市场特征关系极大。目标市场的地理位置、社会文化、消费者心理因素、行为特征等都决定了促销策略的接受程度和实施效果。创业者在对目标市场进行深度分析后，才会决定采用什么样的促销方案。比如，技术含量高的独特产品，应采用人员推销，通过人员演示展示产品的独特性，提升消费者的认可度。对于一般性产品，应注重提升产品知名度，并在附加价值上下功夫，充分利用广告等方式，提升产品的客户认可度。

（二）促销策略的选择

促销策略一般可分为四类，即广告、营业推广、人员销售、"互联网+"营销。

1. 广告

广告是指在促销过程中所推行的商业广告，不同于公益性广告。广告传播面广，范围大，一般能取得较好的效果。由于广告的实施和传播需要中介媒体，而媒体本身的声誉和影响力会对广告的效果产生重大影响。因此，有的企业不惜重金在电视上做广告，目的是靠权威性扩大影响力和覆盖面。当然，在广告的内容、形式、广告语等方面应下大功夫，以此提升广告的宣传效果。选择广告媒体应从实际情况出发进行比较，选择投入较少或虽投入较多但能达到更大宣传效果的媒体形式。也可考虑进行广告组合，如电视广告、平面广告、网络广告等，选择最有利于实现目标的广告媒体，注重广告的成本效益分析，防止盲目不计成本的广告宣传。

2. 营业推广（网上宣传推广）

营业推广是在特定时机或特定地点采用特殊手段对消费者实行强烈的刺激，从而达到促销效果或目标的方式。当然，营业推广不能作为常用策略，经常使用会让消费者产生反感，效果适得其反。在实际运作中，营业推广应与其他方式相结合，以达到更好的促销效果。营业推广手段包括：赠送样品、免费使用、发放折扣券、有奖销售、返现金等。还有的企业通过展销会、交易会、博览会等方式来推销产品。比如，某罐头厂参加展销会，展位被安排在角落里，无人问津，厂长想出一个奇招，制作了很多个铜牌放置在展厅的各个地方，谁捡到铜牌谁就可到展位去领纪念品，这让罐头厂成为展会一道"亮丽风景线"，宣传效果非常好。当然，营业推广也包括网上的宣传推广。

3. 人员销售

人员销售是企业派营销人员直接到目标市场同顾客建立联系，传递信息，促进商品和服务销售的活动。人员销售有成本优势，不用花很大的广告费用。人员销售是面对面沟通，有利于培养与客户的关系，当场示范很容易吸引客户，使客户信服。当然，如果选人不当，会造成不良影响，也会影响促销活动效果。人员销售时，应特别加强对用户的信息调研，搜集各种信息资料，有针对性地进行销售。同时，销售人员要掌握沟通、谈判、交流等方面的技巧。在进行促销时，无论采用哪种策略，都应适时进行总结，发现问题及时解决，适当调控，有效评估，及时反馈，不断提高促销效果。

4. "互联网+"营销

"互联网+"营销是利用互联网的形式，通过积累"粉丝"等手段促进销售的方式。比如，小米手机的网上销售策略运用得很成功。

★ 案例讲坛

山姆·沃尔顿：零售业帝国沃尔玛的打造者

沃尔玛有限公司是一家世界性连锁企业，总部设在美国阿肯色州本顿维尔。以营业额计算，沃尔玛为全球最大的公司，其控股人为沃尔顿家族。山姆·沃尔顿于1945年在本顿维尔小镇开始经营零售业，经过几十年的奋斗，建立起全球最大的零售业王国沃尔玛，成为美国最大的私人雇主。沃尔顿因其卓越的企业家精神于1992年度被布什总统授予"总统自由勋章"，这是美国公民的最高荣誉。沃尔玛公司现有几千家门店，分布于全球十多个国家，包括美国、墨西哥、加拿大、波多黎各、巴西、阿根廷、南非、中国、印度尼西亚等，员工达到了200多万人。沃尔玛年销售额相当于全美所有零售公司的总和，而且至今仍保持着强劲的发展势头。沃尔玛主要有沃尔玛购物广场、山姆会员店、沃尔玛商店、沃尔玛社区店四种营业方式。2014年，沃尔玛公司以4 762.9亿美元的销售额（其中在线销售100多亿美元）、年利润160亿美元，力压众多石油公司，而再次荣登《财富》世界500强榜首。它在短短几十年中有如此迅猛的发展，不得不说是零售业的一个奇迹。

沃尔玛何以能从一家小型的零售店迅速发展成为大型国际化零售集团，并成为世界第一零售品牌呢？原因有以下几点。

第一，沃尔玛提出了"帮顾客节省每一分钱"的宗旨，而且实现了价格最便宜的承诺。所有的大型连锁店超市都采取低价经营策略，沃尔玛的与众不同在于，想尽一切办法从进货渠道、分销方式以及营销费用、行政开支等各方面节省资金，提出了"天天平价，始终如一"的口号，并努力实现价格比其他商号便宜的承诺。

第二，沃尔玛向顾客提供超值服务的享受。走进任何一家沃尔玛店，店员就会立刻出现在你的面前，笑脸相迎。店内有这样的标语"我们争取做到，每件商品都保证让您满意！"顾客在这里购买任何商品，如果觉得不满意，可以在一个月内退还商店，并获得全部退款。沃尔顿曾说："我们都是为顾客工作，你也许会觉得是在为上司工作，但事实上他也和你一样。在我们的组织之外有一个大老板，那就是顾客。"沃尔玛把超值服务看成是自己至高无上的职责。

第三，沃尔玛推行"一站式"购物新观念。顾客可以在最短的时间内以最快的速度购齐所有需要的商品。在商品结构上，力求富有变化和特色，以满足顾客的各种喜好。另外，沃尔玛为方便顾客还设置了如免费停车等多项特殊的服务。

第四，在各种公益事业的捐赠上不吝啬，广为人知。沃尔玛在社会活动上大量的长期投入以及活动本身所具有的独到创意，大大拓宽了品牌知名度，成功塑造了品牌在广大消费者心目中的卓越形象。

第五，沃尔玛针对不同的目标消费者，采取不同的经营零售形式，分别占领高、中、低档市场。例如：针对中层及中下层消费者的沃尔玛平价购物广场、只针对会员提供优惠服务的山姆会员商店，以及深受上层消费者欢迎的沃尔玛综合性商店等。

第六，沃尔玛利用先进信息技术整合优势资源，形成独特的竞争优势，使其经营水平远高于竞争对手。沃尔玛的全球采购战略、配送系统、商品管理、电子数据系统、天天平价战略在业界都是经典管理案例。沃尔玛的成功建立在其先进的管理手段基础上，在信息技术的支持下，沃尔玛能够以最低的成本、最优质的服务、最快速的管理反应进行全球运作，各家商店运用计算机进行库存控制。连锁商店系统用条形码扫描系统；专用的卫星通信系统使全球几千家沃尔玛分店都能够通过信息技术的终端与总部进行实时联系。

在沃尔玛管理信息系统中最重要的一环就是它的配送管理。其独特的配送体系大大降低了成本，加速了存货周转，成为"天天低价"的最有力支持。该系统共包括三个部分。

其一，高效的配送系统。沃尔玛的供应商根据各分店的订单将货品送到沃尔玛配送中心，配送中心负责完成对商品的筛选、包装和分拣工作。此处85%采用机械处理，大大减少了人工处理商品的费用。

其二，便捷的运输系统。沃尔玛的机动运输车队是其供货系统的另一个无可比拟的优势。1996年沃尔玛就拥有了30个配送中心、2 000多辆运货卡车，保证进货从仓库运到任何一家商店的时间不超过48小时。其他同行业每两周补货一次，沃尔玛可以保证分店货架平均每周补货两次，从而大大节省了运送时间和费用。其结果是沃尔玛的销售成本低于同行业销售成本的2%~3%，为沃尔玛全年低价策略打下坚实基础。

其三，先进的卫星通信系统。沃尔玛这套系统的应用，使配送中心、供应商及每一分店的每一销售点都能形成快速作业，在短短数小时内便可完成"填妥订单-分店汇总-送出订单"的整个流程，大大提高了营业的高效性和准确性。沃尔玛有整套系统的扩张策略。在业态上，沃尔玛选择了以20世纪80年代正处于成长期的折扣店为主的形式，从而最有利于早期扩张。在产品和价格决策上，沃尔玛以低价销售全国性知名品牌，从而赢得了顾客青睐。在物流管理上，采用配送中心扩张领先于分店扩张策略，慎重地选择了营业区域内的最合适地点建立配送中心。在地点上，采用垄断当地市场后再向下一个邻近地区扩张的基本原则，和在一个配送中心周围布下大约150个分店的策略，在数量上始终保持了极其理智的控制。沃尔玛海外投资相当稳健，随着世界经济的全球化，沃尔玛已经加紧了其国际化的步伐。

沃尔玛还采用长期战略与短期战略相结合的方法。长期战略目标就是要做全球零售业的领袖，短期的战略目标是稳步推进、积极适度地扩张。短期战略与长期战略的相互配合使沃尔玛很快成为美国最大的零售企业。随着短期战略目标的实现，沃尔玛逐渐走上了向外扩张的国际化道路，成为世界第一大品牌。

第七，重视倾听最基层的声音，鼓励员工提意见。沃尔玛公司创始人山姆·沃尔顿在经营实践中注重总结经验，并形成了自己的经营原则，这些原则包括：竭力强调和贯彻沟通；倾听最基层的声音；将责任和职权下放给第一线的工作人员；寻求新的方法，以鼓励商店里的员工通过整个制度将他们的想法提出来。

沃尔顿说："如果你必须将沃尔玛体制浓缩成一个思想，那可能就是沟通，因为它是我们成功的真正关键。"沃尔玛公司有许多种方式进行沟通，从星期六早晨的会议到极其简单的电话交谈，都是因为建立了卫星系统的沟通联络，在这样一个大公司是实现良好沟通的必要条件。各种信息通过卫星传播系统以极快的速度传送出去，比如每月的损益报表、反映各销售店出售的最新商品的数据，以及各地经理们希望得到而公司却没办法发给他们的其他材料。

沃尔顿非常重视倾听最基层的声音，他说："电脑无法而且绝对不可能替代到商店巡视和学习的功效。"地区经理人要亲自处理店内的一切事务。每个星期一早晨，他们蜂拥进公司的飞机，进入他们分管的地区视察商店。他们每周外出三到四天，通常会在星期四回来，他们必须至少带回一个能算是不虚此行的构想，然后与公司的高级经理人聚集在一起召开星期五的业务会议，告诉管理者哪些商品卖得好，哪些商品卖不出去。

沃尔顿指出："公司越大，就越有必要将责任和职权下放给第一线的工作人员，尤其是清理货架和与顾客交谈的部门经理人。"即使他们还没有上过大学或是没接受过正式的商业训练，他们仍然可以做到，只要他们真正想要获得，只要他们努力专心工作和提高做生意的技巧，只有这样授权才能起作用。商品管理的权责归部门经理人，促销商品的权责归商店经理人，采购人员也比其他公司人员拥有更大的责权。沃尔玛公司早就决定将各种信息在公司内分享，而不是将每件事都当作机密。他们经常在星期日举行音乐会，邀请一些有真正能改善其商店经营想法的员工来和大家分享他们的心得。"创销售数量商店"比赛就是一个绝好的例子，各个部门经理人级别的员工都能选择一项他们愿意促销的商品，然后看哪项商品创造的销售数量最高。

沃尔玛公司从员工们那里不只是寻求零售构思，还邀请那些想出节省金钱办法的员工参加星期六早晨的会议。显然，沃尔玛公司从员工那里得到了许多很好的建议，员工也从相互之间的交流中分享了经验和智慧。他们总结了创业发展成功的"三十文化"，即三大信仰十条法则。

三大信仰：①尊重个人；②服务顾客；③追求卓越。

十条经营法则：①控制成本；②利润分享计划；③激励你的同事；④可以向任何人学习；⑤感激同事对公司的贡献；⑥允许失败；⑦聆听公司内每一个人的意见；⑧超越顾客的期望，他们就会一再光临；⑨控制成本低于竞争对手；⑩逆流而上，走不同的路，放弃传统观念。

（资料来源：百度文库，2020年4月30日）

讨论

（1）山姆·沃尔顿创办沃尔玛公司，有哪些创业及发展经验值得学习借鉴？特别要从营销角度对其进行评价。

（2）怎样理解"三十文化"？谈谈你的看法。结合查阅有关文献进行总结和提炼。

三、营销定价

（一）营销定价目标

合理的价格设定可以快速推进新产品的市场导入工作。在定价阶段，创业者应综合考虑各方面因素，为企业的产品销售确定合适有效的价格。创业者需要考虑的是企业的定价目标，定价的目标服从企业的整体战略目标，在企业的战略目标之下，不同的企业定价目标存在差异，大体有以下几种。

1. 以获取利润为定价目标

利润是企业生存和发展的源泉。为获取利润，在确定价格时，必须使价格高于产品成本，当实现销售时就能够获取利润。根据产品独特性和开发成本，可以把价格定高，获得较高的利润；也可以把价格定低，实现薄利多销，以量取利。在定价时，创业者也要权衡短期利润和长期利润，不能顾此失彼。比如，进入新市场，创业者指定的短期利润目标较高，有可能吸引后续竞争者跟进市场，这反而会增加市场竞争强度，导致长期利润降低。

2. 以占领市场为定价目标

创业者为了占领市场，扩大市场影响力，提高市场占有率，培养客户的忠诚度，并尽快对潜在竞争者形成壁垒，在定价时，往往采用低价策略，先入为主。

3. 以扩大销售量为定价目标

对高投入的产品，只有迅速扩大销售才能形成规模，使产品成本下降，得到市场认可。在一定意义上说，既扩大了市场份额，也是遏制竞争对手的有力工具。为扩大销售，可采用低价或与其他竞争策略相结合的方式，切忌将价格竞争作为唯一的扩大销量的手段。

4. 以应对竞争为定价目标

在创业阶段，有的学者认为，创业者不应采用积极主动竞争策略与竞争对手进行针对性的面对面竞争，应找缝隙市场，避开竞争者的锋芒，以较低的实力打开市场。但 20 世纪 90 年代以来，也有学者认为，创业者可采取积极竞争手段与竞争者进行针锋相对的竞争，这可以带动企业成长，因此，创业者可以根据竞争需要确定产品的价格，以价取胜。

实际上，无论采用哪种定价目标，都应从外部市场环境以及产品开发、特征、用户、成本的角度综合考虑，要以有利于促进企业成长、有利于提高市场核心竞争力、有利于赢得客户为标准。

（二）营销定价方法

企业定价方法很多，常见的有以下几种。

1. 成本定价法

这是一种很实用的定价方法，但需要对企业成本进行精确计算，在此基础上加上预期利润，就可以确定出销售价格。这种方法适用于产品成本易核算的企业。如果提供的产品或服务难以量化，成本定价法就不容易操作。

除成本计算外，还要对利润目标进行仔细分析。比如，需要分析该行业的平均利润水平，进行一些必要的调研，如果是新市场，可借鉴金融市场上的基准利率，如定期存款利率。总之，成本定价法要根据成本和预期利润确定价格。

2. 竞争定价法

创业者进入的是现有市场，有同行业竞争者，创业者要考虑竞争对手的价格水平，一般定价水平与之大体相当，因为定价高会失去市场份额，而且同业价格往往在消费者中被认为是合理价格。过高定价会失去消费者，对新创企业是十分不利的，因此往往采用跟随价格策略。如果创业者的产品具备特殊技术、功能等方面的优势，也能吸引消费者，这时可采用高于竞争对手的价格。

3. 心理定价法

这是对上述两种定价方法的补充，是根据消费者购买商品的心理动机来确定价格。比如，尾数定价法，使消费者产生错觉，产生购买欲望。在新楼盘开盘时，价格往往比平常价格低，有进一步上涨的趋势，这是房地产商利用了消费者惧怕价格高而产生恐慌的购买心理，常常能够奏效。心理定价法需要创业者对消费者心理进行调查，才能取得较好效果。

4. 混合定价法

这是一种组合式定价法，如系列产品定价、连带产品定价、附带产品定价等。比如，企业出售系列产品，高端产品采用高价格，一般产品采用低价格。如果企业目标市场在不同区域，对消费水平高的地区采用高价格，对消费水平低的地区采用低价格。新产品导入时定价高，以后逐步降低。

综上所述，创业者定价措施应灵活多变，不能固定在一个模式上。同时注意定价措施与其他营销措施的结合，防止单纯依靠价格提高竞争水平。

★ 案例讲坛

"我们是赚有钱人的钱"

史玉柱开发的《征途》游戏，当年在线人数高达30万，月营业收入达4 463万，增长非常快。他说："你真正赚钱靠回头客，也就是看能不能吸引住他，我们是赚有钱人的钱。"玩家花钱买药、买装备、修装备，在拼杀中升级，在升级中花钱，不断反复，等级越高，花费越大。30万用户，月人均消费150元，月在线收入4 500万。从营销角度看，其成功因素包括：迎合消费者、吸引消费者、高端游戏、免费进入。史玉柱重视引进人才，重视研发，重视市场推广，重视吸引顾客尤其是高端用户，从而取得成功。

（资料来源：人民网，2018年6月27日）

讨论：概括史玉柱的营销策略，怎样理解"我们是赚有钱人的钱"？

★ 课后延伸

根据你所在创业小组的创业项目，尝试把创业项目的产品或服务销售出去，或做某些产品或服务的代理销售工作。

可考虑在学校附近"练摊"，运用学到的创业营销理论，确定创业营销计划，包括构筑销售渠道、实施促销策略、确定产品价格、搞好售后服务工作等方面。总结销售的经验与体会，注重客户的反馈意见，不断完善创业营销计划，提高创业营销能力。

模块七 创业财务分析

▶ 第九章 财务预测与管理

第九章

财务预测与管理

一切成功，一切财富，始于意念。

——拿破仑·希尔

如果你不懂得什么是客户价值，那么整件事就纯粹是在浪费时间。

——布鲁诺·威斯

学习目标

- 熟悉财务管理的基本概念
- 掌握预测常见财务指标的方法
- 掌握控制财务预算及成本的方法
- 掌握创业融资方法及具体策略

互动游戏

天外来客

一、游戏目的

了解风险、投资、收益之间的关系。

二、游戏程序

1. 每个小组的教练把材料分给组员：一只生鸡蛋，四个纸杯，一双筷子，长吸管和短吸管各两根，两只气球，几根皮筋，几张彩纸和几支彩笔，一把剪刀和一瓶胶水。

2. 游戏要求每个小组除了要用这些材料做一个鸡蛋飞行器外，还要制作一面彩旗，用来标记飞行器落地时的位置，并要求在一个小时内完成全部任务。

三、游戏规则

方法是用一个生鸡蛋和其他几种简单的材料做成一个飞行器，哪个小组的"飞行器"飞得最远而且确保鸡蛋不碎，哪个小组就是胜利者。

四、游戏准备

生鸡蛋、纸杯、筷子、长短吸管、气球、皮筋、彩色纸张、剪刀、胶水等。

投资是人生的一部分,也是在企业经营中极复杂又多变的一环。投资的机会一旦把握,我们将迈向成功。

在投资的过程中,风险是永远存在的,每次投资之前必须对风险和收益进行综合考虑,资金的安全应当放在第一位,然后才谈得上收益。就像这只飞行器,飞得再远,鸡蛋碎了,成绩还是零。

创业,可以理解为一种高风险、高回报的投资,这其中就涉及对"资"的管理,具体而言就是对财务及融资的管理。

第一节 财务管理的基本概念

为了进一步规范我国的财务制度,财政部在 2006 年 2 月 15 日制定了《企业会计准则》,对一些基本的财务概念进行了详细的说明。

一、资产

资产是指企业过去的交易或者事项形成的、由企业拥有或者控制的、预期会给企业带来经济利益的资源。

企业过去的交易或者事项包括购买、生产、建造行为或其他交易或者事项。预期在未来发生的交易或者事项不形成资产。

由企业拥有或者控制的,是指企业享有某项资源的所有权,或者虽然不享有某项资源的所有权,但该资源能被企业控制。

预期会给企业带来经济利益,是指直接或者间接导致现金和现金等价物流入企业的潜力。

二、负债

负债是指企业过去的交易或者事项形成的、预期会导致经济利益流出企业的现时义务。现时义务是指企业在现行条件下已承担的义务。未来发生的交易或者事项形成的义务,不属于现时义务,不应当确认为负债。

三、所有者权益

所有者权益是指企业资产扣除负债后由所有者享有的剩余权益。公司的所有者权益又称为股东权益。

所有者权益的来源包括所有者投入的资本、直接计入所有者权益的利得和损失、留存收益等。

直接计入所有者权益的利得和损失,是指不应计入当期损益、会导致所有者权益发生增减变动的、与所有者投入资本或者向所有者分配利润无关的利得或者损失。

利得是指由企业非日常活动所形成的、会导致所有者权益增加的、与所有者投入资本无关的经济利益的流入。

损失是指由企业非日常活动所发生的、会导致所有者权益减少的、与向所有者分配利润无关的经济利益的流出。

四、收入

收入是指企业在日常活动中形成的、会导致所有者权益增加的、与所有者投入资本无关的经济利益的总流入。

收入只有在经济利益很可能流入从而导致企业资产增加或者负债减少且经济利益的流入额能够可靠计量时才能予以确认。

五、费用

费用是指企业在日常活动中发生的、会导致所有者权益减少的、与向所有者分配利润无关的经济利益的总流出。

费用只有在经济利益很可能流出从而导致企业资产减少或者负债增加且经济利益的流出额能够可靠计量时才能予以确认。

六、利润

利润是指企业在一定会计期间的经营成果。利润包括收入减去费用后的净额、直接计入当期利润的利得和损失等。

直接计入当期利润的利得和损失，是指应当计入当期损益、会导致所有者权益发生增减变动的、与所有者投入资本或者向所有者分配利润无关的利得或者损失。

七、会计恒等式

在以上六个会计要素中，资产、负债和所有者权益是组成资产负债表的会计要素，也称资产负债表要素；收入、费用和利润是组成损益表的会计要素，亦称损益表要素。这六项会计要素相互之间存在着一定的数量关系，反映这种数量关系的恒等式就是会计等式，用公式表示为：

$$资产 = 负债 + 所有者权益$$
$$收入 - 费用 = 利润$$

会计恒等式是会计核算中进行记账及编制会计报表的理论依据。

八、货币时间价值

创业者必须明白，货币是有时间价值的，一定量的货币在不同时点上具有不同的经济价值。这种由于货币运动时间差异而形成的价值差异就是利息。创业者必须注重利息在财务决策中的作用，一个看似有利可图的项目，如果考虑货币的时间价值，很可能会变成一个得不偿失的项目,尤其是在通货膨胀的时期。

九、现金流量

现金流量是衡量企业经营质量的重要标准。在许多情况下,现金流量指标比利润指标更加重要。一个企业即使有良好的经营业绩,但如果由于现金流量不足造成财务状况恶化,照样会使企业破产。集团公司应特别重视现金流量的控制,加强对子公司现金收支的管理。

十、流动负债

流动负债是指将在 1 年(含 1 年)或者超过 1 年的一个营业周期内偿还的负债,包括短期借款、应付票据、应付账款、预收账款、应付工资、应付福利费、应付股利、应交税金、其他暂收应付款项、预提费用和 1 年内到期的长期借款等。

第二节 财务预测

预测是科学决策的前提。财务预测是根据企业财务活动的历史资料,考虑现实的要求和条件,采用科学的方法,对企业未来一定时期的资金、成本、收入和盈利水平进行测算,对企业的财务预测进行估计。财务预测是企业进行正确的财务决策的前提条件。通过财务预测,测算收入、成本、现金流量等财务数据,可为企业选择未来的筹资方案、投资方案、利润分配方案等提供必要的依据。财务预测有助于公司合理安排收支,提高资金使用效益。

财务预测主要包括销售预测、成本预测、利润预测及资金需求量预测几个方面的内容。从目前现有的资金需求量预测方法来看,都是基于已有经营业务或销售收入的企业,对于创业初期的企业来说,没有这方面的资料,因此现有的销售百分比法、线性回归分析法、高低点法都不适用。对于初期的创业者来说,可以进行初步的销售预测、成本预测,从而确定最初的资金需求预测。如果企业运转了 1 年,到下一年就有利用销售百分比法的条件了。

一、销售预测

销售预测有定量预测和定性预测两种方法。定量分析法,也称数量分析法,是指在预测对象有关资料完备的基础上,运用一定的数学方法,建立模型进行预测;定性分析法,即非数量分析法,是指由专业人员根据实际经验,对预测对象的未来情况及发展趋势进行预测的一种分析方法。定性预测法有全面调查法、典型调查法和专家调查法等。鉴于初创企业资金有限、精力有限,选择典型调查法比较好。典型调查法就是对某种或某几种产品,有意识地选取少数具有代表性的典型单位进行深入细致的调查研究,借以认识同类事物的发展变化规律的一种非全面调查,以推算市场需求及发展趋势,其主要内容包括对产品的数量需求、用户的购买能力等方面的调查。典型调查的内容包括以下几个方面。

1. 产品生命周期分析法

产品生命周期分析法就是利用在不同生命周期阶段上的产品销售量变化趋势,进行销售预测的一种定性分析方法。产品生命周期是指产品从投入市场到退出市场所经历的时间,一般要经过萌芽期、成长期、成熟期和衰退期四个阶段。判断产品所处的生命周期阶段,可根据销售增长率指标进行。一般地,萌芽期增长率不稳定,成长期增长率最大,成熟期增长率相对稳定,衰退期增长率为负数。如果创业者进入的是一个新兴行业,那产品大多数处于萌芽期或成长期;如果进入的是一个传统行业,大多数应该处于成熟期。对于创业者来说,了解拟经营的产品处于哪个生命周期是很关键的,因为这决定了后面的营销策略等。

2. 消费者情况调查

消费者情况调查主要包括调查消费者的主要特征、经济条件、购买特点、风俗习惯及对产品的要求等因素,据此分析未来一定时期的市场情况。调查的目的主要是了解购买本企业产品或服务的团体或个人的情况,如民族、年龄、性别、文化、职业、地区等。购买行为调研法,是调研各阶层顾客的购买欲望、购买动机、兴趣爱好、购买习惯、购买时间、购买地点、购买数量、品牌偏好等情况,以及顾客对本企业产品和其他企业提供的同类产品的欢迎程度。该方法广泛应用于家电、食品、饮料、化妆品、洗涤品、日用品等快速消费品和耐用消费品等行业。

3. 市场竞争情况调查

市场竞争情况调查的目的主要是支持企业营销的总体发展战略,做到知己知彼,发挥竞争优势。这主要侧重于本企业与竞争对手的比较研究,以识别企业的优势和劣势,判断出本企业所具备的能与竞争对手相抗衡的条件或可能性,确定企业的竞争策略,以达到以己之长克彼之短的功效。其内容主要有:了解行业的竞争结构和变化趋势;了解竞争者的战略目标、核心能力、市场份额、产品策略、价格策略、销售渠道策略、促销策略等。

4. 营销渠道调查

现代企业的竞争,很大程度上取决于整条营销渠道效率的竞争,创业者要了解同类商品生产厂家及其他进货渠道的分布状况,以及这些厂家所生产、经营商品的花色、品种、质量、包装、价格、运输等情况,并确定各种渠道因素对销售量的影响。营销渠道调查的调查内容主要包括商品销售区域和销售网点的分布、潜在销售渠道分析、销售点服务品质、铺货调研、商品运输线路、商品库存策略。

将上述四个方面的调查资料进行综合、整理、加工、计算,就可以对某种商品在未来一定时期内的销售情况进行预测。

二、成本预测

现有的成本预测方法,一般都是根据企业产品成本的历史资料,按照成本的主要构成要素,应用数学方法来预计和推测成本的发展变动趋势。但对于新创企业来说,如果其提供的产品在市场上已经广泛存在,则可以使用现有的统计数据;如果市场上有相似的产品,可以参考相似产品的成本统计数据;如果没有相近或相似的产品,则需要对构成产品成本的各种因素进行全面的分析,充分考虑产品每个部件的成本及相应的人工费、加工费、其他的制造费、营销推广费用等,同时还要考虑库存、产品不良率等诸多因素,这样才可以初步确定产品的变动成本,再结合固定成本的预测,从而确定总成本。

三、利润预测

根据上面的销售预测,可以对销售收入进行预测;结合上面的成本预测,可以进行利润预测。为了验证利润是否合理,需要进行一个行业的比较。

一般情况下,各个行业都有一个平均的利润率,如果预测的结果是利润率高于行业平均数,说明企业的市场行情是比较好的,需要将企业的战略规划落到实处;反之,则说明企业的利润率偏低,企业需要采取措施扩大市场份额,增加企业营业收入,或者减少成本费用。

四、资金需求量预测

资金是企业进行生产经营活动的必要条件。企业的资金一般分为固定资金和流动资金。准确地进行资金需求预测,不仅能为企业生产经营活动的正常开展测定相应的资金需求量,而且能为经营决策、节约资金耗费、提高资金利用效率创造有效条件。

在销售预测、成本预测和费用预测的基础上,就可以对资金的需求进行预测。一般所讲的资金需求量指的是对外融资需求量,即根据企业的现实条件,确定企业的资金缺口,这个资金缺口就是资金需求量。但对于初期的创业者来说,在确定资金缺口之前,更重要的是对资金需求总量的预测。

对于这个资金需求,企业的资金可以通过现有的负债(如赊购原材料、借款等)、现有的自有资金及预计新增的收入来计算。如果现有的负债、自有资金及预计新增的收入不能满足资金需求总量,要考虑新的借款或是吸收新的投资等。对外资金需求量的计算公式为:

$$对外资金需求量 = 资金需求总量 - 资金来源$$

对于初创企业,可以利用前两年的预计报表对第三年的资金需求量进行预测,运行了一段时间后,对未来资金需求的预测可以采用销售百分比法。

销售百分比法就是根据企业各个资金项目与销售收入总额之间的依存关系,按照计划期销售额的增长情况来预测需要相应追加多少资金的方法。那些与销售收入总额有依存关系的资产和负债项目称为敏感性项目。

销售百分比法的应用步骤如下。

(1) 根据企业的实际情况,确定企业的敏感性资产和敏感性负债。
(2) 计算销售百分比。

$$资产销售百分比 = 敏感性资产/销售收入$$
$$负债销售百分比 = 敏感性负债/销售收入$$

(3) 计算预计敏感资产、负债。
(4) 计算预计总资产、总负债。

$$预计总资产 = 非敏感性资产合计 + 预计敏感性资产$$
$$预计总负债 = 非敏感性负债合计 + 预计敏感性负债$$

(5) 计算预计的留存收益。
(6) 计算预计的所有者权益总额。

预计所有者权益总额=原来的所有者权益+留存收益

（7）计算外部融资额。

外部融资额=预计总资产-预计总负债-预计所有者权益

此方法的特点是假设资产和负债中有敏感性资产和敏感性负债，核心问题是看清哪些资产和负债属于敏感性的。

第三节　财务控制

新创企业和小公司成败的关键因素之一，就是正确、严格的财务控制。许多融资非常顺利的公司，其商业计划书非常完善，产品或服务满足了市场的某一类需求，销售组织效率很高，市场营销颇为有效，定价也十分合理，但最后却还是失败了，其关键原因就是缺乏财务控制。新创企业及成长阶段的小公司必须对各种支出加以规划和严格控制。创业者必须对公司的财务关键控制点给出相应的对策，这不仅有助于增加企业的销售额，更重要的是，公司能够从中获得利润和现金。

财务控制是指利用有关信息和特定手段，对企业的财务活动进行影响和调节，以便实现所规定的财务目标的过程。对于新创企业，事前控制比较重要。比如，对企业开业必须要的所有费用就要事先做好控制和安排，其他的财务控制发生在经营之后。创业者要掌握一定的方法，一旦出现问题，要采取适当的措施。

一、现金流量预算与控制

对于刚刚起步、企业财务制度还不是很健全的初创企业来说，现金使用分析和估计是一个强有力的计划工具，它将有利于创业者做出科学的财务决策。在创业企业成长过程中，决定企业兴衰存亡的最关键的因素是现金流，最能反映企业本质的也是现金流，而非利润。在众多价值评价指标中基于现金流的评价是最具科学性和权威性的。由于企业创业初期的市场基础薄弱，市场情况还不是特别的明朗，企业的销售会出现波动，当有大的现金流入时，企业会乐观认为前途一片光明，在企业经营决策上过于乐观，出现盲目扩展，结果当市场出现萎缩时，出现大量的应还债务，极大增加了企业破产的可能性，这会给企业带来生存的危险。对于处于创业初期的小企业来说，实际情况是费用支出往往比预计的要多一些，而收入比预计的要少一些，创业者要科学估算现金流量，避免企业面临现金流断裂的危险。

现金流量预算又称为现金预算，是企业预算期现金流转时间及金额数量，是企业的一种综合性预算。现金流量预算的编制遵循"以收定支，与成本费用相匹配"原则，采用零基预算的编制方法，按收付实现制来反映现金的流入与流出。经过企业上下反复汇总、平衡，最终形成年度现金流量预算。

在实践中，编制现金流量预算主要以销售（营业）收入的收现数为起算点，然后将其他收入与费用项目的收现数、付现数分别列出，以直接反映最终的现金净流量。

其中，营业现金流量预算包括现金收入、现金支出、现金多余或不足的测算以及不足部分的筹措方案和多余部分的利用方案等。

二、应收账款控制

应收账款是指企业因对外赊销产品和材料、供应劳务等而应向购货或接受劳务单位收取的款项,是企业短期投资的主要组成部分。

应收账款成本主要由三方面构成。机会成本,是指企业由于将资金投放于应收账款而放弃的投资于其他方面的收益;管理成本,包括对顾客的信用状况进行调查所需的费用等;坏账成本,是指由于应收账款不能及时收回发生坏账而给企业造成的损失。

企业应收账款的管理包括建立应收账款核算办法、确定最佳应收账款的机会成本、确定科学合理的信用政策、严格赊销手续管理、采取灵活营销策略和收账政策、加强应收账款的日常管理等几方面内容。在市场竞争日趋激烈的今天,新创小微企业有时会以部分甚至全部的信用形式进行业务交易。减少应收款项,确定合理的信用政策,加速资金的回笼,是应收账款控制的主要任务。

应收账款控制主要从以下三个方面来进行。

(1)企业必须建立销售与收款控制业务的岗位职责制,明确相关部门和岗位的职责、权限,确保办理销售与收款业务的不兼容岗位相互分离、制约和监督;同时,财务核算准确翔实,债权债务关系明确。新创企业必须有完善的应收账款核算体系,并且原始单据必须准确完整。

(2)评价客户资信程度,确定相应信用政策。中小企业必须根据顾客的资信程度来制定给予客户的信用标准。传统的信用资格评价通常从信用品质(Character)、偿还能力(Capacity)、资本(Capital)、抵押品(Collateral)、经济状况(Conditions)五个方面来评价客户的资信程度。

初创企业可以通过客户的资信程度的分析数据对客户进行排队分析,选择资信程度好的客户,而拒绝那些资信程度差的客户。做好客户的信用调查,对赊销金额的用户的资产状况、财务状况、经营能力等进行实地调查,根据调查结果来评定其信用等级,建立赊销信用档案。

(3)加强应收账款的账龄分析,确定收款率余额百分比。账龄分析是不同欠款期应收账款金额占全部应收金额的比例。一般来讲,逾期拖欠时间越长,账款催收的难度越大,成为坏账的可能性也就越高。如某个企业的应收账款欠款期在3个月内的占40%,3~6个月的占25%,6~12个月的占10%,1年以上的占25%。通过账龄分析表,如果平均收款期开始延长或账龄分析表开始显示过期账户所占百分比逐渐增加,那么就必须采取相应措施,改善信用状况。一般来说,1年以内的应收账款在企业正常信用期限范围内;1~2年的应收账款虽属逾期,但也属正常;2~3年的应收账款风险较大;而3年以上的应收账款通常回收的可能性极小。

在实践中,初创企业总有一部分应收账款由于种种原因不能及时收回,这就要求企业确定合理的催收程序和催收方法。

三、成本控制

初创企业本身资金就比较少，更需要关注成本的节约和成本控制。通过成本控制可以节省企业资金，降低企业的经营成本，让利于消费者，从而获得市场竞争优势。

成本控制是从技术、生产、经营各个角度对产品的生产过程采用一定的标准进行经常的监督，发现问题，及时采取措施，对产品成本进行全面管理，以达到降低成本、求得最佳经济效益的目的。成本控制应该有计划、有重点地区别对待，各行各业不同企业有不同的控制重点，控制内容一般可以从成本形成过程和成本费用分类两个角度加以考虑。

成本控制内容主要有以下几点。

（1）产品设计成本，加工工艺成本，物资采购成本，生产组织方式，材料定额与劳动定额水平等。这些内容对成本的影响最大，基本上决定了产品的成本水平。

（2）员工工资成本。创业者要结合企业实际，做好公司薪酬管理，提高员工工作效率，在不损害员工工作积极性的基础上，合理安排工作时间，控制好工作时间，提高劳动生产率。

（3）制造费用控制。企业应编制弹性预算，采取费用包干，归口负责。

（4）营销费用成本，包括产品包装、厂外运输、广告促销、销售机构开支和售后服务等费用。新创企业在发展初期，往往会存在营销费用过高，抵消了企业利润的问题，这需要创业者做好定量分析和研究。

第四节　创新创业融资

一、创业融资的内涵

（一）创业融资的概念

创业融资，是指创业者根据自身资金拥有的状况，以及公司未来经营发展的需要，通过科学的预测和决策，采用一定的方式，从一定的渠道在融资市场上筹措或贷放资金，组织资金的供应，以满足创业公司正常生产需要、经营管理活动需要的理财行为。创业融资是每一个创业者的必经之路，对创业公司未来的潜力与规模也有一定影响，却也是不少创业者梦想破灭的直接原因。创业融资是创业管理的关键内容，它在企业成长和发展的不同阶段具有不同的侧重点和要求。大学生创业者在筹集创业资本的过程中，对市场信息不了解、对创业发展不确定、自身经验不足等都是造成创业融资难的原因。

（二）创业融资的作用

任何企业的生产经营都需要资金的支撑，对于新企业来说，无论是进行产品研发还是产品的生产和销售，都需要大量的资金投入，如何有效融集资金是创业者极为关注的问题之一。创业者通过合理选择融资渠道和融资方式，可能降低资金成本，将创业企业的财务风险控制在一定范围之内。通过对企业不同发展阶段融资需求特点进行分析，有利于创业者做出科学的融资决策，使得创业企业实现可持续发展。

★ 案例讲坛

1 000 元也能创业："90 后"开"众筹餐厅"年赚百万

无本创业，请学弟学妹们当"股东"

1990 年出生的王旭明，曾是长沙理工大学国际经济与贸易专业的学生。在校期间他摆过地摊、开过服装店，但因为资金、人脉、资源的问题，王旭明尝试进行的多种"微创业"均以失败告终。

2013 年，大学毕业后，他通过半年拼搏，成为一家酒水公司的销售主管，每个月除去五险一金，能拿到 5 000 元薪水。"但这不是我想要的生活。"王旭明说，他一直想拥有属于自己的事业。

2014 年 6 月，他与在深圳做策划的同学曾琦萌生了一起创业的想法，随后叫上了在长沙的同学王晨辉。于是，三个志趣相投的年轻人，相约深圳共商创业大计。与王旭明一样，王晨辉和曾琦都在大学期间试水创业，但均未获得成功。王旭明分析，三人失败的原因大致相近，主要是资金不足、经验不够、人脉资源缺乏等。

事实上，在校学子和刚毕业的大学生，在创业路上遭遇的共同困惑就是"三缺"：缺钱、缺人、缺经验。而源自美国的众筹模式引进我国后，瞬间点燃了无数年轻人的梦想。他们通过在网上发帖，招募志同道合者共同出资，建起一家书店、一家旅社或一家咖啡馆，转眼间就圆了"老板梦"。

经过一番商议，王旭明与两名合伙人决定回长沙大干一场，开家众筹餐厅！在返乡的火车上，他们敲定了"无树时光"这个诗意的餐馆名字。

接下来，为了邀请到众筹合伙人，资金匮乏的他们通过发传单、贴海报，向学弟学妹们宣传一起入股开餐厅的事。但是，要取得大家的信任并非易事，一周过去，只有两人入了 5 000 元的股。

个性十足，108 人的"众筹餐厅"

见上述宣传方式收效甚微，后来他们又在学校食堂的 LED 屏上打出了广告。慢慢地，大家的坚持似乎有了一些效果，陆续有一些同学前来咨询，并开始入股。

长沙理工大学的晏婷，是一个活泼开朗的女孩，加上颇具组织与号召能力，在校园里一直很有影响力。她与"无树时光"的结缘很有趣。一天，晏婷作为学校社团的外联，为社团拉赞助时找到了王旭明。此时，王旭明正在为募集资金的事发愁。于是，两个都急于化缘的人，就这样误打误撞地碰到了一起，并且都试图说服对方掏钱。

结果，晏婷被王旭明描述的众筹餐厅理念和模式所吸引，不仅没拉到赞助，反而拿出 2 000 元钱入股了"无树时光"。后来，餐厅选址时，晏婷不但自己四处帮忙寻找店面，还拽着室友们为餐厅的事忙上忙下。在她的带动和感染下，三个室友也很快成了这家众筹餐厅的小股东。

在学校开了四场宣讲会后，入伙"无树时光"的学弟学妹越来越多。通过王旭明、曾琦、王晨辉的努力和学生股东们的相互带动，2014 年 12 月底，历时两个月的筹资大获成功，共募集资金45万元，达到了餐厅开业的基本要求。

而这时股东人数刚好是108位，除了王旭明等3位发起人是刚刚毕业的大学生外，其余105位股东都是长沙理工大学的在校学生。他们中最少的只投了1 000元，最多的投入了43 000元。

大家在第一次股东会议上约定，餐厅的收入分配，按照每位股东所占的股份发放，王旭明等3名发起人担任常务股东，与3名在校大学生组成的监事会共同经营管理餐厅。

接下来，餐厅的选址、装修、采购各个环节，都是股东们亲力亲为。为了节约开支，装修时王旭明带领众股东们一起粉刷墙壁、安装灯具，其间还被电击过一次。采购餐具和食材时，他们更是货比三家，不厌其烦地四处奔波。餐厅试营业时人手不够，也是股东们自己来当服务员，王旭明则客串"领班"。

虽然每天累得腰酸背痛，但他和曾琦等人都觉得很值得，毕竟，他们的梦想在一步步变成现实。同时，王旭明也感觉到了无形的压力，比如股东中有位大一学生将自己4年积攒下来的4 000元压岁钱都交给了餐厅；有些学生股东则把奖学金投了进来。"一份入股承载着一个年轻大学生的创业梦，不能让人家的梦想破灭。"王旭明动情地说。

"无树时光"通过低调试营业，收集到各类意见并加以整改，为正式开业做好了准备。令王旭明他们惊喜的是，餐厅虽然没有做过任何宣传，大学生食客还是不少，试营业两周，居然净赚2万元。

2015年3月14日上午，位于长沙理工大学云塘校区南门的"无树时光"正式开业。这家面积达300多平方米的餐厅分为上下两层，一楼为卡座，二楼为包厢，可同时容纳120人就餐。餐厅整体风格简约、时尚，里面的股东照片墙和舒缓的轻音乐，为整座餐厅增添了艺术气息和青春活力。

在经营方面，王旭明他们也显露出了大学生的智慧和温情：校友们办了餐厅会员卡，可享受一定优惠，当天消费满100元还能参与抽奖；在餐厅过生日的同学，可获赠蛋糕和长寿面等；学生家长来校看望子女，可凭孩子的学生证享受免费的"孝心家长餐"。

野心勃勃，年赚百万不满足

餐厅运营一个月后，生意逐渐步入正轨，平均每天的营业额高达六七千元，而成本只有2 000多元。"相对社会上的同行，我们有自己的优势，首先'无树时光'位于大学校园附近，客源充足；我们请的大学生小时工也很廉价，毕竟在学校附近勤工俭学的机会少，一些贫困学生都愿意来兼职。"王旭明分析道。

生意渐渐做大后，为了避免财务纠纷，股东们又推选出4人共同管理财务。自2015年5月起，餐厅还采用了专门的点餐系统，同时安装了摄像头监控收银台，收支、利润以周为单位，在股东群中进行公示。

前不久，餐厅在每天食客爆满的情况下，又推出了外卖派送服务，以抢占更多的市场份额。送餐对象不仅包括长沙理工大学的师生，还面向餐厅周边的社会人群，忙碌的白领只需在网站或微信上下单，即可在20分钟内收到热气腾腾的美味套餐。这一举措，在不占用餐厅座位的前提下，又为"无树时光"提高了40%的营业额，使得每月的纯利润攀升至八九万元。

2015年6月,"无树时光"的分店在长沙另一所高校附近开业。而王旭明等人的目标是通过众筹方式,在年内把分店开到4家。"目前大学生就业形势并不乐观,众筹可以改善创业环境,并提高大学生的就业率。所以我们的事业才刚刚起步,前景非常广阔!"王旭明自信地说。

如今,王旭明这位众筹餐厅创始人兼运营CEO,每月可从餐厅分红3万元左右。他的这份收入,也是由股东们开会决定的。大家觉得他平时付出得最多,并为餐厅创造了可观的利润,所以应该持有最多的股份。

(资料来源:《深圳青年》杂志,2015年第9期)

二、创业融资的途径

创业融资要多管齐下,渠道多多益善。当前,大学生创业者融资主要依靠家人和自己的积蓄、亲戚朋友的借贷、银行借贷、从供货商处赊购、寻找天使投资人等来实现。

(一)自我融资

初创企业依靠家人和自己多年的积蓄融资是创业融资的一个重要途径。此途径的优点是有利于创业者占有企业绝大部分的股份,控制企业,资金可长期使用,不需要还本付息;缺点是资金往往有限,并且风险较大,一旦创业失败,个人的多年积蓄将付之东流。

(二)亲情融资

俗话说"一个好汉三个帮",从亲朋好友处借钱创业也是寻找本钱的常见做法。此途径的优点是筹措资金速度快、风险小、成本低、方便、快捷、灵活。温州民营经济快速发展,在企业的创业过程中向亲朋好友借贷等民间资本的运用较为普遍。此途径的缺点是给亲友带来资金风险,甚至是资金损失,如果创业失败可能会影响双方感情。因此,诚信在企业的创立和经营过程中都很重要。

(三)合伙人融资

合伙人融资是祸福同享的共同投资,优点是不但可以有效筹集到资金,还可以充分发挥人才的作用,有利于整合和利用各种资源,能尽快形成生产能力,降低创业风险;缺点是合伙人多了就很容易产生意见分歧,降低办事效率,也有可能因为权利与义务的不对等而产生合伙人之间的矛盾,不利于公司的稳定。

(四)从供货商处赊购

赊购是购买商品时不付现金,先记账,以后一次或者分为几次还款。这是一种商业信用的形式,有利于推销商品,而且贷款的利息早已经打入货价,是一种自然融资。但在企业成立之初,从供应商处赊货很难,因为供应商对企业的经营及未来状况不了解。

(五)政策扶持资金

政策扶持资金是创业者的"免费皇粮"。它的优点是政府的投资一般都是免费的,降低或免除了筹资成本,而且不用担心投资方的信用问题;缺点是创业基金有严格的申报要求,同时,政府每年的投入有限,筹资者需面对其他筹资者的竞争。

第九章 财务预测与管理

（六）银行（金融机构）贷款

银行贷款是指银行根据国家政策以一定的利率将资金贷放给资金需要者，并约定期限归还的一种经济行为。银行贷款被誉为创业融资的"蓄水池"，在创业者中很有"群众基础"。

银行贷款有抵押贷款、信用贷款、担保贷款、贴现贷款等。银行贷款融资的优点是方便灵活，期限和类型较多，风险较小，不涉及企业资产所有权的转移等；缺点是申请手续比较麻烦，筹集资金的数量有限，利率较高，一旦银行因企业无力偿还而停止贷款，则可能使企业陷入困境，甚至导致企业破产。

（七）设备租赁融资

设备租赁融资是指出租人根据承租人对租赁对象的特定要求和对供货人的选择，出资向供货人购买租赁对象，并租给承租人使用，承租人则分期向出租人支付租金。在租赁期内租赁对象的所有权属于出租人，承租人拥有租赁对象的使用权。

这种方式的优点是在交付部分资金的情况下就能够拥有该固定资产的使用权。因此，在实际的筹资过程中，设备融资租赁和向商业银行贷款有时可以联合运用。例如，通过设备租赁融资，用10 000元的现金融资租赁一台公允价值为50 000元的固定资产（可以是各种精密仪器或设备等实物），然后，再将该固定资产作为抵押向商业银行贷款，从而获得更多的流动资产，提高企业的运营效率。此外，由于出现问题时租赁公司可以回收、处理租赁物，因而在办理融资时对企业资信和担保的要求不高，所以非常适合初创企业融资。

这种方式的缺点是潜在风险性很大，一旦企业亏损无法归还到期的融资费用，将产生多米诺骨牌效应，产生一系列的消极影响。

（八）天使投资

天使投资是初创业者的"婴儿奶粉"，它是对具有巨大发展潜力的初创企业进行早期的直接投资，属于一种自发而又分散的民间投资方式，是风险投资的一种。天使投资与风险投资的区别是：天使投资者大多在申请投资的人士具有明确市场计划时就已经开始投资了，而这些市场计划或想法暂时不为风险投资公司所接受。天使投资人可以分为如下几种类型：富有的个体投资者、家族型投资者、天使投资联合体和合伙人投资者。

天使投资的优点是，相较于风险投资，天使投资的门槛较低，有时即便是一个创业构思，只要有发展潜力，就能获得资金，而风险投资一般对这些尚未诞生或嗷嗷待哺的"婴儿"兴趣不大；缺点是申请成功的概率也不是很高，一方面是由于我们国家的天使投资并不发达，另一方面由于天使投资人对企业的项目要求较高。

（九）风险投资

风险投资是创业者的"维生素C"。根据美国全美风险投资协会的定义，风险投资是由职业金融家投入到新兴的、迅速发展的、具有巨大竞争潜力的企业中的一种权益资本。从投资行为的角度来讲，风险投资是把资本投向蕴藏着失败风险的高新技术及其产品的研究开发领域，旨在促使高新技术成果尽快商品化、产业化，以取得高资本收益的一种投资过程。从运作方式来看，风险投资是指由专业化人才管理下的投资中介向特别具有潜能的高新技术企业投入风险资本的过程，也是协调风险投资家、技术专家、投资者的关系，利益共享、风险共担的一种投资方式。

风险投资人分为风险资本家、风险投资公司、产业附属投资公司和天使投资人，一般只对高科技、高成长潜力的企业投资，以获得潜在的高收益，投资期限一般较长。风险投资资金流动性不高，资金流供给稳定，主要投向处于早期发展阶段的中小企业，可以满足其技术创新、产品研发、组织营销等各环节以及不同发展阶段对资金的需求。风险投资方式有三种：一是直接投资；二是提供贷款或贷款担保；三是提供一部分贷款或担保资金，同时投入一部分风险资本购买被投资企业的股权。

投资者与企业是风险利益共同体，因而会积极参与企业经营管理。风险投资严格规范的运行机制、对企业进行的财务监督、遵守各种法律法规政策的规定，可以规范中小企业行为，保护知识产权，提高其自主研发能力。

（十）众筹集资

创业者可以把自己的产品原型和创意提交到众筹平台，发起募集资金，由感兴趣的人来捐献指定数目的资金（捐助者可以在项目完成后得到一定的回馈，如这个项目制造出来的产品）。有了这种平台的帮助，任何有想法的人都可以启动一个新产品的设计生产。

互联网金融的兴起让许多曾经以为不可能的事情成为可能，越来越多的国外创业者开始在Kickstarter、IndieGoGo等众筹网站募集资金，国内也出现了很多出色的众筹平台，如天使汇、大家投、点名时间、追梦网等。一般来说，创业众筹可以分为三种模式，分别为凭证式、会员制和股权式。创业股权式的众筹在中国已经有了不少案例，也获得了社会的极大关注。对于绝大部分创业者来讲，创业股权式众筹的先锋式尝试可以帮助他们有效地找到资金。

（十一）私募融资

私募融资是指不采用公开方式，而通过私下与特定的投资人或债务人商谈，以招标等方式筹集资金。私募融资形式多样，取决于当事人之间的约定，如向银行贷款获得风险投资等。私募融资分为私募股权融资和私募债务融资。私募股权融资是指融资人通过协商、招标等非社会公开方式，向特定投资人出售股权进行的融资，包括除股票发行以外的各种组建企业时股权筹资和随后的增资扩股。私募债务融资是指融资人通过协商、招标等非社会公开方式，向特定投资人出售债权进行的融资，包括除债券发行以外的各种借款。

私募债发行的优点：①发行成本低；②对发债机构资格认定标准较低；③不需要提供担保和信用评级；④信息披露程度要求低；⑤有利于建立与业内机构的战略合作。

私募债发行的缺点：①只能向合格投资者发行，我国所谓合格投资者是指注册资本金达到1 000万元以上，或者经审计的净资产在2 000万元以上的法人或投资组织；②定向发行债券的流动性低，只能以协议转让的方式流通，只能在合格投资者之间进行。

三、大学生创业融资现状

（一）难度大

大学生创业的企业存在多方面的劣势，如缺少可供抵押的资产、没有经营经验和记录、发展具有不确定性、产品服务等信息不为社会所熟知等。但筹集适当且充分的资金是相当重要的，目标资金太少，企业苟延残喘，无以为继；目标资金定得太高，难以筹足，容易"胎死腹中"。大学生们对创业融资难要做好充足的技术准备和心理准备，创业必然是艰苦的，融资正是第一个坎。

★ 案例分享

新东方三次失败的融资

俞敏洪的新东方随着规模的扩大，在2002年开始决定引入资本。一个养猪场朋友决定投资1 600万元，占10%的股份，然而，这位老板在参加完3个小时的董事会后拎着钱就走了。

到了2003年，一个个体户说要投新东方，10%的股份作价3 000万元，在洽谈之后对方最后也不愿意投资。2004年，又有一个上海的证券公司要投资新东方，此时15%的股份价格已经涨到了1亿元，对方也同意了。在签完协议后，俞敏洪才发现他们有一个目的：希望新东方买壳上市。年底，该证券公司发现俞敏洪不愿意买壳上市就撤资了。可见创业融资难度之大。

（以上信息根据网络资料改编）

（二）鲜明的阶段性特点

新创企业包含了四个阶段，即种子期、创业期、成长期、成熟期。不同的阶段，融资数量和融资渠道有不同的针对性，创业者要做到融资阶段与融资需求、融资渠道的匹配。

（三）渠道少

单次融资量较小，依赖个人资源，大部分资金从父母、亲戚处来。尤其大学生的首笔创业资金，多是源于父母或银行贷款，鲜有从其他渠道获得的。某机构对在校大学生的问卷调查结果也表明了这一现象。在82份有效答卷中，大多数人选择金融机构小额贷款（43.9%）和向父母亲戚借钱（32.93%），其次是参加创业比赛获得奖励（17.07%），很少有人选择向朋友借钱（仅仅为2.44%），还有3.66%的人希望通过先工作进行资本累积再创业。虽然近年来我国已陆续出台各种扶持大学生创业的优惠政策，包括税收、信贷、基金支持等，但大部分大学生创业者几乎都没有切实享受到政策的优惠。事实上，这些政策也并未得到广泛的落实，创业者们只能望而叹息。

（四）成本高

吸引投资并不是一件容易的事，创业融资一定要有充分的准备。投资人大多经验丰富，甚至是行业领先企业领导者，如新东方的创始人之一徐小平同时也创立了真格天使投资基金，小米创始人雷军也是中国著名天使投资人。投资人不是慈善家，投资人会拿出钱，是为了让创业者带来更大的切实收益。所以想要得到天使投资人的鼎力相助，就要做好充分准备，让自己具备吸引投资的基本要素，即有一个优秀的管理团队，有很好的市场机会，还有良好的运作机制和可行的商业计划。

四、创业融资策略

在创业融资的过程中，不一样的创业项目会对应不同的融资渠道和手段，这些渠道和手段都是不唯一的，需要大学生创业者去分析和把握，正确、合理地选择。创业融资不单单是技术和能力的问题，还是一个社会问题。创业者在进行融资策略选择和融资准备时，需要从以下几个方面进行：一是撰写创业计划书，二是测算各阶段的资金需求量，三是建立个人信用，四是积累社会资本等。

（一）撰写创业计划书

创业计划书是创业者吸引投资者资金的一份报告性文件。事实上，创业计划对于以任何形式融资的创业者都是需要的，因为创业并不是只凭热情的冲动，而是理性的行为。因此，在创业前，撰写一个较为完善的计划是有重要意义的。因为创业计划书会比较客观地帮助创业者分析创业的主要影响因素，能够使创业者保持清醒的头脑。一份比较完善的创业计划，可以成为创业者的创业指南或行动大纲。同时，它能够作为向风险投资家展示创业项目以取得创业投资的商业可行性报告，以及其他渠道融资的报告性文件。因此，一份优秀的创业计划书是创业者吸引资金的"敲门砖"和"通行证"，甚至可以说，它能起到控制创业风险的作用。创业计划书中应合理评估并挖掘企业价值，进行现金流预测和财务计划等。关于创业计划书的相关知识和撰写方法，请参见本书第十章的内容。

（二）测算各阶段资金需求量

1. 认识企业不同时期的资金需求

一个企业从创业者提出构想到创立、发展、成熟，存在一个成长的生命周期，一般分为种子期、创建期、生存期、扩张期、成熟期。不同发展阶段的中小企业对融资要求不同的要求，不同阶段所需资金要求不同的特点。

（1）种子期。在种子期内，创业者可能只有一个创意或一项尚停留在实验室还未完成的科研项目，创办企业也许还是梦想。种子期有下列特点：尚未注册企业或刚刚注册企业；尚未或正在进行市场调研；尚未或正在制订商业计划；尚未形成核心创业团队，没有产品或服务，没有销售和利润。因此，在该时期，创业者需要获得种子资金（或称启动资金），对自己的创意进行测试或验证，进行较深入的市场调研，确立商业计划，创建核心创业团队等。到这一时期结束，企业应已基本建成。种子期通常持续3个月到1年。

种子期所需的资金往往不是很多，投资主要用于新技术或新产品的开发、测试。种子期的主要成果是样品研制成功，同时形成完整的生产经营方案。

（2）创建期。创建期需要着手筹建公司，需进行产品或服务的开发，把研制的产品投入试生产，因此需要一定数量的"门槛资金"，主要用于购买机器、厂房、办公设备、生产资料，以及后续的研发和初期的销售等。该时期的特点是：企业已经注册；商业计划已确定；核心团队已基本形成；产品或服务样品已生产出来，销售少和利润少，甚至没有销售和利润。该时期风险大，投入多，收入少甚至没有收入。到该时期结束，企业应完成产品或服务的开发工作，产品样本已完成，具备规模生产和产品上市的能力。该时期通常需要1~

1.5年。风险投资通常把种子期和创建期资金称为第一轮融资。

创建期所需要的资金往往是巨大的,但创建期同时也是梦想与现实连接的节点,是一个公司能如火如荼发展还是"胎死腹中"的决定性阶段。

(3) 生存期。生存期的企业需要大力开拓市场,推销产品,因此需要大量资金。创办的原创品牌产品卖不出去时,也许把大量的钱砸在广告上会有成效。就像初期的滴滴打车为大量吸引客户和出租车司机给出的"滴滴奖10元、6元",使滴滴打车迅速打开了客户群。我国现在的中小企业大多处于这个阶段,资金困难是中小企业在这一阶段面临的最大难题。产品刚投入市场,销路尚未打开,造成产品积压,现金流出经常大于现金的流入。为此,创业者必须非常仔细地安排每天的现金收支计划,因为稍有不慎就会陷入资金周转困难的境地中。同时,保持足够有魄力的野心,把足够多的钱用在刀刃上,还需要不停地深化加工甚至转变此时还不够成熟的点子。这个时期企业需要进行第二轮的融资,有时为了扩大规模、开发新产品等,还需要进行第三轮的融资。到生存期结束,企业应有利润并占领了一定的市场份额。企业的生存期通常需要2~3年。

(4) 扩张期。进入扩张期后,企业的生存问题已基本解决,现金入不敷出和要求注入资金的局面已经扭转,企业要做的主要工作是进一步开发和加强营销能力。

扩张期时,企业已经拥有较为稳定的顾客和供应商以及比较好的信用记录,发展非常迅速,原有资产规模已不能满足需要。为此,企业必须增资扩股,注入大量新的资金。这一阶段资金投入量的大小很关键,也许会让企业逐渐陨落,也可能会使企业扶摇直上。这时候企业需要进行第四轮甚至第五轮的融资。到扩张期晚期,企业应已盈利和有正的现金流量,并已占领了相当的市场份额。这个时期通常持续2~3年。

(5) 成熟期。经过种子期、创建期、生存期、扩张期以后,企业进入了成熟期。在这个时期,创业者需要确定企业未来的发展方向:上市、被并购或继续独立(以私有形式)发展。为了使风险投资价值化,获得高额回报,风险投资公司通常促成所投资企业走上市和被并购之路。如果上市,由于此时企业的股份仍然相对集中,为了满足上市的要求企业需要获得夹层资金以调整股本结构等。如果被并购,企业可能被兼并和收购(并购可分吸收并购、新设并购和购售控股权三种形式),收购方有可能采取杠杆收购的形式。在杠杆收购的情况下,企业可能被该企业的经理人或其他收购方所收购。收购方可以目标企业的资产或未来的现金作为抵押向银行(主要是投资银行)以优先债形式获得60%左右的收购所需的资金,从风险投资公司以可转化债券和优先股的形式获得30%左右的夹层资金,以及自己投入10%左右的资金来完成杠杆收购,所以上市或被并购通常会涉及夹层资金。因此,成熟期的融资通常称为夹层融资。

2. 资金需求测算方法

2010年2月,银保监会出台了《流动资金贷款管理暂行办法》(以下简称《办法》),其中规定了资金测算方法。

$$营运资金量 = 上年度销售收入 \times (1 - 上年度销售利润率) \times$$
$$(1 + 预计销售收入年增长率) / 营运资金周转次数$$

式中，营运资金周转次数=360/（存货周转天数+应收账款周转天数-应付账款周转天数+预付账款周转天数-预收账款周转天数）。

$$周转天数=360/周转次数$$
$$应收账款周转次数=销售收入/平均应收账款余额$$
$$预收账款周转次数=销售收入/平均预收账款余额$$
$$存货周转次数=销售成本/平均存货余额$$
$$预付账款周转次数=销售成本/平均预付账款余额$$
$$应付账款周转次数=销售成本/平均应付账款余额$$

影响资金需求的关键因素包括"流动资产"科目下的现金、应收账款、存货、预付账款，以及"流动负债"科目下的应付费用、应付账款、应付票据、预收账款八项指标，并在调查基础上预测各项资金周转时间变化，合理估算创业者营运资金量。而企业营运资金应为企业存货加上应收账款和应付账款与预付账款和预收账款之间的差额。

3. 启动资金的预测

启动资金是指开办企业必须购买的物资和必要的其他开支的总费用。任何创业都是要成本的，就算是最少的启动资金也要包含一些最基本的开支。启动资金的预测包括以下两种。

（1）固定资产投资预测。固定资产投资是指企业购买的价值较高、使用寿命长的东西。有的企业用很少的投资就能开办，如零售业、服务业等；而有的企业却需要大量的投资才能启动，如生产制造业。固定资产是企业开业时必备的投资，而且其回收期较长，有可能几年后才能收回这笔钱，创业者必须在创业之初对此项支出做出合理预算才能保证企业的顺利开业。这项投资分为两类。一类是场地、建筑物。任何公司都需要适用的场地和建筑。当确定了适合的建筑后，可以租用，可以购买现成的，也可以自己修建，甚至可以在家开业。建议大学生创业者先在家里开业，以降低对启动资金的需求量。另一类是设备。设备是指企业开办需要的所有机器、工具、工作设施、车辆、办公家具等。

（2）流动资金预测。流动资金是企业维持日常运转所需要支出的资金。没有原材料、员工、充足的货币资金做保证，企业无法正常进行生产运营。因此，流动资金需求量也是创业者必须考虑的。创业之初，企业所需流动资金支出一般包括以下几类。

1) 原材料和库存商品。俗话说"巧妇难为无米之炊"，无论是生产企业、服务企业还是商业企业，都必须有足够的库存保证生产和运营的顺利进行。预计的库存越多，所需要的采购资金也越大。因此，要将库存降到最低限度，以保证流动资金的流动性。

2) 人工费。人工费是指用人单位依据国家有关规定或劳动关系双方的约定，以货币形式支付给员工的劳动报酬，如月薪酬、季度奖、半年奖、年终奖。另外，依据法律、法规、规章的规定，由用人单位承担或者支付给员工的下列费用也应计入人工费预测中：社会保险费；劳动保护费；福利费；用人单位与员工解除劳动关系时支付的一次性补偿费等。这些支出也是流动资金中重要的支出。

3) 日常工作支出。企业为了维持正常的运营，除了有相关的场地、原材料和库存商品及员工支出外，还会发生相关的办公支出，包括电话费、网络费、招待费等，这些费用在现代企业中也包括在日常工作支出中。

4）广告费用。为了让外界了解一个新的企业及其产品，扩大宣传，树立企业形象，促销企业产品，就相应地有广告宣传，也就有了广告支出。

5）场地租赁费。如果企业的经营场地或设备是租赁来的，在企业开办之初还应支付相应的租赁费。租金一般是按季或年预付，因而会占用更多的流动资金。

6）保险。企业从成立开始，就必须投保并支付所有的保险费用，这也需要流动资金。

7）其他费用。企业的日常经营需要大量的流动资金，除以上所列之外，企业还可能发生许多其他支出，如差旅费、设备维护费、车辆使用费等，这些都会占用一定量的流动资金。

（三）建立个人信用

没有投资者愿意把钱交给一个没有诚信的人。所以，个人信用是融资过程中非常重要的一个因素。它不仅能够帮助创业者拿到初步投资，从长远来看，随着信用的慢慢积累，新创企业能够建立起良好的信誉，在未来企业出现经营困难，或者需要资金周转时，创业者能够凭借良好的个人信用迅速找到解决资金问题的途径。

★案例分享

良好的个人信用助小唐顺利获得融资

小唐在毕业之后做起了服装生意，利润非常高，小唐也有信心做好。不过在融资上，他认为还是存在一定问题，随着事业越来越大，资金问题也越来越突出。

在融资初期，他主要借助的渠道是担保机构。因为担保机构对抵押的要求比较低，融资的额度相对较大，只需要几个担保人就可以迅速拿到现款。而且随着不断贷款、不断还款，也能够积累个人信用，这将帮助他贷到更多资金。

小唐找了几个做企业的亲戚当担保人，担保机构也信得过小唐，在拿到第一笔创业资金后，他顺利地开办起服装贸易公司。在熬过非常辛苦的三个月后，公司的经营状况上了轨道。这时候，如他所料，公司的资金运转出现了问题。为了做好冬季服装的供应，他急需一大笔周转资金。通过跟担保机构的沟通，鉴于之前有着良好的借贷信用，他又顺利地拿到了资金。他说，别看这么顺利就拿到钱，如果不及时还款，会产生很多不必要的麻烦，个人信用额度会降低，担保人的信誉也会受到影响，对日后的融资非常不利。

小唐两次顺利拿到融资都依赖于良好的个人信用。对于大学生创业者来说，这是非常重要的。也许有些创业者存在侥幸心理，在拿到投资后，觉得不守信用也没关系，不过是罚点钱，找找关系就可以解决。但这会严重危害大学生的创业思维，不仅以后会难以融资，甚至还会败坏企业声誉。

（以上信息根据实际案例改编）

（四）积累社会资本

社会资本包括人脉关系、个人声望等，认真把握这些社会资本是大学生创业者进行创业融资的重要策略之一。不过，这需要一个创业者具备优秀的沟通能力、良好的社会关系，或者一定的社会影响力,能把各种社会资本有机地结合在一起,吸引投资商注意,并进行洽谈游说,从而实现创业融资。

★案例分享

积累社会资本可以吸引融资

小辉毕业后创立了一家互联网公司,服务对象主要是移动产品用户。公司在业界的评价不错,尤其是得到某社会名人在微博上的点名称赞之后,孙辉及他的公司有了不错的声誉。这些良好的声誉帮助他积累了不错的社会资本,包括业界的关注、人才引进、公司知名度等。

小辉说,一家互联网公司,最重要的就是有声名传播,传播得越广越值钱,越容易赚到钱,而之前积累的社会资本就起到了这个作用。现在公司几乎不存在融资困难问题,每天都有风投想跟他合作,或者打听他跟某某名人或互联网大佬的关系,并且在各种场合"围堵"他。

不过,在融资问题上他并非就此一劳永逸,还是需要继续把名声打出去。例如,他致力于一些公益事业,以及和一些社会名人搞好关系,这些能够提高他和公司的知名度。只有把个人效应和公司的品牌效应做好了,他才有底气去跟对方谈条件以及其他合作事宜。

小辉很懂得积累社会资本,也收获很多。除了收获融资外,公司的声誉也得到了提升。

(以上信息根据实际案例改编)

课后延伸

根据你所在创业小组的创业项目,请对该项目进行描述。
1. 分析创业项目需要的固定资金、流动资金的具体金额。
2. 分析创业项目的现金流量及成本。
3. 编制成本销售收入计划表。
4. 根据创业项目的发展规划,对融资及相关事宜进行预测和准备。

模块八　撰写创业计划书

▶ 第十章　创业计划书

第十章

创业计划书

任何时候做任何事,订最好的计划,尽最大的努力,做最坏的准备。

——李想(泡泡网、汽车之家网、车和家网创始人)

学习目标

- 熟悉创业计划书的概念及作用
- 掌握撰写创业计划书的准备及具体内容
- 熟悉撰写创业计划书的基本原则

互动游戏

共造新桥

一、游戏目的

了解规划的重要性。

二、游戏程序

1. 造新桥活动说明。

2. 合约条件说明。

3. 介绍设备员和审查员(由训练人担任)。

4. 各组分别围坐于桌前进行讨论,先进行50分钟的讨论,随后设备员给各组成员发以下材料:每组一张硬纸板,长50厘米,宽20厘米;石块,按各组所列数目分发;胶带一卷;剪刀一只;刀片一只;50厘米尺一把;胶水一瓶。

(1)建造新桥。各组准备好了之后,在审查员的监督下,开始造新桥。审查员必须注意以下事项:各组造桥所费时间;桥柱间距不得大于1厘米;时间、质量是否与预先估计表所列相符合;记录结果;评估审美观点,决定是否颁发环境奖金。

(2)分组讨论。请成员先各自填写讨论提纲的内容,派员报告。

（3）统整。请成员分享在活动中有些什么感受、有什么启发；说明规划的概念及其与活动目的间的联系。

三、注意事项

1. 讨论提纲的重点在于让成员体会规划的重要性。
2. 活动设计的重点在于使成员认识到行动之前的规划是成功的关键。如果有些小组造桥的结果与预估的一致或与预估相背，请他们说明原因，促成全体学生学习的效果。
3. 规划说明可利用投影进行，但需在造桥结束后。活动进行时训练员不能给予暗示。
4. 在建造新桥阶段必须监控，尽量减少各组之间的观摩。

四、游戏说明

这个练习是要成员在限定的预算之下，设计建造一座桥，如果小组成员要建造一座经济实惠的桥，必须目标明确、计划周详。

（1）指南：你们是当地请来的专案小组，必须提出桥的构图。造桥的原因是桥断了。工程研究的结果发现，造桥失败的最大原因是河床无法支撑桥墩，因此新桥必须横跨河的两岸。

（2）设计：给各组一定的时间进行状况评估，设备员将告诉建构细节，规划材料预算。

（3）建造：时间要有严密的控制。

上述游戏已经充分证明了计划的重要性，创业是需要全身心投入的活动，更需要有周密的计划。

第一节 创业计划书概述

一、创业计划书的概念

创业计划书也称为商业计划书，是创业者在初创企业成立之前就某一项具有市场前景的新产品或服务，向潜在投资者、风险投资公司、合作伙伴等游说以取得合作支持或风险投资的可行性商业报告，用来描述创办一个新企业时所有的内部和外部要素。创业计划通常是各项职能如市场营销计划、生产和销售计划、财务计划、人力资源计划等的集成，同时也是创业的头三年内确定所有中期和短期决策的方针。

创业计划书的编写一般是按照相对标准的文本格式进行，是全面介绍公司或项目发展前景，阐述产品、市场、竞争、风险及投资收益和融资要求的书面材料。有了一份详尽的创业计划书，就好像有了一份业务发展的指示图，它会时刻提醒创业者应该注意什么问题、规避什么风险，并最大限度地帮助创业者获得来自外界的帮助。

★案例讲坛

王吉鹏做客白银时代：我早就想做娱乐网站

主持人：因为你已经不是第一次创业了，创办"粉丝"网你肯定是已经想好了，觉得这肯定是非常有前途的。

王吉鹏：对，其实做一个网站很费心。第一，我知道我的定位是什么；第二，我知道目标人群是谁，然后有多大的目标人群。我当时自己算，中国真正狂热的"粉丝"有多少人，一般"粉丝"有多少人，对娱乐感兴趣的有多少人。因为"粉丝"的概念是我只要喜欢这个人，他其实就是"粉丝"。那我如果拿这个概念来算，中国13亿人口有多少是喜欢别人的？这个人群可能也会异化进去。定位想清楚了，人群知道了，剩下的就是这个人群的消费能力有多强，比如说对于无线增值这一块的销售能力有多强，他的广告购买能力有多强，然后你再知道他的消费能力，根据消费能力你再去想互联网现有的收费模式来设计"粉丝"网可能有什么好的商业模式。这些想清楚了，剩下的就是内容，怎么架构内容，怎么搭技术平台，怎么设计产品，基本上是这样。根据这个，技术该找什么样的人，内容该找什么样的人。

在8月底9月初，我在写创业计划书的过程中，这些东西自己已经慢慢捋清楚了。

主持人：但是从一个想法变成现实的公司，其间可能还要走很多路。

王吉鹏：其实我自己跟很多人都说，有这个创意的人在中国……

主持人：无数。

王吉鹏：保守估计10万人不止，而写成计划书逐渐去完善的大约有5万人，真正去谈几家，尝试想拿钱去组建队伍的人只有500人。因为这中间会筛选掉很多人。这500个人可能把它谈下来并实施具体行动，可能就是50个人。50个人再做，看谁走得更快。

很多东西就创业来讲，一个创意，一个想法，最后的实践、执行，这个过程是最漫长或者是最痛苦的。

（资料来源：新浪科技网，2006年5月18日）

讨论

1. 这个案例给我们带来哪些启发？
2. 创业计划书有什么重要意义？

二、创业计划书的作用

一个标准的创业计划书至少有以下三个方面的作用。

（一）帮助创业者自我评价，理清思路

在创业融资之前，创业计划书首先应该是给创业者自己看的。办企业不是"过家家"，创业者应该以认真的态度对自己所有的资源、已知的市场情况和初步的竞争策略进行尽可能详尽的分析，并提出一个初步的行动计划，通过创业计划书使自己做到心中有数。另外，创业计划书还是创业资金准备和风险分析的必要手段。对初创的风险企业来说，创业计划书的作用尤为重要。一个酝酿中的项目往往很模糊，通过编制创业计划书，把正反理由都书写下来，然后再逐条推敲，创业者就能对这一项目有更加清晰的认识。

（二）帮助创业者凝聚人心，有效管理

一份完美的创业计划书可以增强创业者的信心，使创业者明显感到对企业更容易控制，对经营更有把握。因为创业计划书提供了企业全部的现状和未来发展的方向，也为企业提供

了良好的效益评价体系和管理监控指标，使创业者在创业实践中有章可循。

创业计划书通过描绘新创企业的发展前景和成长潜力，使管理层和员工对企业及个人的未来充满信心，并明确要从事什么项目和活动，从而使大家了解自己将要充当什么角色、完成什么工作及自己是否胜任这些工作。因此，创业计划书对于创业者吸引所需要的人力资源并凝聚人心具有重要作用。

（三）帮助创业者对外宣传，获得融资

创业计划书作为一份全方位的项目计划，是对即将展开的创业项目进行可行性分析的过程，也在向风险投资商、银行、客户和供应商宣传拟建的企业及其经营方式，包括企业的产品、营销、市场及人员、制度、管理等各个方面，所以，在一定程度上也是拟建企业对外进行宣传的文件。

一份完美的创业计划不但会增强创业者自己的信心，也会增强风险投资家、合作伙伴、员工、供应商、分销商对创业者的信心。而这些信心，正是企业走向成功的基础。

★ 案例讲坛

50 页商业计划书引来 400 万元风投

如今，在微信上做生意的人不少，但能引来风险投资的不多。小林和朋友开鲜榨果汁店，第一次失败后，他原地爬起来继续创业，并引来了 400 万元风投注资。

开店：半年烧完 30 万创业金

两年前，24 岁的小林读完香港理工大学人文学院的研究生回到重庆，寻思着自己干点什么。他和留学回国的同学几经商议，决定开个鲜榨果汁店。于是，两人凑齐 30 万元。2013 年 12 月，小林的鲜榨果汁店在渝中区临江门洪崖洞开业。"开店前，以为鲜榨果汁模式正好能填充国内市场的空白。可想法太高端，实际操作时，小店无法吸引人气。"小林回忆着小店开业初期的日子，为了提升销量、多接几单外卖，不断在微信上宣传。

不久，小林从外卖果汁中得到启发，推出鲜榨果汁月套餐，缩小目标人群范围，只针对写字楼里的白领，按月订购，定价 320 元/月，算下来大约 16 元/瓶。

在微信上推广的同时，小林还跑到写字楼推销。"有顾客觉得我们鲜榨的哈密瓜太甜，怀疑加了糖。"小林说，"哈密瓜从新疆来的货，甜是一定的。为了打消客户疑虑，我带着哈密瓜到顾客办公室为他现榨。信任与好口碑自然建立了起来。"

通过网络和地推同时进行，小林果汁店的订单量开始有所提升，但仍然难抵高昂的装修和租金等成本。于是第四个月，30 万元创业金便花完了，小店自然也就关门了。

融资：计划书一周搞定风投

虽然洪崖洞的小店关门了，但小林对这门生意的前景却没怀疑。"我们总结了经验，微信预售订单开始推广后，销售额明显提升，说明市场前景不错，只是来得晚了点，店面关门主要还是租金等成本太大。"小林说，缺乏资金，于是想到了找风投。

经过大量调查求证，小林与合伙人写出了一份 50 页的商业计划书。没有风投公司的人脉，他们选择广撒网的方式。先是在网上搜索"中国风投排名""中国天使投资"，获取国内风投公司联系方式。随后，向 200 多家风投公司投送了商业计划书，最终回信的有 21 家，

约谈的有 5 家，结果还不错。

英飞尼迪基金公司在看过小林的商业计划书后表现出深厚的兴趣，两次找到他们长谈，前后大约 1 周左右，就把事情定了下来：总共投资 400 万元，分四期投入，首期投资 50 万元，最后一笔 200 万元资金已到账。

在小林看来，短时间内打动投资人，靠的还是他们的商业计划书，这一点得到英飞尼迪基金投资经理的证实。计划书里，小林与合伙人从项目的财务预期、盈利模式、管理框架、产品本身四个方面详细分析了果汁店的经营方式。

能写出这份成熟的商业计划书，小林将原因归结为他和合伙人都有在上海的知名咨询管理公司工作的实践经历。当然，洪崖洞小店的创业经历也为他们能拿出实际又准确的市场数据提供了支撑。

（资料来源：98 创业网，2016 年 9 月 5 日）

第二节　创业计划书的撰写

创业计划书首先要把计划创立的企业推销给创业者自己，其次还要把风险企业推销给风险投资家，编制创业计划书的主要目的之一就是筹集资金。

因此，创业计划书必须要说明以下几点。

第一，创办企业的目的——为什么要冒风险，花精力、时间、资源、资金去创办风险企业？

第二，创办企业需要多少资金？为什么要这么多资金？为什么投资人值得为此注入资金？对已建立的风险企业来说，创业计划书可以为企业的发展定下比较具体的方向和重点，从而使员工了解企业的经营目标，并激励他们为共同的目标而努力。更重要的是，它可以使企业的出资者及供应商、销售商等了解企业的经营状况和经营目标，说服出资者（原有的或新来的）为企业的进一步发展提供资金。

正是基于上述理由，创业计划书是创业者所写的商业文件中最重要的一个。那么，如何撰写创业计划书呢？

一、创业计划书的准备

那些既不能给投资者以充分的信息，也不能使投资者激动起来的创业计划书，最终结果只能是被扔进垃圾箱里。为了确保创业计划书能"击中目标"，创业者在准备阶段应做到以下几点。

（一）关注产品

创业计划书应提供所有与企业的产品或服务有关的细节，包括企业所实施的所有调查，主要回答的问题包括：产品正处于什么样的发展阶段？它的独特性怎样？企业分销产品的方法是什么？谁会使用以及为什么会使用企业的产品，为什么？产品的生产成本是多少？产品的售价是多少？企业发展新产品的计划是什么？把出资者拉到企业的产品或服务中来，这样出资者就会和创业者一样对产品有兴趣。在创业计划书中，企业家应尽量用简单的词语来描述每件事，因为虽然企业家非常明确商品及其属性，但其他人却不一定清楚它们的含义。撰写创业计划书的目的不仅是要使出资者相信企业的产品会在世界上产生革命性的影响，同时也要使他们相信企业有实现它的能力。

（二）敢于竞争

在创业计划书中，创业者应仔细分析竞争对手的情况。比如，竞争对手都是谁？他们的产品是如何工作的？竞争对手的产品与本企业的产品相比有哪些相同点和不同点？竞争对手所采用的营销策略是什么？要明确每个竞争者的销售额、毛利润、收入及市场份额，然后再讨论本企业相对每个竞争者所具有的优势，要向投资者展示顾客偏爱本企业的原因，如本企业的产品质量好、送货迅速、定位适中、价格合适等。创业计划书要使读者相信，本企业不仅是行业中的有力竞争者，而且将来还会是确定行业标准的领先者。在创业计划书中，创业者还应阐明竞争者给本企业带来的风险及本企业所采取的对策。

（三）了解市场

创业计划书要给投资者提供企业对目标市场的深入分析和理解，要细致分析经济、地理、职业及心理等因素对消费者选择购买本企业产品的影响及各个因素所起的作用。创业计划书中还应包括一个主要的营销计划，计划中应列出本企业打算开展广告、促销及公共关系活动的地区，明确每一项活动的预算和收益。创业计划书中还应简述一下企业的销售战略，比如企业是使用外面的销售代表还是使用内部职员？是使用转卖商、分销商还是特许商？企业将提供何种类型的销售培训？此外，创业计划书还应特别关注一下销售中的细节问题。

（四）表明行动的方针

企业的行动计划应该是无懈可击的。创业计划书中应该明确下列问题：企业如何把产品推向市场？如何设计生产线？如何组装产品？企业生产需要哪些原料？企业拥有哪些生产资源？还需要什么生产资源？生产和设备的成本是多少？企业是买设备还是租设备？与产品组装、储存及发送有关的固定成本和变动成本大概是多少？

（五）展示你的管理队伍

把一个思想转化为一个成功的风险企业，关键就是要有一支强有力的管理队伍。这支队伍的成员必须有较高的专业技术知识、管理才能和多年工作经验。管理者的职能就是计划、组织、控制和指导公司实现目标。在创业计划书中，应描述一下整个管理队伍及其职责，然后再分别介绍每位管理人员的特殊才能、特点和造诣，细致描述每个管理者将对公司做的贡献。创业计划书中还应明确管理目标及组织架构。

（六）出色的计划摘要

创业计划书中的计划摘要也十分重要。它必须能让读者有兴趣并渴望得到更多的信息，将给读者留下长久的印象。计划摘要将是创业者所写的最后一部分内容，但却是出资者首先要看的内容，它将从计划中摘录出与筹集资金最相关的细节，对公司内部的基本情况、公司的能力及局限性、公司的竞争对手、公司的营销和财务战略、公司的管理队伍等情况进行简明而生动的概括。如果公司是一本书，它就像是这本书的封面，做得好就可以把投资者吸引住。

二、创业计划书的内容

（一）计划摘要

计划摘要列在创业计划书的最前面，它是浓缩了的创业计划书的精华。计划摘要涵盖了计划的要点，以求一目了然，使读者能在最短的时间内评审计划并判断。

计划摘要一般要包括公司介绍、主要产品和业务范围、市场概貌、营销策略、销售计划、生产管理计划、管理者及管理组织、财务计划、资金需求状况等。

摘要要尽量简明、生动，特别要详细说明自身企业的不同之处及企业获取成功的市场因素。如果读者了解创业者所做的事情，摘要仅需 2 页纸就足够了；反之，摘要就可能要写 20 页纸以上。

（二）企业介绍

在介绍企业时，首先要说明创办新企业的思路及企业的目标和发展战略。其次，要交代企业现状、背景和经营范围。在这一部分中，要对企业以往的情况进行客观的评述，不回避失误。中肯的分析往往更能赢得信任，从而使人容易认同创业计划书。最后，还要介绍一下创业者自己的背景、经历、经验和特长等。企业家的素质对企业的成绩往往起关键性的作用。在这里，企业家应尽量突出自己的优点并展示自己强烈的进取精神，给投资者留下一个好印象。

企业介绍还必须包括下列内容。

（1）企业所处的行业，企业的性质和经营范围。

（2）企业主要产品的介绍。

（3）企业的目标市场，企业的顾客群及其需求。

（4）企业的合伙人、投资人。

（5）企业的竞争对手，竞争对手对企业发展的影响。

（三）产品（服务）介绍

在进行投资项目评估时，投资人最关心的问题之一就是风险企业的产品、技术或服务能在多大程度上解决现实生活中的问题，或者风险企业的产品（服务）能否帮助顾客节约开支、增加收入，因此，产品介绍是创业计划书中必不可少的一项内容。通常，产品介绍应包括：产品的概念、性能及特性，主要产品介绍，产品的市场竞争力，产品的研究和开发过程，发展新产品的计划和成本分析，产品的市场前景预测，产品的品牌和专利。在产品（服务）介绍部分，企业家要对产品（服务）进行详细的说明，说明要准确，也要通俗易懂，使不是专业人员的投资者也能明白。产品介绍一般要附上产品原型、照片和其他介绍。

一般地，产品介绍必须要回答以下问题。

（1）顾客希望企业的产品能解决什么问题？顾客能从企业的产品中获得什么好处？

（2）企业的产品与竞争对手的产品相比有哪些优缺点？顾客为什么会选择本企业的产品？

（3）企业为自己的产品采取了何种保护措施？企业拥有哪些专利、许可证或与已申请专利的厂家达成了哪些协议？

（4）为什么企业的产品定价可以使企业产生足够的利润？为什么用户会大批量地购买企业的产品？

（5）企业采用何种方式去改进产品的质量、性能？企业对发展新产品有哪些计划？

产品（服务）介绍的内容比较具体，因而写起来相对容易。虽然夸赞自己的产品是推销所必需的，但应该注意，企业所做的每一项承诺都是"一笔债"，都要努力去兑现。要牢记，企业家和投资家所建立的是一种长期合作的伙伴关系。空口许诺，只能得意于一时。如果企业不能兑现承诺，不能偿还债务，企业的信誉必然要受到极大的损害，这是真正的企业家所不屑的。

（四）市场机会和营销策略

这一部分要求告诉投资者为什么这个项目有市场、有投资价值。首先，简述该产品或服务所面对的市场及竞争者的情况。接着把市场细分，并给出一个最适合自己的市场定位。在这一过程中，市场调查发挥着至关重要的作用。通过市场调查，可以充分了解主要竞争对手，深入了解目标市场消费者，有助于企业在下一步宣传活动中将其独特的竞争优势准确地传达给潜在客户，并在客户心中留下深刻印象。

市场策略主要以4P理论为框架，简单介绍公司的产品（Product）、价格（Price）、渠道（Place）和促销（Promotion）手段。市场营销策略需依据以上四点层层分析，根据目标消费者的特点，为其量身定做一系列营销策略。

产品策略是市场营销策略的核心，是企业市场营销活动的支柱和基石，是价格策略、分销策略、促销策略的基础。产品是企业营销活动的核心，是提供给市场用于满足人们某种需求的任何有形产品和无形产品。

（五）生产运营

这里介绍企业的生产策略、厂址的选择、生产计划制订的依据（注意：不一定是生产计划本身）及生产运作管理考虑的因素等。

（六）人员及组织结构

有了产品之后，创业者第二步要做的就是结成一支有战斗力的管理队伍。企业管理的好坏，直接决定了企业经营风险的大小。而高素质的管理人员和良好的组织结构则是管理好企业的重要保证，因此，风险投资家会特别注重对管理队伍的评估。

企业的管理人员应该是互补型的，而且要具有团队精神。一个企业必须要具备负责产品设计与开发、市场营销、生产作业管理、企业理财等方面的专门人才。在创业计划书中，必须要对主要管理人员加以阐明，介绍他们所具有的能力、他们在本企业中的职务和责任、他们过去的详细经历及背景。此外，在这部分创业计划书中，还应对公司结构做一简要介绍，包括：公司的组织机构图；各部门的功能与责任；各部门的负责人及主要成员；公司的报酬体系；公司的股东名单，包括认股权、比例和特权；公司的董事会成员及各位董事的背景资料。

（七）风险管理

这部分主要介绍企业考虑的风险类型（如环境、市场、管理、财务、技术和生产等）及企业是如何分析风险的，说明防范风险的总体思路和措施。在风险评估方面，一般采用风险因素分析图法，即一种风险组合的定性分析和排序方法。根据部门、过程、关键性业绩指标和主要风险类别来编制短期、中期、长期风险图。一旦风险因素被识别，就可以根据其严重性（或影响程度）和发生的可能性来绘制风险图。依据以上方法来采取风险管理措施时，可以通过对类似业务的企业进行深度访谈，获取实际企业防范风险的一些措施，使风险管理措施更加切合实际。

风险管理当中包括了对风险的量度、评估和应变策略。理想的风险管理是一连串排好优先次序的过程，使可能引发最大损失及最可能发生的事情得到优先处理，而相对风险较低的事情则靠后处理。

（八）财务分析

这部分应该给出投资者最关心的一些财务数据来证明这个项目是可盈利的，包括初期资金、股本结构（创业团队和风险投资各占多少比例）、头两年预计的销售量、销售收入、净利润、销售毛利和权益资本报酬率等。为表明投资结果，还应给出项目的动态回收期、财务净现值和修正的内部收益率等。

（九）三年发展规划

制订企业的中长期计划，明确企业的功能定位，规划公司发展前景，对于企业的发展非常重要。据统计资料分析，三年是考察新公司成败的关键时间节点，因此，创业者要建立和完善公司规章制度，做好公司发展的整体规划。创业者可以根据不同科目内容，按照年度时间进度，设定预期完成目标。

（十）附录

附录包括与创业计划书相关但不宜放在正文的一些内容，如企业的组织架构图、产品说明书或照片、设施或技术的分析、现金流量表、资产负债表等。通常，附录对于创业者获取外部资源的支持有着特殊意义。就一般附录来说，附录的内容可分为附件、附图和附表三种。

1. 附件

附件包括营业执照副本、重要董事会名单及简历、公司章程、产品说明书、市场调查结果、专利证书、鉴定报告、注册商标。

2. 附图

附图包括企业的组织架构图、工艺流程图、产品展示图、产品销售预测图、项目选址图。

3. 附表

附表包括主要产品目录、主要客户名单、主要供应商和经销商名单、主要设备清单、市场调查表、现金流预测表、资产负债预测表、损益预测表。

三、撰写创业计划书应遵循的原则及应规避的误区

一份有竞争力的创业计划书是需要经过反复修改、测试、逐步完善的。创业计划书的撰写必须遵循一定的原则，避免进入误区，才能最终打动风险投资者获得投资，或者得到具有丰富实战经验的比赛评委的认可。

（一）撰写创业计划书应遵循的原则

1. 以客观性说服投资者

客观性要求创业计划书是根据客观事实撰写的，里面的方案是以对现实的数据分析、详细的调查研究、严密的逻辑推理为基础的。如果一份创业计划书写得像是一份煽情的广告，那么可能导致投资者对创业计划书产生怀疑甚至是拒绝接受方案，因为投资者需要的是一个实事求是、理性思考的创业合作者。

大学生创业没有激情是不行的，但光有激情也是不够的。有些人在讲述自己认定的好的创意时会得意忘形，虽然有些内容需要以一种充满激情的方式讲述，但应该尽量使自己的语气比较客观，使投资者有机会仔细权衡你的论据是否有说服力。

但是，如果因为以前有过的错误判断或失败经历就对自己的项目吹毛求疵也是危险的，这将使投资者对你的能力和动机产生怀疑。应当尽你所能提供最准确的数据，如果没有弥补不足的方法和措施，就不要提及自己的弱点和不足。这并不是说应该隐瞒重大的弱点和不足，而是说在确定方案时，就应当确定弥补这些不足的措施，并在方案中清楚地表达出来。

2. 充分地展示项目优势

风险投资家非常关注项目的优势，在商业计划书中要充分地展示这一点。每个项目的优势各有不同，创业者可以从以下角度考虑自己项目的优势。

（1）创新性。创新性体现在产品的创新，推出新的产品、新的生产方法，开辟新的市场，获得新的原材料或半成品供给来源或建立企业新的组织。计划书的创新性要求做到产品项目的创新、生产工艺的创新、组织机构的创新及市场营销的创新。

（2）商业价值。合理分析该产品的市场需求、市场现状，预测市场容量，突显出该产品的商业价值。

（3）技术领先程度。跟国内同类产品或技术相比，产品的领先程度如何？跟国外现有的同类产品或技术相比，处于怎样的地位？未来的竞争将是全球范围内的竞争，这也是创业者要考虑的。例如，有的技术在国内有专利，是领先的，但是在国外已经有了同类的产品或技术，那就要考虑一个风险：当投入大量资金，培育出了新产品的市场时，如果竞争对手从国外购买技术而生产出同类产品，或者拥有该技术的国外企业进入中国市场，那么企业就会面临激烈的竞争。

（4）有效的保护和维持创新性。例如，专利是公司的一个重要的竞争优势，对技术前景的判断要合理准确。

（5）技术或商业创意对现有消费水平的适应程度。如果技术或商业创意太超前，不适应现有的消费水平甚至与现有的习惯不相符，那么培育市场需要一段时间，也需要大量的资

金投入，这样的话，就存在大量的风险。

（6）盈利模式。投资者关注项目的盈利性，因此，项目的盈利模式是他们非常关注的。特别是服务类项目，盈利模式可以是一个创新点。

3. 逻辑严密，使创业计划书更可信

逻辑性要求创业计划书脉络清晰、结构严谨、前后呼应，内容之间紧密联系，全篇形成统一整体，而不是一堆数据的简单罗列或一个个模型的硬性堆砌。许多计划书都拥有诱人的介绍、出色的市场策略和专业的财务分析，但是这一个个完美的篇章简单地连接在一起并不足以使之成为一份成功的创业计划书。根据计划书的侧重详略不同，保证其内容的完整性是应对后来答辩环节的必要条件。对许多参赛作品来讲，逻辑性的不足往往会成为他们答辩环节的软肋。

成功的商业计划书不仅要展现决策的结果（方案），更要充分展现决策依据，反映出每个决策都是有理有据，经过系统、严密的分析和思考的。也就是说，不仅要让评委知道你将会做什么、怎么做，而且要告诉他们你为什么这么做，让他们确信你的决策方法科学，逻辑思维严密，这是一个合理的方案，实施效果才有保证。

要做到逻辑性，写作创业计划书时应该注意以下四点。

（1）统一创业计划书的内容和规格。统一的要求包括内容和风格上的统一。首先，内容上要统一。创业计划书要告诉投资者为什么项目值得投资。每个项目的投资原因不一样，而这个原因就是计划书所有内容应该坚持的主题。要说服投资者，就必须注意永远不能偏离设定的主题。当主题确定以后，就应该根据论证主题的需要来搜集并遴选材料和数据，出现在计划书的每一个图表、每一份报告和每一张证明都应该能够论证创业者希望投资者相信的结论。其次，风格要统一。这里的风格统一指的是行文，遣词造句等方面不宜各篇相差过大。

（2）注重创业计划书各部分之间的内在联系。阅读一份成功的创业计划书，能感受到作者的思路清晰。创业计划书各部分并非割裂的，而是具有内在联系的，这种内在的联系通常体现在文章篇章的次序安排和文章内容的起承转合中。创业计划书中最常见的联系应该是数量因果关系。例如营销策略，很多计划书里面会精心策划很多营销方案，但是一定要先了解消费者，让读者感到这些营销策略都是针对目标顾客量身定做的，只有这样，读者才会相信营销方案成功的可能性大。因此，创业计划书要了解各个部分的内在联系，在写创业计划书时要强调这种内在的逻辑，突显出每一步方案都是慎重、有理有据、水到渠成的。

（3）选取素材要严谨。素材选取上的严谨性要求创业者对市场的预测是建立在客观、科学的市场调研的基础之上的，对整个市场规模、细分市场的占有率、产品定价、产品的销售数量和销售收入、财务分析和计划、创业所需要的种子资本等的预测是综合现场实地调研、官方数据、各行业协会信息、行业出版物及互联网等所获得的数据资料，是经过反复分析与归纳的，是能够经得起市场和现实考验的。

（4）写作过程要严谨。这是创业计划书撰写和修改过程中要特别注意的。创业计划书内容和数据既繁且多，难免会出现前后矛盾、数据不一致的情况，因此，各成员之间的交流、反馈尤为重要，在写作完成后，统一的检查、修订工作就成了必不可少的一步。一般情况下，创业计划书都会由几个人合作完成，在这种情况下，要保证逻辑性是比较困难的。因此，在定稿时必须对方案进行整合，而且最好由一个文笔较好的人负责最后的编辑和定稿工作。

4. 强化方案的可行性

可行性就是要求创业计划书必须具有操作性、可执行性，符合现实市场的要求。对投资者来说，不具备可行性的创业计划书是没有任何意义的。无论市场、生产还是财务部分，都必须体现出可行性的原则。对可行性的考虑应该包括时间和资源的有限性、法律法规的限制、产品行业标准的限制等。具体到创业计划书，应该从以下各部分体现。

（1）投资的必要性。这要求主要根据市场调查、预测结果及有关产业政策等因素，论证项目投资的必要性。在投资必要性的论证上，一定要做好投资环境分析，对构成投资环境的各种因素进行全面的分析论证。另外，还要做好市场调研，包括市场供求预测、竞争力分析、价格分析、市场细分、定位及营销策略的论证。

（2）环境的可行性。这主要包括经济环境和社会环境两方面。从资源配置的角度衡量项目的价值，评价该区域的经济发展目标及政治体制、方针政策、法律道德和宗教民族等各方面的差异。

（3）技术的可行性。这主要从项目实施的技术角度合理设计方案并进行比选和评价。

（4）组织的可行性。这要求制订合理的项目实施进度计划，设计合理的组织机构，选择经验丰富的管理人员，建立良好的协作关系，制订合适的培训计划，保证项目顺利进行。

（5）财务的可行性。这主要从项目及投资者的角度设计合理的财务方案，从企业理财的角度进行资本预算，评价项目的盈利能力，进行投资决策，并从融资主体的角度评价股东投资收益、现金流量计划及债务清偿能力。

（6）风险因素及对策。这主要对项目的市场风险、技术风险、财务风险、组织风险、法律风险、经济及社会风险等因素进行评价，确定规避风险的对策，为项目全过程的风险管理提供依据。

要做到可行性，就要做到"细"，这里的"细"包括两个方面：一方面是思考的全面；另一方面是计划的细致。投资者了解创业者的产品或服务的唯一窗口就是创业计划书，投资者本来对行业和产品不是十分了解，当他们面对一个新事物或新想法时，总会产生许许多多的疑问："这样做真的可行吗？"因此，创业计划书的一个重要作用是为投资者解答问题，创业者应该把投资者可能产生疑问的地方都预先设想到，并在创业计划书中给出恰当的答案。增强方案的可行性有如下一些方法。

第一，对消费者的调研。到目标顾客出现的地方拦截消费者进行调研。建议进行实际调研前最好先有预调研，因为问卷设计很有可能出现问题，应该先找相关人士做深入访谈，再进行一番预调研，解决问卷本身存在的问题，然后再进行正式的调研。而且调研要做两次，第一次是基于整个市场进行消费者的调研，以这次调研为依据，进一步细分市场、选择目标市场；第二次就是在选定了目标细分市场之后，针对整个细分市场再进行一次有针对性的消费者调研，为后面营销策略的确定提供依据。

第二，竞争对手的调研。调研市场上现有竞争对手的情况，包括竞争对手的市场情况、产品优势、品牌定位和营销策略等，为方案提供依据。创业计划书就是考虑如何使产品或服务在现有的众多竞争对手中脱颖而出。

第三，合作伙伴的调研。创业者要开始对合作伙伴进行调研，确保方案的可行性。比如，计划的合作伙伴愿意与你合作吗？合作效果将会如何？

创业计划书的修改阶段，创业者要善于寻求帮助。学生本身的实践经验有限，这个时候就需要借助外脑寻求突破，向有实战经验的老师或专业人士请教，向从事相关行业的人士请教，根据他们提出的意见，修改创业计划书。

5. 保护知识产权，注意保密

创业计划书是创业者辛勤的智力劳动成果，其内容往往具有巨大的商业价值，涉及一些技术和商业机密，要求阅读创业计划书后对其内容保密是合理的，也是必要的。

创业计划书应该包括两个部分。

第一部分是可公开的部分，称为框架计划，是可以供投资人阅览的部分，不涉及要害和核心，它包括计划的总体设想、总体目标、市场调查的计划和操作步骤。

第二部分是核心，为具体的计划和步骤。为了保持创业计划书不被投资人擅用，在谈判初期就应该签订保密协议并要求投资人给付投资项目入门保证金。该入门保证金不归商业计划书的编写者所有，而是存在银行内计划编写人名下的一笔资金，是为防止投资人盗用计划书内容的一种防范措施，一般在计划实施以后依然归还投资人，当投资人不予投资时，保证金在一定的时间内不予归还，当超过需要保密的时限以后依然归还投资人，这是需要在开始合作的合同中写明的，也是国际上通行的惯例。

（二）撰写创业计划书应规避的误区

1. 过于技术性

创业计划书应该以普通人的口吻来撰写，并避免使用太专业的术语和大量缩写。它应该易于阅读和理解，而不应晦涩难懂。

2. 焦点不够清晰

覆盖范围太大的创业计划书和试图同时做太多事情的公司是无法吸引人的。成功的概念通常是简单的，而成功的创业者一般将注意力集中在一个有限的市场和产品线上。

3. 荒谬的估值

此类创业计划的起点往往是一个愚蠢的结论，然后向前推理，基础则是疯狂的未来预期或是胡编乱造的比较。其实，估值应该是投资者真正会支付金额的合理估算。

4. 数字

数字是关键之处。融资要求、预期回报率和现金流预测，都必须具有吸引力和足够的野心，否则就是浪费时间。数字应该在一开始就以一种简单的形式出现，不要把它们放在计划书的后面。

5. 竞争

所有有能力的创业者都非常了解他们所面临的竞争情况。如果创业者说没有竞争，那就是自欺欺人。一个可靠的创业计划书应该含有很多关于竞争对手的详细情况及为什么这项方案具有真正的竞争优势。

6. 不要期望完美的陈述

每一个计划都会有缺陷。如果一个投资者找的是没有缺点的计划，那他将永远没有投资对象。

7. 巨大的附录和过多的数据表

如果申请贷款的话，这些可能是必要的，但股本投资者通常根据几个重点来决定。如果投资者真的对方案感兴趣，那所有的参考证据和背景材料都可以随后奉上。别让配料"喧宾夺主"。

8. 让其他人执笔计划书

顾问撰写的计划书和创业者撰写的计划书在文笔上有着明显的区别。他人执笔的计划书缺乏真实性。如果一定要请专家帮忙，一定要在自己完成了草稿之后。

9. 难以置信的利润和回报

声称自己的公司将很快达到35%的营运利润率和100%的资本回报率，这样的计划书是不可信的。带着现实和保守的态度，才能获得认真对待。

课后延伸

根据你所在创业小组的创业项目，分工合作完成一份格式正确、材料完整、思路清晰的创业计划书。

模块九　创办新企业

▶ 第十一章　新企业创办与管理

第十一章

新企业创办与管理

人生的奋斗目标不要太大，认准了一件事，投入兴趣与热情坚持去做就会成功。

——俞敏洪（新东方教育科技集团创办人）

学习目标

- 熟悉创办新企业涉及的流程、组织形式、选址及相关文件的编写知识
- 掌握新企业的管理及风险控制方法

互动游戏

看不见与说不清

一、游戏目的

了解公司不同的角色的情境，认识管理中的要素。

二、游戏程序

1. 三名学生扮演工人一起被蒙住双眼，带到一个陌生的地方。
2. 由两名学生扮演经理。
3. 由一名学生扮演总裁。

三、游戏规则

工人可以讲话，但什么也看不见；经理可以看，可以行动，但不能讲话；总裁能看，能讲话，也能指挥行动，但却被许多无关紧要的琐事缠住，无法脱身（他要在规定时间内做许多与目标不相关的事）。所有的角色需要共同努力，才能完成游戏的最终目标——把工人转移到安全的地方。

四、游戏准备

不同角色的说明书以及任务说明书。

五、注意事项

任务说明书可以由老师根据情况设计，关键是游戏中总裁要有许多琐事缠身。

通过游戏可以看出，企业上下级的沟通是非常重要的。游戏完全根据企业的现实状况设计，总裁并不能指挥一切，他只能通过经理来实现企业的正常运转；经理的作用更是重要，他要上传下达；而工人最需要的是理解和沟通。当然，这些只是企业管理中的一部分，新创企业自身往往还比较脆弱，还有其他更多管理方面的问题需要注意，良好有序的管理能保护创业的成果。

第一节　创办新企业

一、企业注册流程

新设企业注册的主要流程如下。

（一）企业名称取名和预核准

1. 名称的构成

企业名称一般由以下几个部分依次组成：行政区划+字号+行业特点+组织形式或者字号（+地区）+行业特点+组织形式。

（1）行政区划。企业名称中的行政区划是本企业所在地县级以上行政区划的名称或地名。

（2）字号。企业名称中的字号应当由2个以上汉字组成，行政区划不得用作字号，但县以上行政区划地名具有其他含义的除外。企业名称可以使用自然人投资人的姓名作为字号。

（3）行业特点。企业名称中的行业表述应当是反映企业经济活动性质所属国民经济行业或者企业经营特点的用语。企业名称中，行业用语表述的内容应当与企业经营范围一致。企业经济活动性质分别属于国民经济行业不同大类的，应当选择主要经济活动性质所属《国民经济行业分类》（GB/T 4754—2017）用语表述企业名称中的行业。企业为反映其经营特点，可以在名称中的字号之后使用国家（地区）名称或者县级以上行政区划的地名。上述地名不视为企业名称中的行政区划。如：北京×××四川火锅有限公司、四川×××韩国烧烤有限公司。"四川火锅""韩国烧烤"字词均视为企业的经营特点，企业名称不应当或者暗示有超越其经营范围的业务。

（4）组织形式。依据《中华人民共和国公司法》（简称《公司法》）申请登记的企业名称，其组织形式为有限公司（有限责任公司）或者股份有限公司；依据其他法律、法规申请登记的企业名称，组织形式不得申请为有限公司（有限责任公司）或股份有限公司，非公司制企业可以申请用厂、店、部、中心等作为企业名称的组织形式，例如：四川×××食品厂、四川××商店、四川××技术开发中心。

2. 名称预先核准登记程序

办理名称预先核准登记,一般要经过以下步骤。

(1) 咨询后领取并填写名称预先核准申请书和指定(委托)书,同时准备相关材料。

(2) 递交名称登记材料,领取名称登记受理通知书,等待名称核准结果。

(3) 按名称登记受理通知书确定的日期领取企业名称预先核准通知书。

3. 申请名称预先核准登记应提交的文件、证件

名称预先核准登记应提交的文件、证件包括:名称预先核准申请书,组建单位的资格证明或股东、发起人的法人资格证明及自然人身份证明,指定(委托)书。

4. 企业名称的一般性规定

企业名称不得含有下列内容和文字。

(1) 有损于国家、社会公共利益的。

(2) 可能对公众造成欺骗或者误解的。

(3) 外国国家(地区)名称、国际组织名称。

(4) 政党名称、党政军机关名称、群众组织名称、社会团体名称及部队番号。

(5) 其他法律、行政法规规定禁止的。

(二)企业经营范围的选取

企业经营范围主要包括以下几类。

(1) 商贸类:五金交电、电子产品、电信器材、电线电缆、电动工具、家用电器、机电设备、通信器材、照相器材、健身器材、音响设备、酒店设备、汽摩配件、工具量具、仪器仪表、医疗设备、建筑材料、装潢材料、陶瓷制品、卫生洁具、橡塑制品、化工原料及产品、电脑及配件、印刷机械、办公用品、文体用品、日用百货、包装材料、工艺礼品、玩具、金属材料、钢丝绳、阀门、管道配件、轴承、制冷设备、压缩机及配件、服装鞋帽、服饰辅料、纺机配件、纺织原料、针纺织品、皮革制品、化妆品等。

(2) 科技类:科技服务、计算机技术咨询服务、网络科技、生物科技、环保工程、通信工程等。

(3) 咨询类:投资咨询、劳务咨询、商务咨询、财务咨询、企业管理咨询、会展咨询、市场调研、企业形象策划、企业营销策划、电脑图文设计制作等。

(4) 其他服务类:广告、物业管理、美术设计制作、礼仪服务、会务服务、快递服务、清洁服务、服装干洗、摄影服务、绿化养护、汽车美容装潢、货运代理、房地产开发、建筑安装、家庭装潢、水电安装等。

(三)公司注册流程

以下程序为注册公司的一般程序,以当地主管机关具体规定为准。

1. 公司名称查询

(1) 提供全体股东的身份证复印件。

(2) 明晰法人及合伙人出资比例。

(3) 拟订公司名称 1~5 个。

(4) 拟订公司经营范围的主营项目。

2. 提供注册资料

(1) 全体股东的身份证。

(2) 全体股东签署的工商税务注册所需文件。

(3) 房屋租赁合同。

(4) 房屋产权证。

(5) 住改商证明。

3. 报工商局审查批准

(1) 报工商局初审。

(2) 提交资料报工商局审批。

(3) 打印营业执照（正副本）。

4. 办理特种经营许可证或批文

根据所在特种行业到相关部门办理（无前置批准规定则不需要）。

5. 办理完毕向客户提交的证件

(1) 营业执照正副本。

(2) IC 卡。

(3) 公司章 4 枚（合同章、公章、财务章、法人章）。

（四）商事注册制度的重大改革

商事制度是社会主义市场经济体系中的重要组成部分。我国的商事登记制度脱胎于计划经济体制，带有浓厚的计划经济色彩，阻碍了市场经济的顺畅运行。中国共产党第十八届中央委员会第三次全体会议决定对商事登记制度进行改革，由注册资本实缴登记制改为注册资本认缴登记制，取消了原有对公司注册资本、出资方式、出资额、出资时间等的硬性规定，取消了经营范围的登记和审批，从以往的"重审批轻监管"转变为"轻审批重监管"。2020年9月，国务院办公厅印发《国务院办公厅关于深化商事制度改革进一步为企业松绑减负激发企业活力的通知》（国办发〔2020〕29号）。这个制度的重大改革是进一步简政放权，构建公平竞争的市场环境，调动社会资本力量，促进小微企业特别是创新型企业成长，带动就业，推动新兴生产力发展。

这一改革举措全面推开十分必要。这样做不仅顺应了广大市场主体的热切期盼，有利于扩大社会投资，巩固经济稳中向好的发展态势，而且符合新技术、新产业、新业态等新兴生产力发展的要求，有利于建设服务型政府，减少对市场的微观干预，保障劳动创业权利，营造良好营商环境，创造更多就业机会，使人民群众在深化改革、不断解放和发展生产力中更多受益。同时，有利于简化登记流程，降低创业门槛，激发市场活力。

1. 实行注册资本认缴登记制度

除法律、行政法规以及国务院决定对公司注册资本实缴另有规定的以外，其他公司实行注册资本认缴登记制，商事登记机关不再对公司实收资本进行登记；取消公司注册资本最低限额规定；不再限制公司设立时全体股东（发起人）的首次出资额及比例；不再限制公司全体股东（发起人）的货币出资总额占注册资本的比例；不再规定公司股东（发起人）缴足出资的期限。

2. 实行商事主体年报备案制度

改革现行的企业年检制度，实行商事主体年报备案制度。商事主体在每年 3 月 1 日～6 月 30 日，向商事登记机关提交年度报告书，申报上一年度的基本信息，商事登记机关通过商事主体信息公示平台，将年度报告书向社会公示。商事主体对年度报告书的真实性负责。

3. 实行工商登记注册与经营项目审批相分离的登记制度

商事主体取得工商登记注册，即具有商事主体资格和一般项目经营资格，同时具有公示登记信息的功能，以及对抗第三人的效力。但商事主体须经许可审批才能从事许可项目经营活动。从事一般项目经营活动的，直接向商事登记机关申领营业执照。从事许可项目经营活动（不含金融、电信等特殊行业）的，领取营业执照后，到相关部门办理许可审批手续，取得经营资格后，开展经营活动。从事金融、电信等特殊行业经营活动的，取得有关部门许可审批手续后，向商事登记机关申领营业执照。外商投资企业经商务部门审批后，向商事登记机关申领营业执照。从事许可项目经营活动的，到相关部门办理许可审批手续。

4. 实行商事主体经营异常名录制度

经营异常名录制度是指商事登记机关将违反商事登记有关规定的商事主体从商事登记名录中剔除，归纳到异常名录的行政管理制度。商事主体被载入经营异常名录后，可以继续经营，但商事登记机关应当将其主体连同法定代表人、投资人的信息纳入不良信用监管体系。

商事登记机关将商事主体载入经营异常名录前，应当通过商事主体信息公示平台告知商事主体有关事实、理由和依据，以及商事主体享有申辩和陈述的权利。商事主体被载入经营异常名录未满 5 年，且已纠正被载入经营异常名录行为的，可向商事登记机关申请从经营异常名录中移出；商事主体被载入经营异常名录超过 5 年的，不得从经营异常名录中移出。

5. 放宽住所登记条件

允许有投资关联关系的商事主体，在县（区、县级市）级以上人民政府批准设立的经济技术开发区、工业园、科技园等专业园区内的商事主体，经营股权投资、电子商务、文化创意、软件设计、动漫游戏等现代服务业的商事主体，可将同一地址作为多家商事主体的住所。企业在其住所所属行政辖区（县、区、县级市）内增设从事一般项目经营活动的经营场所，可以选择办理分支机构登记，也可以选择向登记机关申请增设经营场所备案。对无法提供有效房产证明文件的，可由当地街道办事处、村（居）委会、园区管委会出具同意在该场所从事经营活动的场所使用证明，申请人可凭该场所使用证明直接办理商事主体的住所登记。

6. 放宽企业名称登记条件

允许企业将字号或字号行业置于行政区划前，突出字号特性；允许企业名称中不使用

《国民经济行业分类》用语表述其所从事行业。

7. 构建统一的商事登记管理信息平台和商事主体信息公示平台

建立统一的商事登记管理信息平台,各审批部门、执法部门均可通过平台共享行政许可登记、监管、信用信息,办理行政许可及监管业务。建立统一的商事主体信息公示平台,全方位公示商事登记管理信息,包括商事主体登记(年报、经营情况、缴纳注册资本、经营范围等)和办理行政许可情况、信用信息和违反相关法律法规记录等。积极引导行业组织自我完善,促进商事主体和个人自律;加强对审计、验资等中介、专业机构培育和扶持力度,逐步建立完善其连带责任制度;提升公民自治意识,提高政府公共服务和市场监管水平。

8. 逐步推行网上登记服务

逐步实现网上申报、网上受理、网上审批、网上发照、网上查档的电子化登记管理模式。商事主体网上提交登记申请,上传申请资料,商事登记机关网上接收、受理、审批,发放电子营业执照,并及时寄出纸质营业执照。商事主体提交的网上登记申请资料,通过信息平台提供给社会公众免费查阅。

改革是把双刃剑。修改后的《公司法》考验着中国企业的诚信度。《公司法》放开了有限责任公司、一人有限责任公司和发起设立的股份有限公司注册资本的最低限制,废除了最低注册资本制度,"一元钱开公司"得以实现。此项改革,对社会来说,虽能降低创业成本,激发社会投资活力,让市场经济竞争充分,但必定会诞生大量名副其实的"空壳公司"。当务之急是建立与新《公司法》配套的交易安全保障机制,避免出现不诚信的商业行为破坏市场秩序。新《公司法》免除了有限责任公司股东提交验资机构出具验资证明的规定,必定会导致会计行业的验资业务受到极大冲击。

二、企业组织形式选择

企业组织形式是表明其财产组成、内部分工合作及外部社会经济关联的形式。当前的企业组织形式依据财产的组织方式与所担负的法律责任,采取最普遍的有限、股份、个人投资、合伙制企业等形式。因为各组织形式均有自身的优势和劣势,所以创业者须分析有关的法律规定,并进行比较,在此基础上选择最适宜的组织形式。目前,根据《中华人民共和国公司法》以及司法解释、《中华人民共和国合伙企业法》(以下简称《合伙企业法》)、《中华人民共和国个人独资企业法》(以下简称《个人独资企业法》)等,在我国,一家新创企业可以选择的组织形式有多种,主要有:个人独资企业、合伙企业、有限责任公司(包括一人有限责任公司)和股份有限公司。

(一)个人独资企业

很多初创企业在中国属于这样的企业,其典型特征是个人出资金、个人独立经营、自负盈亏和风险自担。约束因素少、办理手续简便是个人独资企业的主要优势。大学生创业者在管理上有很大自由,经营方式灵活多样,处理问题简便、迅速,只需缴纳个人所得税,税后利润归本人所有。此外,大学生创业者创业获得的不仅仅是利润,还有个人成就感,这是独资企业的特殊优势。这种形式对公司的注册资本没有明确要求,对软件和硬件的要求都不高。换句话说,当提交了有关申请,租了一间办公室和一台电脑,一名学生雇用一个或两个相关的技术服务人员就能够创办图像、信息、咨询公司。独资经营方式灵活,创业者可以聘任管理经验丰富的人员管理,因此适合资金较少、缺乏管理经验的大学生创业者。

(二) 合伙企业

合伙企业是由两个或两个以上的自然人通过订立合伙协议,共同出资经营、共负盈亏、共担风险的企业组织形式。合伙企业主要包括普通合伙企业和有限合伙企业。与个人独资企业相比,合伙企业的资金来源较广,信用度也有所提高,因而容易筹措资金,可解决大学生创业资金短缺问题;合伙的大学生创业者集思广益,增强了决策能力和经营管理水平,提高了企业的市场竞争力。不过合伙企业也存在产权不易流动的劣势,产权转让及申请成为新的合伙人必须经过全体合伙人同意。《合伙企业法》第十六条规定合伙人可以用货币、实物、知识产权、土地使用权或者其他财产权利出资,也可以用劳务出资;第六十四条规定,有限合伙人不得以劳务出资。所以,在高校导师的带领之下,特别是拥有专利技术的专家的带领下,大学生创业者可以创建普通合伙企业,这样一方面有导师的指导,创业风险大大降低,另一方面可以使一些专业技能较强,但却没有专利技术的大学生以劳务出资的方式加入普通合伙企业,实现他们自主创业的愿望。合伙企业是非法人组织,所以无须缴纳法人所得税,大学生创业者只需缴纳个人所得税即可,再加上国家、地方政府对大学生自主创业的优惠税收政策,大大减少了大学生创业运营的税收成本。

(三) 有限责任公司

公司企业是指通常以营利为目的而成立,所有权与管理权分开,投资者依据投资多少对其分担有限责任创立的企业,主要包含有限责任公司及股份有限公司。有限责任公司可以促进投资人分开投资,经过投资组合的方式赢得投资回报,但不允许企业筹募股本、印发股票,不允许募集成立企业。股份有限公司可以尽最大可能吸引社会上的闲置资金,可有充足的资金保障;可以适用于所有权和经营权互相分割的现代生产模式,经营者在很多方面都是自己说了算。大学生创业者在创业初期往往在公司运营、管理等方面经验不足,不具备创建有限公司的能力,更实现不了创建股份公司的目标。目前,在大学生创业的热潮中,很大一部分大学生创业者是通过知识成果参股的形式进行创业。为此,《公司法》第二十七条规定,股东可以用货币出资,也可以用实物、知识产权、土地使用权等可以用货币估价并可以依法转让的非货币财产作价出资。全部股东拿出的货币数量必须高于有限责任公司注册资本金的30%。换句话说,大学生在创业时建立的公司资金筹措方式可以多种多样,大学生创业最大上限是能把占公司注册资本金70%的专利成果入股,这样既解决了大学生创业时资金不足的问题,又可以把大学生的研究成果有效利用,理论与实际有机结合,起到激励作用。此外,大学生创业的目标更多地体现在自我价值的体现,往往有掌控公司股权的想法,这样,普通有限公司能让大学生依靠专利技术权实现对公司的股权掌控。

(四) 一人有限责任公司

一个有限责任公司是指只有1名自然人股东或者1个法人股东的有限责任公司。一人有限责任公司的注册资本最低限额为人民币 10 万元，股东应当一次足额缴纳公司章程规定的出资额。1 个自然人只能投资设立 1 个一人有限责任公司。该一人有限责任公司不能投资设立新的一人有限责任公司。设立一人有限责任公司跟设立一般有限责任公司相比，前者对资金的要求比较高：首先，一人有限责任公司股东单一，一个人出资当然比多人出资拿的钱要多；其次，相关法律规定了一人有限责任公司的注册资本金，不低于 10 万元，对一个大学生来讲是很困难的；最后，相关法律要求注册资本金必须一次缴清，不能分期支付，这也是大学生设立一人有限责任公司时的一大障碍。大学生在创业初期，如果创建一人有限责任公司，对大学生个人综合能力要求更高。

三、企业选址策略

（一）创业城市的选择

新企业选址需要综合考虑政治、经济、技术、社会和自然等影响因素，其中，经济因素和技术因素对选址决策起基础作用。对于有创业打算的首次创业者来说，选择将创业地点放在哪个城市或者哪个地理区域，是一件非常重要的事情，需要在最初的创业计划中重点考虑。经营地点的选择是创业者在创业初期面临的一大难题。

开始创业前，创业者需要了解各个城市/地区的基本法律环境。设立企业，从事经营活动，必须到工商行政管理部门办理登记手续，领取营业执照；如果从事特定行业的经营活动，还须事先取得相关主管部门的批准文件；设立特定行业的企业，还有必要了解有关开发区、高科技园区、软件园区（基地）等方面的法规、规章、有关地方规定。这些都有助于首次创业者选择创业地点，以享受税收免减等优惠政策。

创业选择大城市好还是回家乡好？

大城市的优势：人口流动大，项目需求量大，机会多，而且居住在大城市的人对新项目的观念比较开放，易于接受；资金流动快，资金回笼迅速；节奏较快，各种事情发展起来也相对较快，所以能更迅速地发现自己是否有市场，是否能发展成功。

家乡创业的优势：大城市很多项目已经发展非常迅速，想开拓新的领域，成功的概率没有小城市那么高。创业者可以带着大城市的新创意和新项目回到家乡，该项目在当地可能处于领先水平，发展起来会更加容易。而且家乡人脉资源丰富，很多时候有技术没有人脉会阻碍企业发展。此外，家乡创业所需资金量少。小城市的生活成本较低，创业成本也较低，更适合没有太多资金投入的新创业者。

在国家激励"大众创业，万众创新"的大背景下，创新创业成为全国各城市推动经济结构升级转型、打造新的经济增长点的优选路径。北京、上海、广州、深圳四大城市为吸引创业人才的扶持措施多和力度大，以下根据四城市的公开权威资料整理。

首先，四大城市在大学生创业的准入门槛上较低，均实现了注册资本"零首付"，即免除注册所需要的注册费、证照费、管理费等行政事业性收费。此外，注册资本无须一步到位，简单地说就是以"分期付款"的形式有效缓解了大学生的创业压力。

其次，在大学生创业的场地补贴方面，四大城市都给予了实物或资金支持。上海大学生创业者可以较低租金进驻创业园，根据吸纳本市就业人员的情况享受人均房租最高不超过2 000元的优惠政策，如租用其他经营场所，也可享受不超过3年的年度2 000元补贴。而在北京刚刚落成的首个市级大学生创业园中，大学生创业者两年内可享受40~80平方米的免费办公场地。广州给予毕业年度内或毕业2年内的高校毕业生每年1 000~5 000元的场地租用补贴。资金补贴最高的则是深圳，经深圳市认定的创业示范基地或孵化园区创业的高校毕业生，创业前三年分别按每月1 000元、800元、600元标准给予场租补贴；如果租用其他经营场所，在注册登记后运营6个月以上并吸纳3人以上就业的，也可以获得最长2年、每年最多3 000元的租金补贴。

在贷款方面，上海大学生创业的贷款额度在四大城市中最高，可申请50万~200万元额度的开业担保贷款；其次是深圳，创业团队最高可获50万元小额担保贷款；再次是广州，大学生创业贷款的最高额度为40万元；在北京，大学生创业的首次贷款额度也从以往的5万元提高到8万元，再次贷款额度从8万元提高至10万元。在税收和资金扶持方面，四大城市均对创业者实行3年内按每户每年8 000元为限额，依次扣减当年实际应缴纳的营业税、城市维护建设税、教育费附加税和个人所得税的优惠政策。

在大学生创业扶持资金方面，上海的大学生科技创业基金规模达1.5亿元，分3年实施，每年5 000万元。北京也设立了3 000万元的专项资金用于扶持大学生创业，而被遴选出来的优秀项目还可获最高15万元的一次性资金扶持。在深圳，只要领取工商营业执照并正常纳税1年以上的，都可以获得4 000元的一次性补助，而对于创办资金10万元以下并带动就业的小型企业，最高可获8 000元财政资金扶持。广州市对毕业2年内成功创业并经营的广州生源大学生给予5 000元的一次性创业补助。一直被誉为"创业乐园"的深圳，相对于其他三个城市而言，各项政策和细则算不上最优，但却是最细、最全的，体现了深圳对创业者服务的贴心和周全。总体来说，四大城市在对创业者的扶持上不相上下，且都重在培养新经济增长点、形成产业高地、增加当地税收、促进当地就业、吸引更多的资本流入等。

无论什么人在什么地方创业，资金、资源都是摆在面前实实在在的问题。在国家鼓励"大众创业，万众创新"的大背景下，新一轮的创业潮将再次被掀起，而此轮创业潮的主体更多的是出现在民间的草根阶层。缺资金、缺经验的问题，在他们身上尤为突出。而在对高校毕业生创业者的扶持上就各有侧重，但可看出各地鼓励创业的决心。值得注意的是，近年来创业环境和创业人群已经发生明显的变化和转移。受空气污染、住房及教育成本的影响，不少创业者的重心开始向二线城市转移。这几年，成都、武汉、苏州、杭州、青岛等城市都给创业者开出了不错的条件，人才争夺战不再局限在一线大城市。

究竟怎样做才能真正留住创业人才？在不少创业者看来，资金固然重要，但创业的经验和交流氛围却更有吸引力，是让一个初创企业走得更远的无形资本。

★案例讲坛

李雁川的创业

毋庸置疑，北京是一座最佳的创业城市，无论是资源、环境和氛围，还是人脉、营销及影响，北京都有得天独厚的优势。尤其对互联网行业的创业者而言，在北京创业意味着更好的人才、更大的机会、更多的风投机遇，以及更接近成功的可能。

但是，因为高昂的成本、拥堵的交通以及人才流失、氛围浮躁等因素，越来越多的互联网创业者已经开始不再将北京列为创业第一地。2011年，李雁川从德国回到北京，在蚕豆网任CTO，主要负责应用开发。一年后，他离开北京，到了成都。这一次，他选择到成都高新区软件园落户，创建了名为Aruba的公司，主做手机游戏。让李雁川下定决心搬到成都的是成都在手机游戏上的创业聚集效应。互联网公司集中在北京、上海、广州，软件产业集中在大连，手机游戏产业则集中在成都。手机游戏产业链上，除了渠道，其他方面（诸如产品开发、美工设计等）的资源成都都很完备。和成都的创业者接触，他感觉氛围与北京大不相同。在北京做开发时，他周围的同行大多是融200万~300万的资金，创始人都很厉害，有大型互联网公司的背景，员工待遇也不错，产品做几个月之后，团队出来宣传，用户就有几百万甚至上千万。而成都的公司融资很少，最多几十万，甚至是他们自己凑钱办的公司，没钱做推广，也没钱买数据，只是一心一意地做产品。有一次，李雁川问其中一家公司的产品的用户数。他们如实告知，用户达到2万，用户的ARPU（Average Revenue Per User，即每用户平均收入）值达到30元，就有五六万元的营收，够发工资了，这些人就很开心，觉得可以活下去了，继续做。这种质朴让李雁川很触动。现在，李雁川很享受在成都创业的状态。出门买个可乐的功夫就能同周围一块创业的同行交流几句，同是草根创业，大家没有什么距离感。李雁川说，"现在我们聊得最多的是怎么把产品做好，没有那么多夸张的成分，大家都是靠自己的努力和创意生存。"

北京最主要的优势就是人才优势和资源优势。"毕竟这里有北大、清华这样的一流名校以及众多的国内顶尖大学。"对于互联网创业公司来说，人才是核心甚至是唯一资源。此外，北京作为首都，聚集了各类资源，利于创业者获知最新信息。但北京目前的房租和人力成本确实是创业者难以负担的。"以互联网公司最集中的中关村为例，一般的商住两用楼租金已到每天6元/平方米，写字楼就更不用提了。"同时，程序员的工资成本居高不下，对于创业团队来说压力极大。

但回到二三线城市创业，也并不意味着一帆风顺。有机构此前报道了一个程序员在北京打拼4年，带着一点积蓄回到老家三线城市创业建网站。在三线城市，专门针对当地的地方网站并不多，看上去竞争对手就只有那么几个而已。不过，由于对当地市场容量估计不足，网站上线后发现浏览量明显不足。尽管在百度或谷歌的排名中能占据前三位，但整个城市的人口就那么多，市场范围狭窄。直到一年之后，才拉到了当地国美的单子，勉勉强强进入正轨。同时，技术力量不足，经常会出现网站改版，但美工和程序员很难同时"给力"的现象。很多技术实现需要创业者自己来完成，势必会影响到广告招商等业务的发展。

现在，创业者选择二三线创业城市时，除了资金、成本、资源、氛围等考核因素外，政策也成为影响因素之一，甚至是判断是否落户最重要的因素。正是基于此，为了争取创业者的落户，国内众多城市都推出了优厚的创业政策，例如天津经济技术开发区就推出了"N+1"政策支持互联网企业落户，即其他开发区不论什么样的政策，天津都要比他们强一点。不过仍需要承认的是，纵有天气恶劣、交通拥堵等诸多劣势，北京依然是一个创业资源最多的城市，风投聚集，创业咖啡馆林立，渠道、媒体资源丰足。那些接触最新潮流的公司，引领市场发展，对投融资依赖比较大的，行业发展比较快的企业适合在一线城市；那些偏传统的公司，比如O2O产业适合在二线城市。所以对创业者而言，选择创业落户城市更多是一种相对论——如果你的创业项目需要深耕细作，重产品，那么可以优先考虑二三线城市，但如果你的项目只是拼速度、拼快速的融资，重营销和市场，那北京显然是更优的选择。所谓最好的创业城市，无非是最适合自己的创业城市。

（资料来源：《创业邦》杂志，2020年8月30日）

（二）选址策略

一般来说，无论是选择商业、服务业、制造业还是IT业，在选择经营地点时，都应该注意以下因素：市场因素、商圈因素、物业因素、所区因素、个人因素和价格因素。对于市场因素，可以从顾客和竞争对手两个角度来考虑。从顾客角度看，要考虑经营地是否接近顾客，周围的顾客是否有足够的购买力。对于零售业和服务业，店铺的客流量和客流的购买力决定着企业的业务量。从竞争对手角度看，经营地点的选择有两种不同的思路：一是选择同行聚集的地方，同行成群有利于人气聚合与上升，比如服饰一条街、建材市场、家电市场、小商品市场等；另一种思路则是"别人淘金我卖水"，别人都蜂拥到某地去淘金，成功者固然腰缠万贯，失败者也要维持生存，如果到他们中间去卖水，肯定稳赚不赔。商圈因素，就是指要对特定商圈进行特定分析。如车站附近是往来旅客集中的地区，适合发展餐饮、食品、生活用品行业；商业区是居民购物、休闲的场所，除了适宜开设大型综合商场外，特色鲜明的专卖店也很有市场；影剧院、名胜景点附近适合经营餐饮、食品、娱乐、生活用品等；在居民区，凡能给家庭生活提供独特服务的生意，都能获得较好发展；在市郊地段，可以考虑向驾车者提供生活、休息、娱乐和维修车辆等服务。物业因素同样也不能忽略，在置地建房或租用店铺前，创业者应首先了解地段或房屋的规划用途与自己的经营项目是否相符；该物业是否有合法权证；还应考虑该物业的历史、空置待租的原因、坐落地段的声誉与形象等。所区因素指的是经营业务最好能得到当地所区和政府的支持，至少不能与当地的政策背道而驰。个人因素有时会被一些创业者过多地关注，一些创业者常常选择在自己的住所附近经营，这种做法可能会令创业者丧失更好的机会或因经营受到局限导致购买力无法突破。创业者在购买商铺或租赁商铺时，要充分考虑价格因素，包括资金、业务性质、创业成功或失败后的安排、物业市场的供求情况、利率趋势等，以免做错误决定，对企业的经营造成不良影响。

★案例讲坛

开花店的前期准备和选址

要开一个花店，选址是最基本也是最重要的因素，也是和花店的定位紧密联系的，可根据定位来选择合适的地点，也可根据开店地址把握好定位。"酒香也怕巷子深"，如果没有一个较好的经营场所，客户走不进你的花店，周围没有一定的客流量，那么无论你的管理有多好，服务有多周到，都很难获得成功。尤其是对于单纯从事销售的花店来说，理想的选址就等于成功了一半。开花店挑选地址，要和自身经营的品种、价格、档次、规模联系起来，看适合在哪里开店。如果经营的品种无特色，服务质量一般，即使开在闹市区，经济收入也不会高。要认真分析当地花店分布情况,可在人口密集的住宅区或交通便利、人流量大的商业中心,或者高档别墅、公寓、写字楼、医院、学校等地段开店,既方便了市民,也会给花店带来良好的经济效益。判断一个地方是不是理想的经营场所,并不是单纯看它是不是位于市中心、人流量大不大,还要从交通状况、客流组成、周围环境、潜在客源等多方面进行综合考察,这是一项复杂的工作。有些创业者为了赶在元旦、春节、情人节等节日前开业,匆忙选了一个地方,结果没能达到预想效果,悔之晚矣。门市租金是花店经营成本最大的一部分,因此,租金是花店选址首先要考虑的。选址前先把自己能承受的租金数额计算出来,这应是对租金承受能力的极限,最好不要负债经营,以免给自己造成太大压力。花店开在商圈是个很好的选择,如北京CBD中央商务圈、中关村商圈、亚运村商圈等,还有大学区、医院区等。

关于花店的选址,以下列出几个最常见和比较有代表性的方案供参考。

(1) 繁华区、商业区。一个城市的繁华地带和商业中心,本身已经形成了一个固定的销售场所和具有了一定的消费氛围。这些地方一般也是高级酒店、宾馆和会议场所的集中地,在这里开花店,一开始就具备了"天时"和"地利"。如果经营有方,又有"人和",经营一定会红红火火。在这些地方开的花店档次要高,不管是花店自身装修还是花店内的花卉作品,都要有品位。这类花店可以从店内零售和订货业务两个方面来经营。如国内较有名气的杭州梦湖新四季花店,就是在繁华的商业区,它是1992年在杭州湖滨路上经营起家的,当时为了选址,经营者一连几天站在湖滨路上对所有的行人进行统计分析,最终得出的结论是:杭州人可能一辈子也不会去杭城的某一两个地方,但决不会不从湖滨路走过。于是就把花店开在了这里,正是因为选对了地方,开业后的第一个星期就做了39个大花篮,营业额超过了万元。

(2) 大学区。大学生爱花,已成为一种时尚。大学生们购买鲜花量最大的几个节日是教师节、圣诞节和情人节。送教师多为康乃馨,而圣诞节和情人节多购买红玫瑰,以鲜花赠友寄情,是当代大学生喜爱的方式之一。鲜花已经成为当代大学生生活中不可缺少的一项消费品。几乎所有的大学区内,都开有花店。选在大学区开花店,要先调查清楚该区目前的花店分布和水平,不能盲目开业,但也不要错过商机。

(3) 住宅区。在人口密集的住宅区开花店是明智的选择。有些小区的居民,基本每个家庭都养有盆花,少则一两盆,多则三五盆不止。人们对花的认识越来越深刻,买花的人也越来越多,效益越来越好,尤其是在一些高级公寓和别墅区,花店的生意更好。这些地方的人收入较高,消费层次也高,常常购买一些高档次的花来作为装饰。

(4) 医院区。在城市中心区域里的中心医院选址,也是一个很好的选择。在医院的附近开花店有个好处,就是即使在鲜花消费淡季,医院里住院的患者依然不少,这样可在淡季时增加花店收入。另外还可附带一些水果副食售卖。几乎每一个大型医院的附近都可以找到花店,因为中国人的习惯是看望病人要带礼品,而鲜花又是首选,所以开在医院附近的花店一般都经营得很好,无论是销售量还是价格都非常令人满意。

(5) 周边环境良好的地点。花店选址,一定要考虑周边环境,如既不是闹市区,附近也没有密集的大型医院、学校或者住宅区,那就要看周边的环境氛围和交通情况。下列位置一般为较理想的经营地址。

1) 拐角位置。拐角是两条街道的交叉处,两条街道的往来人流汇集于此,行人较多,花店开在这里,可以增加橱窗陈列的面积,吸引更多的消费者来消费。

2) 三岔路口。此处开花店从各方向看都非常显眼,花店正面入口处及侧面的装潢、广告招牌、展示橱窗等要精心设计,力争把过往客人吸引过来。

3) 交通方便的地点。

4) 文化氛围较浓的地点。还是以杭州梦湖新四季花店为例,1999年,因为花店所在的湖滨路要拆迁,花店搬到了曙光路上来。曙光路似乎并不是花店最理想的经营场所,但是经营者经过认真考察,却发现了三点地理优势。一是氛围好。地处文化艺术一条街的曙光路上,周围是浙江音乐厅、浙江图书馆、浙江省艺术学校、浙江歌舞团等文化单位。二是潜力大。该地段人流量虽然不大,但是车流量却不小,仔细分析就会发现附近有浙江世贸中心、黄龙体育中心、黄龙饭店等大型单位,而这些正是看不见的潜在客源。三是交通便利。花店正好处在一个丁字路口,停车极为方便,而这在花店竞争中又是非常重要的。由此可见,成功的花店和成功的选址是分不开的。

(6) 超市。花店开进超市是这几年随着超市的发展而出现的新趋势。超市是各层次消费者相对集中的地方,在超市内开设店中花店,可以为消费者在采购日常用品的同时买鲜花提供方便,还可以开发潜在消费者,普及花卉消费。超市花店的收益在所有花店收益中占的比例越来越大,在瑞士、英国、法国、德国等国家,花卉在超市内的销售额都十分可观。

(7) 网上花店。网上花店是花店业进步的表现,但它无法完全替代传统的花店,而是传统花店对花店业务进行的一种延伸。目前,由于网上花店经营者把网络看得太重,忽略了花店的经营管理,再加上没有统一的标准,有时会出现顾客在网上看到的是一个样,收到的鲜花又是另一个样的情况,如此一来,顾客就会对网上购花失去信心。目前的网上花店采取的是广泛吸收会员的方法,只要是花店,愿意加盟就能进去,没有统一的标准及售后服务方式,这样做是无法长久的。再者,现在的网上花店普遍采取先付款、后送货的方式,有时消费者收到鲜花后,尽管对花卉的质量和花艺水平有看法,但苦于投诉无门,无可奈何而"望网生畏",从此不再问津网上购花,这也是网上购花推广比较困难的原因之一。这些有待于网络服务商与花卉业者合作,进一步使电子商务解决方案趋于合理化、规范化,为花卉业和消费者提供便捷、迅速、优质的服务。

(资料来源:搜狐网,2019年3月3日)

四、企业注册相关文件的编写

(一) 公司章程

在公司验资和设立登记时必须提供公司的章程。公司章程是公司组织和活动的基本准则,由股东一起拟定,主要内容如下。

1. 绝对必要记载事项

绝对必要记载事项是每个公司章程必须记载、不可缺少的法定事项,缺少其中任何一项或发现其中任何一项记载不合法，整个章程即无效。这些事项包括公司的名称、住所、宗旨、注册资本、财产责任等。公司的章程必须载明的事项包括：公司名称和住所；公司经营范围；公司设立方式；公司股份总数、每股金额和注册资本；发起人的姓名、名称和认购的股份数；股东的权利和义务；董事会的组成、职权、任期和议事规则；公司法定代表人；监事会的组成、职权、任期和议事规则；公司利润分配办法；公司的解散事由与清算办法；公司的通知和公告办法；股东大会认为需要记载的其他事项。

2. 相对必要记载事项

相对记载事项是法律列举规定的一些事项，由章程制定人自行决定是否予以记载。如果予以记载，则该事项将发生法律效力；如果记载违法，则仅该事项无效；如不予记载，也不影响整个章程的效力。确认相对必要记载的事项，目的在于使相关条款在公司与发起人、公司与认股人、公司与其他第三人之间发生约束力。

3. 任意记载事项

任意记载事项是指法律未明确规定，是否记载于章程，由章程制定人根据本公司实际情况任意选择记载的事项。股东大会认为需要规定的其他事项当属于任意记载事项。

（二）公司登记（备案）申请书

我国《公司法》在其有关条款中对公司登记作了具体规定，并于 1994 年 6 月颁布了《中华人民共和国公司登记管理条例》，明确规定有限责任公司和股份有限公司的设立、变更和终止都应该依照该条例办理登记。此外，我国 1988 年发布了《中华人民共和国企业法人登记管理条例》，根据 2011 年 1 月 8 日《国务院关于废止和修改部分行政法规的决定》第一次修订，根据 2014 年 2 月 19 日《国务院关于废止和修改部分行政法规的决定》第二次修订。国家工商行政管理局还发布了一系列行政规章。对于这些法律法规及行政规章，公司登记均应适用。

公司登记（备案）申请书格式如表 11-1 所示。本申请书适用于有限责任公司、股份有限公司向登记机关申请设立、变更登记及有关事项备案。向登记机关提交的申请书只填写与本次申请有关的栏目。申请公司设立登记，填写"基本信息"栏、"设立"栏有关内容和表 11-2 所示的法定代表人信息，以及表 11-3 所示的董事、监事、经理信息。"申请人声明"由公司拟任法定代表人签署，"股东（发起人）"栏可加行续写或附页续写。办理公司设立登记填写名称预先核准通知书文号，不填写注册号；办理变更登记、备案填写公司注册号，不填写名称预先核准通知书文号。

"公司类型"应当填写"有限责任公司"或"股份有限公司"。其中，国有独资公司应当填写"有限责任公司（国有独资）"；一人有限责任公司应当注明"一人有限责任公司（自然人独资）"或"一人有限责任公司（法人独资）"；"经营范围"栏应根据公司章程、参照《国民经济行业分类》及有关规定填写。

申请人提交的申请书应当使用 A4 纸打印，使用黑色钢笔或签字笔签署；手工填写的，使用黑色钢笔或签字笔工整填写、签署。

表11-1 公司登记（备案）申请书

□基本信息				
名　　称				
名称预先核准文号/注册号/统一社会信用代码				
住　　所	省（市/自治区）＿＿＿＿＿市（地区/盟/自治州）＿＿＿＿＿县（自治县/旗/自治旗/市/区）＿＿＿＿＿乡（民族乡/镇/街道）＿＿＿＿＿村（路/社区）＿＿＿＿＿号			
生产经营地	省（市/自治区）＿＿＿＿＿市（地区/盟/自治州）＿＿＿＿＿县（自治县/旗/自治旗/市/区）＿＿＿＿＿乡（民族乡/镇/街道）＿＿＿＿＿村（路/社区）＿＿＿＿＿号			
联系电话		邮政编码		
□设立				
法定代表人姓名		职　　务	□董事长　□执行董事　□经理	
注册资本	＿＿＿＿＿万元	公司类型		
设立方式（股份公司填写）	□发起设立		□募集设立	
经营范围				
经营期限	□＿＿＿＿年　□长期	申请执照副本数量	＿＿＿个	
□变更				
变更项目	原登记内容		申请变更登记内容	

续表

		□备案			
分公司 □增设 □注销	名 称		注册号/统一 社会信用代码		
	登记机关		登记日期		
清算组	成 员				
	负责人		联系电话		
其 他	□董事	□监事	□经理	□章程	□章程修正案	□财务负责人	□联络员
		□申请人声明			

  本公司依照《公司法》《公司登记管理条例》相关规定申请登记、备案，提交材料真实有效。通过联络员登录企业信用信息公示系统向登记机关报送、向社会公示的企业信息为本企业提供、发布的信息，信息真实、有效。

法定代表人签字：   公司盖章

（清算组负责人）签字：   年   月   日

表11-2 法定代表人信息

姓　　名		固定电话	
移动电话		电子邮箱	
身份证件类型		身份证件号码	

（身份证件复印件粘贴处）

法定代表人签字：   年   月   日

表 11-3　董事、监事、经理信息

姓名_____ 职务_____ 身份证件类型_____ 身份证件号码_____

（身份证件复印件粘贴处）

姓名_____ 职务_____ 身份证件类型_____ 身份证件号码_____

（身份证件复印件粘贴处）

姓名_____ 职务_____ 身份证件类型_____ 身份证件号码_____

（身份证件复印件粘贴处）

第二节 新企业的管理

一、新企业管理的特殊性

新企业成立初期应以生存为首要目标，其特征是主要依靠自有资金创造自由现金流，实行充分调动"所有的人做所有的事"的群体管理，以及"创业者亲自深入运作细节"。

创业是一件说的人多、做的人少、成功的人更少的事。很多大学生都是在一时冲动之下准备创业，结果由于没有充分准备而惨败，不仅经济受损，信心也受到打击。想要创业成功，很多的前期准备工作要做好。

（一）新企业创立初期的目标就是活下来

大学生就业问题一直是社会的热点和难点。自主创业成了越来越多大学毕业生的选择，最后能够坚持下去的大学生企业只是少数。很多大学生创业因为离市场太远，根本活不下来。转变创业观念，创业之初活下来比活得好更重要。很多大学生创业之后才发现，现实和当初设想的很不一样，仅有理想和热情是不够的，不能闭门造车，要放低身段，不断寻找客户、盯准市场，不断调整。大学生正处在青春活力的时期，有一定的基础文化素养，有从学校里吸取的专业理论和实践方面的认识和体验，有创业的兴趣点或潜能，政府有关部门又出台了很多优惠政策，再加上家庭和朋友的支持和帮助，这些都是大学生的创业资源。然而，大学生自主创业的弱点也是明显的，那就是对社会的了解和认知程度不够。大学生创业存在资金不足、过于理想化、应对危机的心理素质较弱、缺乏系统创业的知识结构等风险，部分大学生创业存在一定的盲目性和冲动。从编制创业计划书开始，到工商登记注册，以及企业成立后的内部管理、市场、资金、团队运作等，大学生创业企业会碰到比一般企业更多的困难。创业资本难筹是大学生创业者必须面对的一道坎，不管是货币形态的资本、物质形态的资本还是经验思维形态的资本。大学生创业绝不是"人有多大胆，地有多大产"那么简单，大学生应该看清自身所具备的条件，头脑一定要清醒，清楚目标就是生存下去，获取一定的利润，推动企业往前走，追求规模型成长。因而，在新企业创立初期，发展重点就是确定有利的市场定位，从市场定位出发，开发出适合的产品或服务，找准市场，吸引客户，使企业生存。

（二）新企业创立初期主要依靠自有资金

新企业的启动，需要大量的资金用于租赁厂房、购买机器和办公设备、生产技术的研究开发以及销售。因为企业的风险承受能力是有限的，产品投放市场后，如果销量没有打开，造成产品积压，现金流出往往大于现金流入，会造成资金不足。由于此时没有销售记录和信用记录，存在巨大的风险，所以新的企业从银行获得贷款几乎不可能。这时创业者主要依靠亲戚或朋友资助，只有加大营销力度，扩大市场份额和规模，才能解决生存问题，创造自由现金流。

(三) 创业之初需要事必躬亲

一是因为百事待举，找人不容易，雇佣的人流动性又大，所以创业者必须自己事必躬亲，这将充分考验创业者的身体体能与精神耐力，同时也需要创业者在业务能力上成为一个全能人才，成为业务核心、客户核心与人力资源核心；二是只有事必躬亲，创业者才有机会在团队中树立威信，创业者做甩手掌柜往往很难成事；三是只有先期事必躬亲才能在逐渐实现授权的时候，做好适当分工，也才能充分掌控工作的要害关键与轻重缓急，授权与掌控之间才不会偏废。

(四) 新企业创业初期要做好必要的准备

创业，已成为社会关注的焦点。为鼓励自主创业，政府出台了很多优惠政策，以降低创业者的创业成本。可是创业却不是一帆风顺的，有的人的创业之路荆棘丛生。目前在社会上创业热潮中出现的一些问题，如创业成功率低、一些创业者屡屡受骗上当的现象，创业者要从自己身上去找原因。成功创业的关键是选择好适合自己的创业方式。绝大多数创业者都缺乏必要的创业知识和准备，所以创业者要参加有效的创业培训，以提升自己的创业素养，这样可以帮助创业者少走很多弯路。

二、新企业成长的驱动因素

企业成长的推动力量包括创业者、创业团队、市场、资源和创新等。

(一) 创业者

新《公司法》的实施，是创业者的一个福音。相关法律规定，创业者申请公司注册时，不再需要最低注册资本，也无须再提交验资报告。事实上，如果愿意，仅用一元钱就能注册公司当老板了，这意味着创业门槛大大降低，创业者不用再望而却步了。此外，中国的创业公司正享受着让全世界都羡慕的政策支持，一个个经济技术开发区正在各个城市拔地而起，政府不仅帮助创业者兴建了厂房、办公室，还在税收、人力招募方面给予了巨大的支持。创业者需要全身心地投入行业中，熟悉其运行规律，要经过详细的评估和周密的调查之后再去实施创业计划，最好的是选择好行业之后，先去比较优秀的企业实践几年，获取必要的行业知识，建立有效的人脉，夯实创业的根基。在创业初始阶段，应该去寻求有经验的人帮助，要注重团队精神，不要蛮干，更重要的是方向比坚持更重要。一个企业的高层管理者，是决定企业成长的关键力量，是企业的精神领袖。创业者在经营中要表现出优秀品格，如强烈的进取心、较强的内控能力、敢于冒险、富于创新，以及不断挑战自我、超越自我的精神，才能凝聚团队。

(二) 创业团队

创业团队必须有胜任的带头人。在企业管理和市场营销中，我们经常谈论领导者的核心竞争力，在创业团队中，带头人的作用非常重要。创业团队中必须有可以胜任的领导者，而这种领导者并不是单单靠资金、技术、专利来决定的，也不是谁出了好的点子谁就当领导。不管创业者在某个行业多么优秀，都不可能具备所有的经营管理经验，而借助团队，他们可以获得企业所需要的经验，例如顾客经验、产品经验和创业经验等。人际关系在创业中的比重也被放在一个很重要的位置，它会或多或少地帮助创业者，是企业成功的因素之一。依靠团队，人脉关系可以放得更大，可提高创业成功的概率。一项针对创业者能力的研究报告指出，组成团队与管理团队是成功的创业者需要具备的主要能力之一。由于组成创业团队的基石在于创业愿景与共同信念，因此，创业者需要提出一套能够凝聚人心的愿景与经营理念，形成共同目标、语言、文化，作为互信与利益分享的基础。

（三）市场

准确的市场定位是创业成功的关键。在创业之前，创业者必须明白自己究竟干什么行业、生产什么产品，只有定位精确，创业者才能走得更快、更远。很多创业初期的人都想着尽量"大小通吃"，赚所有人的钱。但是，麦当劳不可能兼卖利润高的鱼翅捞饭，五星级酒店没有可能把地下室改成招待所，用低价格把低收入人群也"一网打尽"。"捞过界"的后果是把自身原有的顾客群也一并丢掉。

（四）资源

很多人在初次创业的时候，资源都是十分欠缺的。资源不足，使创业成功的概率降低，但要有完全充分的资源也是不可能的。在资源准备上，一般来说，要符合两个条件：一是要有进入一个行业的起码资源，另一个是具备差异性资源。如果任何条件均不具备，创业成功的可能性很小。

创业资源和条件主要包括几个方面：①业务资源，即赚钱的模式是什么；②客户资源，即谁来购买；③技术资源，即凭什么赢取客户的信赖；④经营管理资源，即经营能力如何；⑤财务资源，即是否有足够的启动资金；⑥行业经验资源，即对该行业资讯与常识的积累；⑦行业准入条件，如某些行业受到一些政策保护与限制，需要进入资格条件；⑧人力资源条件，是否有合适的专业人才，也许创业者不专业，但必须有专业人才帮助你。以上资源，创业者也不需要100%的具备，但至少应具备其中一些重要条件，其他条件可以通过市场方式来获得。比如，创业者如有足够的财力资源，其他资源欠缺可以弥补；如果有足够的客户资源，其他资源的欠缺也容易改变。

（五）创新

创新是企业的唯一生命主线，失去创新，企业将停滞不前，甚至衰亡。创新是企业得以生存与发展的根本，创业期的企业往往处在风险期，抵抗内、外部风险的能力都很弱。因此，企业在存续期间不能失去创新。

三、新企业成长管理的技巧和策略

新企业成长的管理需要注重整合外部资源追求外部成长，管理好保持企业持续成长的人力资本，及时实现从创造资源到管好、用好资源的转变，形成比较固定的企业价值观和文化氛围，注重用成长的方式解决成长过程中出现的问题，从过分追求速度转到突出企业的价值增加。新企业成长管理的技巧和策略有以下几点。

（1）企业面临的新问题和挑战如何提供变革所需的资源与能力？这就需要整合资源。

通过整合内部和外部资源，形成更快、更广泛的合作，不仅为企业组织变革提供动力，也为企业业务变革提供资源与能力。整合资源能使企业保持灵活的能力和资产配置，且可在新商机出现时快速进行重新配置。

（2）管理好企业持续成长的人力资本，重视人力资源的开发。计划变革但找不到合适的人才实施变革，是企业家在成长过程中面临的最大的困境。注重人才积蓄，采取更为积极的人力资源政策，从内外部广泛挖掘人才，这对变革的成功乃至企业发展来说都是最重要的。

（3）形成比较固定的企业文化。企业文化是所有团队成员共享并传承给新成员的一套价值观、共同愿景、使命及思维方式。它代表了组织中被广泛接受的思维方式、道德观念和行为准则。建设企业文化，实际上就是要重新审视企业所遵循的价值观体系，根据长远发展战略重新建立起一套可以共享传承、可以促进并保持企业正常运作以及长足发展的价值理念、思维方式和行为准则，并倾注心血使企业的价值观延续下去，这就是企业的文化管理。

（4）注重用成长的方式解决成长过程中出现的问题，即成长问题管理。每个企业在成长过程中都会遇到各种各样的障碍，有的企业在障碍面前止步不前，最后衰败了；有的企业则将阻力变成动力，适时变革，积极应对，实现了新的发展。对企业实际做法的考察发现，可以通过流程管理，将各项工作的流转和执行标准固化到流程文件体系中，明确各环节的责任人和产出，并在业务流程中建立控制程序，压缩管理层次，减少不必要的控制监督人员，使中小企业管理逐渐从依靠经验、权力转移到依靠体系、制度，减少对个人的依赖，让高层领导将更多精力放在企业的战略决策上。

通过流程，使以任务为中心的组织结构转变为以产出为中心，从对人负责转变为对事负责，使员工的思想从传统的对上司负责、只要完成上司交代的任务就行的观念，转变到对流程和结果负责、满足客户需求的观念上来。根据流程理顺结构，明确角色及职责，使业务有序运作，使流程中没有空白地带或重叠区域，真正做到职责明晰、分工明确，消除部门之间的扯皮现象。通过流程管理，使企业的业务分类分级成为相互联系的流程，在企业内建立一致的工作语言，统一认识问题的思维结构。流程体系文件能让企业员工更好地了解自身工作的价值和意义以及其他工作开展的方式，同时能够为新员工提供明确的工作指导，帮助新人快速熟悉业务和融入企业。流程是实现商业模式的核心载体，也是企业管理体系的关键模块，随着成长型企业的快速成长和壮大，需要不断提升流程成熟度，把例外变成例行，把经验教训总结到流程中去，促进企业做大做强。

从过分追求速度转到注重企业的价值增加，即企业价值与品牌建设。当企业过分追求速度时，往往会带来问题，即销售收入增加很快而利润却没有增加，企业的价值没有得到增加。企业在起初发展阶段不能忽略品牌概念，不能没有品牌意识，不能感觉到品牌离自己很远，而要把品牌当成企业经营管理的一件大事去抓。品牌是给拥有者带来溢价、产生增值的一种无形的资产，它的载体是用以和其他竞争者的产品或劳务相区分的名称、术语、象征、记号或者设计及其组合，增值的源泉来自消费者心智中形成的关于其载体的印象。从市场的角度来看，品牌好比是在消费者感到迷惑、担忧和怀疑时，使他们安心的一种依靠。如果通过使用产生积极的情感（满意），消费者就会对品牌忠诚，从而持续地购买这一品牌的产品，并把它推荐给自己的朋友。他们会在众多产品中对它情有独钟，甚至超过那些拥有更好特性与更低价格的产品。这正是品牌的价值所在，也是企业或商家花大力气来塑造品牌的原因。

四、新企业的风险控制和化解

每个企业在经营中都有可能发生风险，但如何化解和减少风险是企业经营者必须进行研究的，企业的风险管理是一项重要的工作。企业家首先要在头脑中明确有哪几种风险，然后有的放矢地采取措施。只有加强风险意识，进行科学的管理和科学的决策，建立起相应的制度才能避免风险的发生。从目前市场环境来看，大致有七种风险，相应采取的措施如下。

1. 投资风险

投资风险是指因投资不当造成投产企业经营的效益不好、投资资本下跌的风险。企业对此应采取的措施为：在项目投资前，一定要各职能部门和项目评审组一起进行严格的、科学的审查和论证，不能盲目运作。对外资项目更不能提供风险承诺，也不能提供差额担保和许诺固定回报率。

2. 经济合同风险

经济合同风险是指企业在履行经济合同过程中，对方违反合同规定或遇到不可抗力影响，造成本企业的经济损失。企业在进行经营和产品合同签订后还有履约及赔偿责任问题时，还应密切注视其执行情况，要有远见地处理随时可能发生的变化。

3. 产品市场风险

产品市场风险是指因市场变化、产品滞销等原因导致跌价或不能及时卖出自己产品的风险。产生市场风险的原因有三个：①市场销售不景气，包括市场疲软和产品产销不对路；②商品更新换代快，新产品不能及时投放市场；③国外进口产品挤占国内市场。

4. 存货风险

存货风险是指因价格变动或过时、自然损耗等原因引起存货价值减少的风险。这时企业应马上清理存货，生产时要控制投入、控制采购、按时产出、加强保管。有些观念保守的企业担心存货贬值，怕影响当前效益，所以长期不处理，结果造成产品积压，损失越来越大。

5. 债务风险

债务风险是指企业举债不当或举债后资金使用不当致使企业遭受损失。为了避免企业资产负债，企业应控制负债比率。许多企业因股东投资强度不够，便通过举债扩大生产经营或盲目扩大征税，结果提高了资产负债率，造成资金周转不灵，还会影响正常的还本付息，最终有可能导致企业资不抵债而破产。

6. 担保风险

担保风险是指为其他企业的贷款提供担保，最后因其他企业无力还款而代其偿还债务。企业应谨慎办理担保业务，严格审批手续，一定要完善反担保手续以避免不必要的损失。

7. 做好财务管理和业务管理

杜绝家族式经营方式,财务风险分担机制要完善,可以通过银行贷款等方式合理分担风险,但是分担风险要合情、合理、合法。大企业的谈判能力强,常拖押货款来盘活自己的资金;而小企业宁可不做这种生意也一定要现款现货,不然将来很难脱身。

课后延伸

根据你所在创业小组的创业项目,编写一份公司章程。

根据前面各章中提到的创业问题,设想如果在成立企业后真的出现这样或那样的问题,应该如何解决。

模块十　创业项目路演

▶第十二章　创新创业项目路演

第十二章

创新创业项目路演

①预测业界趋势；②大胆使用最先进的技术；③打造崭新的商业模式；④凝聚一流人才；⑤憧憬用户尚不自觉的需求；⑥永不停息的自我超越；⑦设计每个细节都近乎完美的产品；⑧口若悬河地说服用户情不自禁地爱自己的产品。一般能驾驭两三个上述点就可能很成功，但是乔布斯做到了以上8点。

——佚名

学习目标

- 了解路演的概念
- 熟悉路演的基本流程
- 掌握创业项目路演的准备工作及核心内容
- 熟悉创业项目路演的常见误区

互动游戏

接故事

一、游戏目的

考查学生的反应速度、路演过程中的演讲能力。

二、游戏程序

每位同学拿纸条写一个题目，这个题目可以是一个字、一个词、一句话、一幅图等。

三、游戏规则

两个同学一组（由老师抽取），互相交换纸条，分别就纸条上的题目演讲一分钟。

选一位同学以一个绝妙的词语来开始叙说一个故事，接下来的另一位同学必须把故事接下去。班上每个人都必须进行一段演讲。要求每位同学演讲不少于五句话。

第一节　创新创业项目路演的内涵

一、创新创业项目路演的概念

创新创业项目路演就是创业者在讲台上向台下众多的投资方讲解自己的企业产品、发展规划、融资计划。

创新创业项目路演分为线上项目路演和线下项目路演。线上项目路演主要是通过QQ群、微信群或者在线视频等互联网方式对项目进行讲解；线下项目路演主要通过专场活动对投资人进行面对面的演讲及交流。

二、创新创业项目路演的基本流程

常见的项目路演，一般按照以下几个步骤进行。

（1）创业者演讲，讲述项目的基本情况和创新点，介绍团队情况和融资计划，一般是5~8分钟，不会超过10分钟。

（2）听众提问。观众可能会问及投资者感兴趣的若干问题，通常是在核心竞争力方面进行确认，一般仅允许1~2名听众提问，总共不会超过5分钟。

（3）专家点评，相关的行业专家给予一些专业指导意见，或者在融资方面给予一些规划建议，一般会给3分钟。

当前，越来越多的路演平台给创业者提供了越来越多的路演机会，在线路演也成为创新的热点。而创业者和投资者也更加会利用路演的机会进行交流，逐渐形成路演的一个隐形"圈子"。

很多路演平台对投资者比较宽容，多问几个问题或多占用一些时间，往往都不会制止。但这样会造成时间安排上的混乱。在很多时候，半天时间要安排十多个项目的路演，前面的项目时间不控制好，后面的项目就会匆匆而过，无法按照计划完成路演。

所以，举办路演活动的机构，往往都希望参与者能够坚决执行设置好的路演流程，使创业者和投资者都在既定的时间内完成自己的演讲。这也是创业者素质的一种体现。

创业者路演（假设时间为8分钟）一般按照以下顺序分配演讲的时间：①介绍项目背景，不超过1分钟；②讲解商业模式或核心创新要素，4分钟；③给出关键信息，如专利情况、营收情况等，1分钟；④介绍团队情况，不超过1分钟；⑤讲解融资计划，1分钟。

根据路演活动的性质和给出的时间限制，可以适当对时间进行重新划分。对于一些公益创业项目，要多分配一点时间让创业者对已实施项目的情况进行介绍。

第二节 创新创业项目路演的内容

一、创新创业项目路演的准备工作

(一) 得体

路演之所以不同于其他环节,就是因为创业者登台之后,不只是项目,连同这个人本身都会成为门面担当。"以貌取人"虽然看似肤浅,但很多时候,尤其是路演时,打扮得体不仅可以让创业者更加自信,也会给投资人及观众一个好的初次印象,同时也是对人的基本尊重。

一个胡子拉碴、油头油脸、穿着随意的创业者,显然不能给初次见面的投资人留下好印象,而对创业者的不喜欢与不信任感也会影响投资人对项目及项目执行度的判断。因此,作为企业最初的品牌代言人,创业者在进行路演时一定要注重交往礼仪,打扮得体。

(二) 把控时间,做好应变准备

通常情况下,融资路演需要创业者进行 PPT 演示,将自己的项目、团队等多重信息传递给投资人。但原本一小时演示时间突然缩短一半,甚至更短的情况也是时有发生的,因此,创业者一定要提前做好充分准备,不论是 5 分钟、10 分钟还是半小时的展示时间,都能够随机安排,将最好的内容推介出去。

(三) 激情背后的愿景与使命

伟大的企业都有自己的使命和愿景,也许初时像是痴人说梦,但它会将创业者的激情传递出来。有的投资人想要的并不只是一桩普普通通的生意,而是可能改变行业生态、有前景与未来的项目。

(四) 做好准备,路演不等于融资成功

创业者需要做好心理准备,因为即使项目有着新颖可行的商业模式,有很棒的团队与技术,路演也发挥得不错,也并不代表着路演后一定可以遇到伯乐,马上拿到投资。这并不能说明创业者或项目不够好,可能是这一次的路演中没有匹配度很高的投资人,也可能是因为投资人出于谨慎,还想多考虑考虑。

现在常说到的巨头企业,不论是腾讯、阿里巴巴还是 Facebook,这些企业的创始人当年的融资之路一样艰辛,所以无须因为一次路演失败而介怀,坚持下去才有可能成功。

(五) 只要"十分钟"

这里所说的"十分钟"并非实际生活中的准确时间段,而是告诉创业者,时间非常重要,时间越短,路演效果反而会更好。如果投资人只给 5 分钟的推介时间,那创业者就务必要将时间压缩在 5 分钟之内,但一定要掌握好节奏,不能虎头蛇尾,急急忙忙结束。

(六) 把路演讲成故事

研究发现,讲故事是最能获得听众关注的方式,也最能令创业者的路演变得令人难忘。

所以，在投资人面前，所有的 PPT、数字、图表其实都只是辅助工具，这些内容都是他们司空见惯的，但是创业者可以简洁且清晰地讲述自己的项目，从而引起投资人的关注与共鸣，更能成功融资。

（七）紧抓重点

对投资人来说，时间无疑是十分宝贵的资产。创业者需要紧抓重点，专注于投资人最想听的诸如竞争力、商业模式、盈利方式、项目进展、产品情况等关键点上。逻辑混乱是路演中的大忌，这样的讲述方式不仅会令人昏昏欲睡，还会给投资人留下十分不好的负面印象。

（八）创业热情+自信

创业热情对创业者来说是非常重要的，对自己的项目拥有无限热情、无限能量的创业者，在路演中会加分不少。同时，这也能够展现出创业者的自信，能够让投资人更加认可、更加相信创业者可以做好。但凡事过犹不及，过度的自信便是自负，如此只会令投资人心生反感。

（九）多加练习

绝大多数的创业者不会只经历一场路演便成功融资，练习就显得十分必要了。创业者可以对投资人可能问及的问题提前进行预演，在实际问答的过程中，可以向潜在投资人再次展示公司业务指标与竞争优势。

路演之前好好准备，路演之中出色发挥，路演之后对投资人提出的问题与反馈详细记录，并不断改进，创业者就会发现，路演中出现的问题越来越少，自己的路演水平也在不断提高，同时获得投资人融资的概率也越来越大。

★ 案例讲坛

大学生开发 APP，5 分钟路演获得 300 万投资

2014 年，两名在校大学生在考研复习过程中发现商机，开发出"边学边问"APP，掘金"大学学霸圈"。2015 年，在中国创业服务峰会暨中国创业咖啡联盟年会上，"边学边问"APP 项目在"挑战 120 秒"环节亮相，吸引了众多投资人的目光。而就在不到两个月前，他们通过 5 分钟的项目路演，获得了来自武汉博奥投资有限公司的 300 万元投资。

考研复习中发现创业商机

李凯是武汉纺织大学大四学生，与他同龄的古望军就读于湖北工业大学。两人是高中同学，双双由外地考到武汉读书。2014 年，两个好兄弟又决定一起考研。

在考研复习数学时，古望军每当遇到难题不会解答时就会上网搜索，但常常找不到答案。各大考研资料社区大多是文本材料下载，没有题库搜索能力；论坛发问，得到的答案却并不权威……

古望军和李凯碰面交流时"吐槽"：为什么中小学都有这样的问答类 APP，唯独在大学这一块是空白？两人灵光一闪：能不能做一个大学生的学习问答社区，方便大家在考研、英语四六级考试，乃至各种考证的过程中实现互助学习？

"边学边问"应运而生。他们开发的这款 APP，是针对大学生群体打造的问答平台，使用者可以将问题发到 APP，由系统、网上高手或老师给出解答过程和思路。同时，还可以

为用户提供高质量的考试考证经验、课程视频、学习笔记等干货内容，以及周边院校的讲座、选课指南及老师在线课程等。同时，APP 附加社交功能，设有"学霸圈""留学圈""四六级圈"等多个圈子，供大学生"扎堆"。

5 分钟路演吸引投资人

考研结束后，李凯、古望军正式开始创业。

李凯回忆，创业初期，他们没有贸然开始 APP 开发，而是进行充分的市场调研。他们将市面上可以找到的所有问答类 APP 都下载在手机上试用，最后选择了 5 个进行详细"解剖"，逐一分析各自的优劣。一个月后，他们决定在采用文字录入模式的同时，加入一键拍照的方法，采取图像识别技术，从图片中提取文字，再匹配题库。

1 月中旬，项目团队正式入驻光谷创业咖啡，准备参加今年首场青桐汇路演，路演时间 5 分钟。

为了准备路演，他们特地撰写了创业计划书并制作 PPT，并在光谷创业咖啡工作人员的指点下，对 PPT 进行了三次大改。

1 月 24 日，古望军穿着租来的西装登上路演舞台，由于创业"角度刁"、项目特点突出，当场就有投资人表达了投资意向。

(资料来源：人民网，2015 年 3 月 16 日)

二、创新创业项目路演要表达的核心内容

(一) 项目差异性

如果无法制造或提供一些与众不同的产品或服务，最好不要去路演，设计出更好的东西再路演都不迟。

(二) 不要太独特

虽说差异性是项目能否顺利进入市场的关键，但也不可太过独特。一个创业者认为还不曾有人涉足过的，自己是头一人的项目，对于投资人来说吸引力并不会太大。也许在此之前已经有几百个创业者尝试过了，这样的项目无疑会给投资人增加不少风险。

所以，创业者在介绍时，不妨将侧重点更多地放在项目的"新"与市场现实的"旧"如何保持平衡与互利状态上，而不是不断重复"这是一个未被发掘的市场""这是一个可以颠覆行业的项目"。

(三) 具象地解释项目的产品或服务

投资人想看到的不是创业者所画的"概念大饼"，而是一个实打实的产品或服务，因此，不要过多地阐述项目理念等抽象内容。同时，要把握好投资人心态，投资人最关心的还是产品或服务是否能够赚到钱、是否能够扩大规模，因此也不必过分解释产品特性。

(四) 精确定位目标受众群

许多创业者为了显示自身项目的市场容量巨大，会和投资人说诸如"中国人口众多，只要能占据 1% 的市场，前途就不可限量"等宏大无比的故事，但经验丰富的投资人是不会

听信这样的假说的。创业者可以用人口特征及心理特征来精确定位项目的目标受众，同时配以一定的客户数据，说服力会增强不少。

（五）如何获取新用户

创业项目能否成功，营销是十分重要的一个环节，因此，创业者要让投资人看到很棒的营销理念、方法或技术。

（六）建设A级团队

创业理想也好，创业宏图也罢，都需要依靠有天赋、有能力的人来执行。强大的团队会带来一流的产品与品牌。因此，创业者在融资路演时需要告诉投资人自己团队的优势何在、团队成员各自擅长什么、是否能够优势互补。

（七）收入模式

有一定路演经验的创业者一定不难发现，投资人提及最多的问题之中，一定会有"公司如何盈利"或"现在是否已经盈利"等问题。投资人之所以给出投资，极大程度上都是希望得到回报，因此，投资人想要知道创业者的收入模式如何、是如何执行的，以及是否得到了验证。

（八）资金使用计划

投资人的钱并非拿来让投资人随意"烧"的，那么具体这笔资金创业者会怎么花、会以怎样的速度花，同时预计达到怎样的"里程碑"等，都是投资人十分关心的。创业者需要制定至少未来三年内的财务模式，包含运营成本、收入增长、利润、潜在利润等，这些都是投资人判断其投资回报率高低的重要基础。

（九）痛点+解决方案

从Airbnb、Uber等成功的融资路演案例中不难发现，这些项目都是从某一行业痛点出发，然后再给出自身的解决方案，最后延展到较为宏观的未来愿景上。创业者在路演时也可以这样的逻辑顺序进行推介，告诉投资人自己项目的产品或服务能够解决这个行业的痛点，并且是最好的解决方案，而在获得资金支持的情况下，可以帮助更多用户解决这一问题。

（十）投资人的退出策略

退出策略一直是很多初创企业会忽略的一个问题，但这一点却又是投资人十分关注的内容，大部分投资人是期望能够在短时间内，例如五年内获得收益。

因此，创业者需要告诉投资人项目的退出策略是什么，以及未来公司是否会上市、是会授权进行连锁经营还是被收购，并利用未来销售收入与估值预计所能达到的范围，让投资人看到更多回报的可能性，从而增大投资人投资的概率。

第三节 创新创业项目路演的常见误区

路演常见的误区有四种。

第一种，过多陈述项目背景。很多创业者对自己的创业项目情有独钟，会在路演开始的时候用较长时间介绍项目背景，抒发关于项目选择的"情怀"。这是一种常见的问题。千万不要把"项目路演"当作"创业经验分享"，投资人对项目实际的创新内容和商业实践是非常关注的，尽快进入这些内容的讲解有助于投资人对项目保持兴趣。

第二种，过度强调创新的技术。在项目路演过程中过度强调创新技术，虽然有可能引起对技术创新非常关注的投资人的兴趣，但是容易使听众感到乏味，难以理解项目内容，甚至敬而远之。应尽量使用类比、比喻的修辞手法，使技术讲解生动易懂，同时也要适当对技术创新进行保密。

第三种，对未来收益预估过高。有些创业者对项目未来收益进行了过高的预估，这是投资人经常会产生疑问的地方，如果处理不好，会给投资人留下浮夸、过于冒险等不良印象。在进行预期收益时，尽量做到理性、务实，不以市场特例进行参照，而尽量以自身实际运营成果为参照。

第四种，演讲时过于亢奋。在路演过程中，创业者切记不要亢奋。创业要有激情，但是在演讲时表达过多情绪会让投资者担心未来不容易沟通，影响合作前景。况且投资人都是比较冷静和客观的，面对亢奋和激动的演讲者会产生一种错位感，反而会对项目失去兴趣。

创业者可以通过路演树立信心，通过路演推广品牌，通过路演扩大人脉。路演活动对创业者的好处很多，同时也是完善、提升创业能力的重要途径。创业者要经常参加演讲，经常站上讲台，传播自己的创业信仰，这是创业路上最美的体验之一。

★ 创业智囊

不要轻率向投资人发送你的创业计划书

Dave Lavinsky 是洛杉矶一家咨询公司 Growthink 的创始人之一，这家公司的主要业务是帮助创业者寻找工作机会、发展业务计划、筹集资金、建立长远的战略等，以下是他关于适时提交创业计划的内容。

大多数企业家认为要找钱，就只有把他们的创业计划书发给投资人，以此来获得资金。但是，不幸的是，这种情况却很少发生。在过去 15 年里，Growthink 公司帮助开发了数以千计的创业计划书去寻求资金。但是我经常告诫别人，不要轻率地把创业计划书发给投资人。要拿到投资，这其中的奥秘并不是简单地发送一个计划书而已，要正确地使用这个计划书。

这是为什么呢？

首先，你的创业计划方案并不能正确回答所有问题。无论你的创业计划方案多么优秀，它永远都不会是完美的，它永远都不能回答每一位投资者的问题。如果想做到完美，这份计划书将会用 100 页甚至更多，在这种情况下，是没有人乐意去阅读它的。同时，任何书面文件，当然包括计划书在内，都是在向人解释或者解读。因此，基于投资者的经验，他可能会错误地评估你的投资风险和所将面临的困境。

因此，在理想情况下，你的第一份书面计划应该只包括针对潜在投资者的有关于你公司的概述和简短信息。最好使用电子邮件或者一页纸形式，在里面需要包括公司应该被赋予哪些责任和义务，并且如何获得成功等。这样的一份计划向投资者概述投资的风险，并且让他对此产生兴趣。

重视投资人的第一投资时间

在给投资者简单地叙述你的公司概况之后，下一个目标则是想办法开一个会议。会议的目的是让投资者意识到他们拥有着两种稀缺的资源：时间和金钱。首先，要让他们更加清晰地了解你和你的公司。其中，更重要的是他们对你个人的看法，一般来说这决定着投资者对你公司前景的判断。

因此，有保障的会议能够将你与投资者团结在一起，去确定和回答所有的问题。通常来说，你可以比在计划书中更好地回答他们所有的质疑和问题，此时你可以基于投资人的意见来调整后续的问题。

适时地发送你的创业计划

当投资人对你的业务产生融资兴趣时，他自然会要求查阅你的计划书。这时则是你递交计划书绝好的时机。适时地递交创业计划书，更多来说是一种礼节。投资人可以通过计划书充分地考虑你公司的业务和融资的可行性。

虽然，计划书更多的是一种形式，但它仍然是至关重要的环节。如何完善你的创业计划书呢？你需要注意以下四点。

(1) 计划书要以引人注目的形式与投资人一起分享公司的信息。

(2) 计划书要使投资人对公司有一个比较全面的了解。

(3) 要充分准备与投资人面对面会谈的公司材料。

(4) 要充分应对好与投资人会谈时，他们所提出的问题。

想办法寻找投资人、筹集资金与其他的营销活动一样，就像销售人员卖车，它始于用商业广告或者宣传册来吸引顾客的注意。接下来，就需要向潜在的客户提供试驾的机会，这类似于公司与投资人的面对面会谈和展示。最后，如果未来的汽车客户还有相关的疑问，他们可能会更加全面地考虑汽车的操作等，这些就类似于你递交的创业计划书。

有一份优秀且引人注目的创业计划书是筹集资金的关键，但是如何使用它也是同样重要的。

(资料来源：百度文库，2019年5月30日)

课后延伸

1. 根据你所在创业小组的创业项目，思考并整理创业构想，然后形成PPT演示文稿。从小组中选出一名代表，用5分钟以内的时间讲给小组其他成员听。然后小组讨论还有哪些可以改进的地方，直至全组通过为止。

2. 在上一题的基础上，模拟路演现场，准备相关资料及事宜，并模拟路演流程（路演过程不超过15分钟）。

参 考 文 献

[1] 沈全洪，王旭光. 大学生创业方略［M］. 北京：清华大学出版社，2016.
[2] 郭斌，王成慧. 大学生创新创业案例（第二辑）［M］. 天津：南开大学出版社，2016.
[3] 刘莹. 大学生职业发展指导与创新创业教育［M］. 沈阳：东北大学出版社，2016.
[4] 庄文韬. 创新创业实用教程［M］. 厦门：厦门大学出版社，2016.
[5] 马雅红. 大学生创新创业教育基础与能力训练［M］. 北京：北京理工大学出版社，2016.
[6] 姚凯. 大学生创业导论［M］. 北京：清华大学出版社，2015.
[7] 杨志群，张耿，林钻辉. 大学生创业体系的科学构建［M］. 北京：科学出版社，2016.
[8] 钟晓军. "互联网+"背景下大学生创业支持体系研究［M］. 杭州：浙江大学出版社，2016.
[9] 刘胜辉，陆根书. 大学生创新创业基础［M］. 北京：北京理工大学出版社，2016.
[10]（美）布兰克,（美）多夫. 创业者手册：教你如何构建伟大的企业［M］. 新华都商学院译. 北京：机械工业出版社，2013.
[11] 杨华东. 中国青年创业案例精选［M］. 北京：清华大学出版社，2012.
[12] 李肖鸣，朱建新，郑捷. 大学生创业基础（第 2 版）［M］. 北京：清华大学出版社，2013.
[13] 张兵仿. 大学生创业基础教程［M］. 北京：时事出版社，2016.
[14] 李爱卿，叶华. 大学生创业基础［M］. 北京：清华大学出版社，2015.
[15] 刘平. 大学生创业基础［M］. 北京：机械工业出版社，2013.
[16] 吴运迪. 大学生创业指导［M］. 北京：清华大学出版社，2012.
[17] 石冬喜，宋晓玲，吴高潮. 创新创业指导［M］. 西安：西安交通大学出版社，2016.
[18] 刘艳彬，李兴森. 大学生创新创业教程［M］. 北京：人民邮电出版社，2016.
[19] 徐振轩. 就业指导与创业教育［M］. 北京：电子工业出版社，2009.
[20] 许湘岳，徐金寿. 团队合作教程［M］. 北京：人民出版社，2011.
[21] 焦连台. 大学生创业实务教程［M］. 北京：中国青年出版社，2014.
[22] 许湘岳，邓峰. 创新创业教程［M］. 北京：人民出版社，2011.